# 인도 외교 정책의 변화:
## 차나꺄에서 모디까지

이 저서는 2017년 정부(교육부)의 재원으로 한국연구재단의 지원을 받아 수행된 연구임(NRF-2017S1A6A3A02079749).

IIS 인도연구소

# 인도 외교 정책의 변화:
## 차나꺄에서 모디까지

Aparna Pande 지음
장준영·김미수 옮김

인도의 대전환 총서 | 002

# FROM CHANAKYA TO MODI: EVOLUTION OF INDIA'S FOREIGN POLICY

HU:iNE

First published in **Korean Language by The Hankuk University of Foreign Studies Knowledge Press** By arrangement with HarperCollins Publishers India Private Limited

나의 오빠 차이따냐 빤데(Chaitanya Pande)와
시누이 모나 꽈뜨라 빤데(Mona Kwatra Pande)에게

# 인도 외교 정책의 변화:
## 차나꺄에서 모디까지

저자는 독립 후 인도 외교정책을 만들고 시행한 장본인을 자와할랄 네루라고 본다. 역대 모든 총리들이 그만의 독특한 외교정책을 수립하고 시행하려고 했지만 결국 네루가 만든 현실주의, 자유주의, 인도 예외주의의 틀을 벗어나지 못했다는 주장이다.

이 책의 핵심은 네루의 사상과 정책이라고 봐도 무방할 듯 하다. 사진은 네루대학교에 소재한 네루의 동상. 인도에는 다양한 네루의 동상이 있지만, 이 동상이 가장 역동적이다.

JAWAHARLAL NEHRU UNIVERSITY
Pandit Jawaharlal Nehru
(1889-1964)
Statue unveiled by
Dr. Manmohan Singh, Prime Minister of India
in the presence of
Shri Arjun Singh
Union Minister for Human Resource Development
&

저자는 네루와 함께 간디를 인도 건국의 아버지로 칭송한다. 비록 네루와 정책적 대결을 이루기는 했지만, 간디는 네루의 모든 사상과 활동에 직접적인 영향을 미쳤고, 인도 민족주의의 맹아를 싹티운 인물임에는 틀림없다. 소금행진의 한 장면.

차나꺄부리에 위치한 외교부, 저자는 총리실과 외교부의 소통은 총리실 뒤로 난 쪽문의 개폐여부에 달려 있다고 한다. 독립후 현재까지 인도 외교부는 사실상 총리실의 전유물이었을 정도로 총리가 대부분의 외교정책을 결정했다. 외교부의 별칭도 '네루 건물'이다.

Ministry of External Affairs

# 옮긴이 서문

이 책은 아빠르나 빤데(Aparna Pande)의 *From Chanakya to Modi: The Evolution of India's Foreign Policy*(2017)를 완역한 것이다. 이 책을 번역하게 된 배경은 다음과 같이 세 가지 이유에서이다. 첫째, 국내에 인도 외교정책이나 외교사를 집중적으로 다룬 연구가 매우 부족하다. 위 주제를 차치하고라도 국내에서 지금까지 출판된 인도관련 교양 및 전문서적은 손에 꼽을 정도로 인도 연구는 시작단계에 머물러 있다. 한국판 책의 제목도 원제와 부제를 바꾸었는데, 차냐꺄를 모르는 이들을 위한 옮긴이들의 배려이다. 그는 서구 정치사상가인 플라톤, 마키아벨리, 중국의 공자와 맹자에 버금가는 인물이지만, 우리에게 잘 알려지지 않았다. 동양인인 우리가 라마야나(Ramayana)보다 그리스·로마신화를 읽으며 유년기를 보낸 것과 같은 맥락이다.

학계에서도 인도 연구의 소외는 여전하다. 2017년 기준 전국 4

년제 대학에 중국관련 학과는 146개인데 반해 인도관련 학과는 10개(불교철학 5개 학과 포함)에 불과하다. 아시아에서 인구 규모나 영토, 그리고 역사와 문명 면에서 중국과 견줄 수 있는 유일한 국가가 인도임에도 불구하고 한국의 4강 중심외교로 인해 인도는 외교뿐만 아니라 학문의 영역에서도 변방으로 취급받았다.

그러나 2017년 출범한 문재인 정부는 신남방정책을 발표함으로써 동남아와 인도를 포함한 남아시아를 한국 외교의 주요 대상으로 설정했다. 동남아, 남아시아와 관련된 정부 부처는 '신남방'이 포함된 명칭으로 바꾸고 정부의 의지를 실현하기 위해 동분서주하는 본새이다. 이 책이 신남방정책을 위한 인도의 모든 것을 보여줄 수 없겠지만, 척박한 국내 환경에서도 정부의 정책을 보조할 수 있는 작은 밀알이 되기를 바란다.

둘째, 이 책은 구성 면에 있어서 통시적 관찰보다 특정 주제를 정하고 이에 대해 다각적으로 접근하는 방법을 택하고 있다. 따라서 외교사의 단순한 서술이 아닌 인도 외교정책의 쟁점과 특성을 이해하는데 큰 도움이 된다. 또한 저자는 인도가 다른 강대국, 약소국들과 달리 인도만 향유하는 특성을 역사와 문화에서 찾고, 이를 외교의 전면에 내세우는 정치엘리트들의 행태를 통해 인도가 세계에서 유일한 대안이 될 수 있다고 주장한다. 즉 인도가 왜 그토록 오랫동안 비동맹노선을 옹호해 왔는지, 국제제도와 레짐에서 그들만의 주장을 관철시키려고 노력해 왔는지에 대한 의문을 저자는 해결해 준다.

셋째, 인도 관련 사회과학분야의 연구는 서구인보다 영어권에서 장기간 체류한 인도인들에 의해 주도되어 왔다. 어떻게 보면 미국식 합리주의와 이성주의가 '판치는' 세계 사회과학계에서 인도는 주류가 아니다. 다수의 인도인에게 물어보니 인도 출신 학자들은 글을 지나치게 현학적으로 쓰며, 이해하기 힘들 정도의 미사여구에 익숙하다보니 원래 글쓴이가 전달하려는 내용이 문학 작품화되는 특성이 있다. 물론 이 책의 곳곳에는 미사여구가 존재하고, 같은 의미를 가진 문장이 반복되기도 하지만, 그러한 표현을 절제하려던 저자의 의도가 엿보인다. 무엇보다도 이 책의 내용은 매우 간결하고 인도 외교정책뿐만 아니라 인도 외교정책이 왜 그들만의 특수성으로 고착화되었는가에 대한 기원을 설명해 주고 있다.

책의 내용을 간략하게 소개하면 다음과 같다. 제 1장 인도와 세계에서는 이 책의 개괄적인 내용을 설명하는데, 외교정책의 이론적 시각으로서 제국주의, 현실주의, 고립주의를 제시한다. 이 세 시각은 인도의 통시적 역사를 통해 형성되었고, 또한 각 시기와 한 시기를 풍미한 지도자들에 의해 반복, 변형, 혼합되는 특성을 띤다. 저자는 인도 현실주의 시각을 기원전 3세기에 건국된 촐라왕국(Chola empire)의 차나꺄(또는 까우띨랴) 재상에서 그 기원을 찾았고, 독립 후 초대총리인 네루(Jawaharlal Nehru)는 세 시각을 접목시켜 외교정책을 완성한 인물로 본다. 네루주의(Nehruvianism)라고 불리는 네루의 외교정책은 양 진영으로 양분된 국제체제의 현실을 간파하고 이에 희생되지 않으려는 반식민주의를 넘어서 비동맹운동의 주창이라는 현실주의와 인도의 풍부한 문화유산과 역사를 바탕으로 한 도덕적 자산은 인도가 세계의 강대국이 될 수 있다는 이상주의로 연계된다. 그 과정에는 인도는 다른 국가에게 위해를 가하지 않는다는 고립주의와 인도는 무엇인가 특별하다는 예외주의도 발견된다.

제 2장 풍부한 유산은 인도의 고립주의와 예외주의를 역사적 관점에서 설명한다. 5천년된 인도의 역사는 문화적으로뿐만 아니라 철학적으로도 풍부한 유산을 남겼으니 정치철학 또한 종교철학

에서 외교 정책과 기조의 기원을 찾는다. 저자에 따르면 차냐까의 『아르따샤스뜨라』가 현실주의를 대표하는 저서라면 이상주의는 불교와 자이나교, 그리고 힌두교의 평화주의나 비폭력에서 비롯되었다고 본다. 또한 저자는 인도가 영국의 식민지가 된 것을 역사의 치욕으로 간주하기보다 영국이 인도로 인해 세계를 경영하는데 더 많은 도움을 받았다고 본다. 수많은 식민국가 가운데 인도를 잃어버리는 것은 영국의 위세를 잃는 것과 같다는 의미였다. 그 어떤 식민국가도 인도의 지정학적 가치와 인도의 물리적 요소와 견주기에는 역부족이었다.

제 3장 사상과 개인들은 이 책의 가장 많은 양을 할당하고 있는데, "판딧지가 가장 잘 안다."(Panditji knows best)는 글귀가 핵심이라고 할 수 있다. 모든 외교정책뿐만 아니라 국내 정책에서도 네루를 빼고 설명할 수 없다는 저자의 입장이 확인되는 대목이다. 기본적으로 네루는 현실주의와 이상주의를 상황에 따라 적절히 시행한 외교가였다. 네루 사후에 출몰한 정당과 정치인의 업적과 그들의 외교적 특성을 나열하고 있는데, 그들의 공통점은 네루가 만들어 놓은 외교정책의 기조를 변형하지 않고 약간씩 수정했다는 것이다. 저자는 네루-인디라 간디-라지브 간디로 이어지는 네루가(家)를 왕조로 묘사하고 있으며, 1990년대 이후 동방정책의 실시와 자급자족의 경제를 타파한 지도자들의 현실주의적 정책을 부각시킨다.

제 4장 원칙과 이익은 인도가 추진한 외교정책 가운데 특수성을 주로 다룬다. 그것은 미국과 소련이라는 거대 진영에 가담하지 않고 독립을 향유하는 수단으로서, 또한 약소국들의 지도국이 되고자 하는 의도에서 비동맹을 추구한 것이며, 경제적으로도 인도 동인도회사에서부터 시작된 식민주의의 서막은 현재까지 인도 지도

자와 국민에게 정신적 외상을 입히는바 자급자족 경제로 현실화 되었다. 인도 예외주의는 인도는 다른 국가와 다르다는 입장이다. 그러한 특수성의 원천은 오래된 문명에서 비롯된 도덕주의, 주변국에게 위협을 가하지 않았고 현재에도 고립주의를 지향하는 것이다. 마지막 부분에는 전 세계에서 흩어진 인도인 디아스포라에 대해서도 조명한다.

제 5장 제도와 전략적 문화는 인도 외교정책에 대한 저자의 회고와 비판을 주를 이룬다. 인도가 그들만의 독특한 외교정책을 실시해 왔음에도 불구하고 고대에서 만들어진 제도나 사상이 현재의 외교적 틀을 구성하는데 큰 도움이 되지 못했다고 본다. 저자에 따르면, 총리에게 집중된 권한과 '철골'(鐵骨)이라고 부르는 관료의 폐쇄주의는 영국 식민통치 이후 형성된 외부의 영향력이다. 이와 함께 저자는 1990년대 이후 지방 엘리트의 출현과 인터넷의 발달로 인해 새로운 정치 및 외교의 공간이 탄생했으며 이에 대해 정치인들이 적극적으로 대처하고 있다는 점도 지적한다.

마지막 결론에서 저자는 '철골'과 같은 구시대 제도는 변화한 환경에서 적절하지 않다고 주장한다. 나아가 인도 정치인들 또한 1990년대 이후 세계 곳곳을 방문하여 인도의 위상과 세계적 지위를 고양시킬 수 있는 협력과 주요국가와의 관계 강화에 집중하고 있으며, 이는 21세기 인도가 세계의 대안적인 강대국으로 발돋움할 수 있는 기폭제가 된다고 낙관한다.

이 책은 한국외대 인도연구소가 수행하고 있는 인문한국플러스(HK+) 사업의 지원을 받아 출판되었다. 번역서가 나올 수 있게 힘을 실어준 한국연구재단과 본 인문한국플러스 사업단의 단장이자 인도연구소 김찬완 교수에게 감사의 말씀을 전한다. 상업적 가치가 없지만 출판을 허락해 준 한국외대 지식출판콘텐츠원에 감사의 뜻을 전한다.

책을 출판하기까지 몇 번의 교정을 거쳤으나 여전히 거칠고 뜻이 통하지 않아 독자들을 난처하게 만들 것 같은 문장들이 있다. 원저자의 뜻을 곡해하거나 오역한 부분은 모두 옮긴이들의 잘못임을 미리 밝혀두며, 향후 개정판의 기회가 생긴다면 수정하고 보완할 것이다. 아무쪼록 한국이 인도와 남아시아로 시선을 돌린 현 시점에서 이 번역서가 인도 외교와 정치사를 이해하는데 조금이나마 도움이 되기를 바란다.

역사상 가장 무더운 2018년 여름을 보내며

옮긴이들 김미수, 장준영

# 인도 외교 정책의 변화:
## 차나꺄에서 모디까지

# 목차

# 시작하며

2015년, 델리 소재 자동차 사고 재판소는 동물이 끌거나, 서행 운송수단(또는 소달구지)은 가끔씩 심각한 사고를 유발한다고 판결 내렸다. 법정은 도로에서 이들 운송수단들을 금지하는 대신 간단한 규제만 주문했다.[1] 이 일화는 오래된 것을 대체하는 대신 새로운 것을 추가하는 인도의 성향을 비유하는 것이다. 인도 거리에서 자동차가 최초로 등장한지 1세기가 지났지만 소달구지, 동물(소, 물소, 개), 인간들은 여전히 자동차와 함께 도로를 공유한다. 대부분의 국가에서 자동차의 등장으로 인해 마차는 몇 년 내에 자취를 감췄다. 최근 1980년대에 들어 인도의 선도 교육기관 중 하나인 인도경영대학(Indian Institute of Management)에서 조차도 더 무거운 화물을 실으면서도 수송아지에게 부담이 적은 더 나은 소달구지 개발 프로젝트를 진행했다.[2]

현대와 전통을 결합하려는 인도의 열망은 또한 국제관계에도 스며든다. 2014년 9월, 총리로서 최초로 유엔총회(UNGA)에서 연설을 한 나렌드라 모디(Narendra Mamodardas Modi) 총리는 세계 요가의 날[3] 채택을 주창했다. 그 제안은 2014년 12월 11일 유엔총회에서 채택되었다.[4] 2016년 6월 8일, 미국 의회 처녀 연설 이전 모디는 미국과 인도를 묶는 문화적 연결고리로서 요가를 언급했다. 그는 '우리 국민들 간 연계는 강력하고 우리 사회 간 문화적 연계는 가깝다.'면서, 'SIRI[아이폰의 음성인식 서비스]는 인도의 고대 유산인 요가에 대해 미국에서는 3천만 이상의 수행자가 있음을 알려준다.'고 언급했다.[5]

2016년 6월 21일, 모디 총리는 뉴델리 중심지에서 3만 명 이상의 시민이 참가한 요가 세션에 참석했다.[6] 흥미로운 사실은 모디의 지지자들은 요가의 세계적 보급과 인도가 주요 강대국들처럼 세계적 위상에 도달한 증표로서 유엔이 세계 요가의 날을 별 힘들이지 않고 채택한 사실을 예로 들었다. 강대국이 된다는 것의 전통적 정의는 위 관점과는 다르다. 전통 요가 수행 인구의 증가는 인도의 전 세계적인 영향력과 관계가 없다. 유사하게 반제국주의의 옹호자가 되는 것, 탈식민지 개발도상국(역주: 이하 개도국) 사이에서 주도적인 목소리를 내는 것, 비동맹운동(NAM)의 주창자가 되어온 것, 또는 유엔과 같은 다자기구에서 특별한 목소리를 내는 것은 인도가 세계적으로 인지되고 자부심을 가질 수 있으나 이 점들은 거의 강성권력을 대체할 수 없다.

많은 인도인들은 그들의 국가가 경제력, 군사력, 그리고 지정학적으로 중요한 전략적 위치에 있다고 믿는다. 그들에게 있어서 5천년된 인도의 문명에 연계하여 위 요소들은 세계 강대국 지위가 되는데 충분하다. 그러나 도발적인 제목의 최근 저서인 『왜 인도는 강대국이 아닌가?』(*Why India Is Not A Great Power?*)(미간)에서 인도의 대표적 전략가 바라트 카르나드(Bharat Karnad)는 최소한 현재 상황에서 인도는 세계 강대국 지위의 필요조건을 충족하지 못했다고 주장한다. 한 국가가 강대국이 되는 것은 '국익'을 정의하고 '국가의 운명' 차원에서 '추진 목표'(driving vision), 강성권력과 연성권력 양자 모두의 '상상적' 활용과 함께 '국익을 옹호할 세력과 강제력의 집행 의향'이 필요하다.[7] 인도는 그 조건에서 몇 걸음 뒤쳐져 있다.

인도인들은 요가의 인기가 세계에서 인도의 중요성을 보여주는 증거라고 믿지만, 인도의 관점이 다른 국가들과 얼마나 다른가도 설명한다. 인도 지도자들은 종종 인도가 더 많은 다자기구에 참여하고, 세계 쟁점에 관한 원칙적 기준을 적용하고, 세계 평화와 군비축소에 투쟁하고, 군사동맹을 반대하면서, 세계무대에서 더 높은 기반을 다진다고 한다. 세계의 현실 -그리고 그 속에서 인도의 역할-은 더 복잡하다. 이 책에서는 지난 시간동안 인도의 세계관은 어떻게 진화해 왔고, 어떠한 제도, 이념, 대도들이 그 세계관을 형성했는지를 확인한다.

# 참고문헌

1) Kanunain Shreiff, 'Traffic Hazard: Tribunal concerned over animal-driven carts on roads', *Indian Express*, 9 May 2015.

2) Stuart Auerbach, 'From India: A Bullock Cart That Meets the Needs of Modern Times', *Washington Post*, 11 December 1981.

3) 2014년 9월 27일, 뉴욕 유엔총회에 참석하기 전 모디 총리의 연설문, http://www. ndtv.com/india-news/fulhtext-of-pm-narendra-modis-address-atT un-general-assembly-671757 (접속일: 2016.6.5).

4) Asoke Mukerji, 'Revealed: The Diplomatic Moves that Delivered Modi His Yoga Day', *The Wire*, 21 June 2016.

5) 2016년 6월 8일, 워싱턴 미국 의회에서 행한 모디 총리의 연설문, http://indianexpress.com/article/ india/india-news-india/prime-minister-narendra-modi-us-congress- speech-2842046/ (접속일: 2016.6.10).

6) 'Millions stretch and bend on International Day of Yoga in India', *Reuters*, 22 June 2016.

7) Bharat Karnad, *Why India Is Not A Great Power? (미간),* New Delhi: Oxford University Press, 2015, p.1.

# 제1장

# 인도와 세계

# 제1장 인도와 세계

출처가 불명확한 한 일화에 따르면 인도의 모든 총리는 임기 첫째 날에 초대 총리였던 자와할랄 네루(Jawaharlal Nehru)가 쓴 인도의 외교정책에 관한 서한을 읽는다. 그 서한은 '후임자에게, 이 편지가 작성된 지 몇 세 대가 흘렀지만 내게 그랬고 당신의 전임자들에게 그랬던 것처럼 오늘날 당신에게도 유효합니다.'라고 시작한다. 이어서 인도의 국익과 우려, 인도의 지도자들이 국가의 외교정책을 결정하는 변수 순으로 전개된다. 상상 서한에 대한 이 일화는 역사를 꽉 쥐고 머물러 있는 현실과 인도가 세계와 상호 작용하고 세계를 바라보는 전통을 보여준다.

1947년 독립 이래로 인도의 대외 관계는 지도자와 여당의 교체와 같이 약간의 변화가 있었지만 두드러진 연속성과 일관성을 보여 주었다. 인도는 그러한 불변성 속에 홀로 있지 않는다. 대부분 국가들은 그 국가만의 관점이나 국가적 경험에 따라 외교정책의 표본을 만들었다. 인도의 경우에 국익과 관련한 현대적 이념만큼이나 인도 문명의 유산으로부터 외교정책의 패러다임을 빌려온다. 심지어 새로운 정책적 발상이 등장할 때 그 발상은 확실히 몇 번씩 되풀이되는 소재들의 울림이다.

미국의 사상가 월터 러셀 미드(Walter Russell Mead)가 집필한 서적 『특별한 섭리』(*Special Providence*)에는 1776년 미국의 독립 이후 미국의 외교정책을 형성해 온 네 가지 접근 방법이 소개되어 있다. 미국과 세계와의 관계는 미국의 역사에서 다양한 시기에 중요한 개인들이 주창한 사상들에 관한 정의를 고찰함으로써 이해될 수 있다고 미드는 주장한다. 미드에 따르면 초대 재무장관이었던 알렉산더 해밀턴(Alexander Hamilton)을 따르는 해밀턴학파는 '국내외에서 미국기업의 건전성을 높이는 것이 미국정부의 첫 번째 임무라고 본다.' 우드로 윌슨(Woodrow Wilson) 대통령이 명확히 밝힌 윌슨주의자들의 이념은 '미국은 세계 전역을 통해 도덕적, 실용적 의미와 가치를 확산시키는 것으로 믿는다.' 토마스 제퍼슨(Thomas Jefferson) 대통령을 따르는 제퍼슨주의자들은 '가장 억압적이고 위험한 지역에서 미국의 민주주의와 미국 국민의 사활적 이익(vital interest)을 보존해 왔다.' 앤드류 잭슨(Andrew Jackson) 대통령을 추종하는 잭슨주의자들의 접근 방식은 미국인들 사이에서 명예, 독립, 용기 그리고 군사적 자부심이라는 깊고 널리 확산된 대중적인 문화를 대표한다.[1] 미국의 역사를 통틀어 미국 외교정책 입안자들은 위 학파 중 하나 또는 여러 학파를 결합하는 경향이 있었다. 일부는 유럽의 접근법을 수용하려고 노력했다. 그러나 미드의 용어에 따르면 그것은 미국의 세계 이익을 보호하기 위한 세력균형을 근본으로 하는 '유럽대륙의 현실주의'이다.

인도 세계관에 관한 유사한 분석은 인도 외교정책 원칙의 기저를 이루고 맥락을 규정하는데 도움이 될 것이다. 미국의 세계관에 관한 미드의 시도와 달리 일부 학자들은 인도의 세계관을 설명하려는 시도를 해 왔지만 인도의 정책과 관련된 잘 정리된 범주를 제안하지 못했다. 예를 들어 인도인의 후손인 트리니다드인이자 노벨상 수상자인 비디아드하르 수라즈프라사스 나이파울 경(Sir Vidiadhar Surajprasas Naipaul)의 저서 『상처 입은 문명』(*A Wounded Civilization*, 1976)에서 인도의 문제는 외부에 있지 않거나 또는 주기적인 침입이나 정복 때문이다. 그는 '인도가 앞으로 나아갈 지적인 도구가 없다는 약점을 인지하기 때문에' 그가 '상처 입은 문명'이라고 부르는 위기로 인해 고통스럽다고 본다.[2] 인도 외교정책이 적용될 때 나이파울의 광범위한 분석은 세계 권력을 행사할 자원을 보유하지 않고 그러한 현실을 수용하려하지 않으면서 국세적인 위상에 관한 열망이라는 점을 제시했다.

수닐 킬나니(Sunil Khilnani)가 쓴 『인도의 발상』(*The Idea of India*, 1997)에는 다른 견해가 세시되어 있는데, 동시대 인도는 교육받은 도시 엘리트들이 현대적 발상과 현대 기구들에 대해 '도박'(wager)을 하면서 형성되었다. 킬나니는 '그것은 사상에 관한 도박이고 그 사상은 인도에 대한 것'이라고 주장한다. 인도의 '민족주의 엘리트들은 그러한 사상에 대해 단일하고 명쾌한 정의를 하지 않았고, 인도의 독립을 가져온 민족주의 운동과 관련하여 놀랄만한 사실 중 하나는 종종 인도의 목표는 다투는 다양성을 가진 능력이었고... 독립 이전 인도의 민족주의는 최고 지도부에서조차도 끝없이 접어놓은 도띠(dhoti, 역주: 인도에서 남자들이 몸에 두르는 천)처럼 다원적이었고... 그것은 뚜렷하게 각 인물들의 각각 다른 배경을 포함하지만 그들의 궤적은 종종 평행했다.[3] 이 관점에 따르면 민족주의는 인도의 다양성을 포함하고 있으며 지지자들은 과거로부터 영감을 얻었지만 현재와 연결되고 미래를 바라보는 현대적인 인도를 건설하고자 했다.

스테판 코헨(Stephen Cohen)의 『신흥권력: 인도』(*Emerging Power: India*, 2001)에서 인도의 전략적 사고를 (간디의 관점을 포함한) 네루주의(Nehruvian)와 군사적 네루주의로 나누어 분류되고 최종적으로 현실주의자와 부활주의자로 구분한다.[4] 유사하게 또 다른 그의 책, 『인도의 외교정책: 회고와 전망』(*India's Foreign Policy: Retrospect and Prospect*, 2010)에서 정치학자 수미트 강굴리(Sumit Ganguly)는 개인적, 국가적, 체계적 요소들이 네루의 견해를 형성했고, 네루의 계승자들이 그의 정책을 변화시키거나 적응할 의무를 가졌다고 주장한다.[5] 이러한 관점은 현대 인도의 세계관에서 주요한 평가 기준으로서 네루와 그의 사상을 선택한(cast) 것이다.

단지 70년 밖에 되지 않은 민주주의 국가라는 근대의 화신(化身)임에도 불구하고 사실 인도인들은 인도가 5천년의 문명을 가졌다는 점을 자랑스러워한다. 현대 인도의 건국자들 가운데 가장 중요한 인물인 네루는 인도의 역사적 유산뿐만 아니라 미래 인도의 지정학적 야망이 포함될 정책적 기교를 모색했다. 동시대 세계를 향해 영향력을 행사하고 근대성을 추구하고자 하는 인도인의 야망은 인도의 풍부한 역사에 의해 형성된 세계관, 전적으로 전통에 영향을 받은 정책결정 과정과 불가분하게 연계된다. 다른 국가들과 인도의 상호관계는 인도 문명의 유산뿐만 아니라 과거 식민지에 대한 각별한 관심을 갖고 있던 인도인의 세계관에 의해 지배받는다. 인도인 자신들에 대한 존재감과 세계에 대한 감각, 인도 제도의 구축도 식민지와 독립 이후의 경험에 대해 크게 영향을 받았다.

인도 외교정책의 핵심은 자율성이 존재하지 않았던 영국 식민통치 영향의 결과로 의사결정에서 자율성을 추구하는 것이다. 모든 국가들이 외교정책과 행위에서 자유를 선호했지만 인도는 모든 정책을 입안하고 수행할 때 주권을 강조했다. 이는 세계 주요 강대국과 공식적인 동맹으로 서명하지 않으려는 국가적 의지를 의미한다. 또한 강력한 도덕적 함축성도 인도 외교정책에서 목도되는데, 그것은 인도의 역사뿐만 아니라 인도 건국의 아버지인 모헨다스 카람차드 '마하트마' 간디(Mohandas Karamchand ('Mahatma') Gandhi, 1869-1948) 주도의 맹렬한 도덕적 투쟁과 연관될 수 있다. 인도는 강대국 지위가 될 운명에 처해 있을 뿐만 아니라 세계, 특히 개도국의 본보기라는 강력한 믿음이 존재한다.

인도의 건국 아버지들이 남긴 거대한 유산은 인도의 기나긴 독립운동의 직접적인 결과였다. 인도의 초대총리였던 네루(1889-1964)는 독립투쟁에 결정적인 역할을 했고 17년 긴 총리로서 또한 외교장관으로서 봉역했다. 그는 그의 원고, 연설, 정책 결정에서 인도의 외교와 안보정책의 원칙을 마련했다. 35년간 그리고 그의 사망 이후에 네루의 후임자들은 단지 허울뿐인 변화만 가져가면서 네루주의의 구도(Nehruvian framework)를 지속적으로 선호했다.

영국령 인도제국(British Raj)의 최고 유산은 제도이다. 인도는 종신 관료(permanent bureaucracy)가 정책 입안과 실행에서 핵심적 역할을 하는 웨스터민스터(Westerminster) 형태의 의회제 정부로서 강력한 연방국가(federation)이다. 개인의 역할, 특히 총리의 역할은 심지어 내각위원회와 같이 관료 조직들이 표면적으로 책임을 맡고 있는 곳에서도 의사결정에 반영된다.

영국의 통치제도는 인도의 초기 제국, 특히 무굴(Mughals, 1556-1857)제국 하 존재했던 태수 봉건제도를 모델로 했다. 그 체제에서 황제는 마이밥(*mai-bap*, 문자 상으로 어머니-아버지이나 상징적으로 '권위'를 의미)이거나 최고의 보호자와 후원자였다. 황제는 수도에만 거주하므로 일반인들과 이격되었다. 왕의 후원을 받는 만삽다르(mansabdar, 무굴제국 하 관료)로부터 종종 지원을 받는 지방 지주나 성직자들은 인도의 작은 도시와 마을에서 그 권위를 행사했다. 동인도회사(East India Company)로 시작한 영국은 이러한 정부의 문화를 후견/후원자로 말단 단위까지 시행했다. 영국 통치하 지역(district) 치안판사는 판결뿐만 아니라 세금 징수까지 담당했다.

독립 인도는 교육에서부터 보건까지, 법과 질서에서부터 기간시설 발전과 사업까지 삶의 모든 영역에서 영국의 방식(arrangement)을 계승했고, 정부 관료의 허가나 승인, 보호를 필요로 했다. 네루를 포함하여 인도의 건국 아버지들은 온정적인 특성을 보였고 자유 시장 방식(market forces)도 의심스러워했다. 영국이 식민지의 이익을 위해 오로지 관료의 확대를 취한 반면, 네루와 그의 계승자들은 씻지도 않고 글도 모르는 인도의 수백 만 명을 보호하는 법을 가장 잘 안다는 신념 때문에 권력이 관료와 국가의 손아귀에만 집중되도록 했다.

외교관계 분야에서 온정주의는 인도의 존중과 명성을 보여줄 외국 방문과 함께 공개 토론의 영역 밖에서 대부분 행해지는 외교로 계승되었다. 따라서 인도의 외교 업무는 국가의 종신 관료 영역 내에서 엘리트만의 것이 되었다.

특성(personalities)과 제도에 덧붙여서 특정 국가의 대외 관계는 그 국가의 존재감이나 세계에서 그 국가가 차지하는 위상으로 규정된다. 독립 이후 인도 외교정책을 형성한 대단히 중요한 사상은 인도의 전략적 그리고 지정학적(geostrategic) 개념뿐만 아니라 문명의 우수성이었다. 인도는 남아시아 대륙의 가장 큰 지역을 차지한다. 인도인들은 북쪽으로 히말라야 산맥, 남쪽으로 인도양으로 둘러싸여 있기 때문에 아(亞)대륙은 하나의 독립체라고 기록되어

온 지리를 믿는다.

모든 인도 정부에게 있어서 안보는 아대륙이 안정적이고 평화적으로 유지되는 것을 의미한다. 주변국들에 대한 인도의 세계관은 이들 국가들이 인도 문명의 통합적 부분이라는 인도인들의 견해에 전적으로 영향을 받는다. 주요 강대국들에게 '영향력의 영역'(sphere of influence, 역주: 어떤 국가의 정치적 영향력이 미치는 다른 국가의 영토)라는 지리적 개념이 광범위하게 인정되지만, 오랫동안 인도의 철학자들과 제국들은 인도에게 '영향력의 문명영역'(civilizational sphere of influence)[6]도 상세히 기술되어 왔다.

남아시아, 중앙아시아, 중동 무역로의 교차점에 위치했기 때문에 고대 인도왕국과 제국들은 메소포타미아, 그리스, 중국, 로마와 문화적, 경제적 관계를 유지했다. 해외에 이르는 제국을 건설한 촐라왕국(Chola, BC300-AD1300)을 제외하고 인도 군대는 아대륙 이외의 영토를 정복하려고 하지 않았다. 국정운영 및 종교와 관련된 고대 힌두문헌은 다른 문명들과의 고립을 장려했다. 왕은 인도 영토 내 이웃 국가 왕의 영토를 정복할 수 있었지만 다른 문화나 사람들을 병합하는 것은 비윤리적으로 간주했다.

고대 인도철학자들과 전략가들은 현실주의와 이상주의 양 진영으로 나눠졌다. 인도의 마키아벨리로 알려진 인도 현실주의의 가장 중요한 전략가이자 작가는 까우띨랴(Kautilya)이다. 그의 명저 『아르따샤스뜨라』(*Arthasastra*, 實利論, 사전적으로 정치경제학)는 정확히 왕국의 운영과 관리에 관한 내용이다. 일부 분석가들은 그 저서가 근대 인도 외교정책의 기틀을 마련했다고 하고, 일부는 약간의 영향력만 미쳤다고 한다. 고전시기부터 이상주의자들이 집필한 문헌은 불교와 자이나교의 도덕주의적 영향력을 반영한다. 근대에 들어서는 마하트마 간디의 견해가 현저하게 반영되는데, 간디는 인도의 국민 투쟁과 근대 인도의 아버지로 잘 알려진 인물이다.

고대 인도 전략가들과 제국들은 그들 주변의 세계를 인지했지만, 인도가 걸프만에서 동남아시아(역주: 이하 동남아)에 이르기까지 아대륙을 초월하여 이웃 국가들을 전략적으로 연결한다는 사실을 알았던 시기는 영국령 인도제국 때였다. 오늘날 인도와 지리적으로 가까운 이웃 국가들에 대한 인도의 정책은 영국령 인도제국의 관점에 전적으로 영향을 받았는데, 영국령 인도제국의 이익은 주변국가의 이익이고 그 반대는 아니라고 기록되어 있다. 이는 외부의 강대국들이 남아시아에서 영향력을 발휘하지 못하도록 하는 인도의 열망의 근원이고, 이를 두고 가끔씩 일부는 인도판 먼로 독트린(Monroe doctrine)으로 부른다. 독립 후 인접국가와 체결한 협약들도 영국통치의 유산이다. 1949년 부탄과의 협정은 1910년 하나의 부탄과 관련하여 영국이 체결한 것과 같은 맥락이다. 1950년 인도와 아프가니스탄이 협정을 맺었을 때 양국 듀랜드선(線)(역주: 1893년에 아프가니스탄과 영국령 인도사이에 그어진 경계로서 현재는 아프가니스탄과 파키스탄의 국경선임)에 거주하는 부족들은 만약 인도가 '영국령 인도제국의 보조정책과 무기를 지속적으로 사용할 것'을 요구하자 인도는 그 제안을 정중히 거절했다.[7]

인도 문명의 위대함에 대한 믿음은 당대 인도 민족주의의 핵심이다. 일찍이 1922년부터 인도 편집자들은 『뉴욕타임즈』(*New York Times*)에 개재된 기사 '인류의 1/5를 구성하는 인도가 7천마일 떨어진 작은 섬(영국)의 "부산물"로 영구히 남을 수 없을 것이다.'[8]를 토론했다.

간디의 지도력 하 인도의 민족주의 운동은 도덕적 이상을 품게 되었는데, 그것은 결국 인도는 유일하고 특별하며 세계와 다른 예외주의의 출현으로 이어졌다. 1946년 12월 13일 개최된 제헌국회에서 최초의 결의안은 다음과 같이 통과되었다. '선조들의 이 땅은 세계에서 적법하고 영광스러운 장소가 되었고, 세계 평화의 달성과 증진, 인류의 번영에 기여한다.'[9] 1949년 7월 『포린어페어』(*Foreign Affair*)에 익명으로 기고된 글에서 인도는 '역사의 신참이 아니고, 파생물도 아니며 또는 새롭게 탄생한 국가의 식민지가 아닌 신생국'으로 묘사되었다.[10]

독립 후 수십 년 동안, 세계지도자로 보이기 위한 이러한 야망은 비록 도덕적이기는 하지만, 종종 인도 외교정책이 실교적이라는 성격을 증폭시켰다. 반식민주의, 반인종주의, 남아프리카에서 있었던 인종차별정책(apartheid)에 대한 인도의 투쟁은 이러한 정책 중 일부이다. 그래서 인도는 유엔안전보상이사회(역주: 이하 유엔안보리)뿐만 아니라 국제통화기금과 세계은행 등 국제경제 질서에 대한 개혁을 요구했다. 인도는 세계 주요 강대국들, 특히 산업화된 자본주의국가들이 이전에 식민화한 가난한 국가들의 이익을 충족시켜주지 않는다고 보았다. 비동맹운동, 77그룹, 브릭스(BRICs, 브라질, 러시아, 인도, 중국, 남아프리카)의 창설에 있어서 인도의 주도적 역할은 서구 유럽강대국이나 미국에 의해 운영되지 않는 국제제도를 탄생시키기 위한 노력을 의미한다.

냉전체제로의 편입은 자원(resource)이 부족했고, 자체가 국가를 갈기 찢어놓을 수 있다는 두려움으로 인해 인도 지도자들은 군사 동맹으로부터 동떨어져 있기를 모색했고, 그들이 비동맹의 길이라고 주장한 방식을 채택했다. 비동맹이란 세계의 분쟁에 어떤 입장을 취하는 것에 대한 거부가 아니고, 중립과는 다른 것이었다. 그것은 미국과 소련으로부터 지원을 모색하는 인도의 선택을 보여주면서 특정 문제에 대해서도 의견을 제시할 수 있으면서 단순히 특정 진영으로의 가담은 아니었다. 인도는 냉전체제로부터 남아시아를 유지하고, 회피할 수 있는 충돌로 유인되는 위험으로부터 남아시아를 보호하는 방법으로서 비동맹을 모색했다. 이는 국가 건설, 특히 경제와 군사력을 위해 평화롭고 안정적인 환경을 보장하는 것이었다.

인도가 이전 식민국가들의 지도국가가 되는 것을 기획하기 이전 비동맹의 옹호는 인도가 식민통치를 종식시킨 아시아와 아프리카 국가들과 관계를 형성하는데 도움이 되었다. 경제력과 군사력의 열세로 인해 인도는 세계문제에 있어서 더 중요한 역할을 할 수 있도록 높은 도덕성을 접목시키고 이를 중요하게 다루었다.

인도는 비동맹으로부터 이익을 얻었지만 모든 일은 항상 예상대로 전개되지 않았다. 인도가 비동맹에 남아있는 동안 파키스탄은 서방진영에 가담했다. 냉전은 인도의 국경과 결코 동떨어지지 않았다. 공산 중국(원래 소련과 동맹함)은 인도와 국경을 맞대었다. 이란과 파키스탄은 미국이 이끄는 중앙조약기구(Central Treaty Organization)에 가입했고 청취한 자료를 중앙정보국(CIA)에 제공했다. 1979년 군대를 파견하기 이전까지 소련은 아프가니스탄을 가장 중요한 이웃 국가로 인식했다. 미국과 소련 해군은 가끔씩 인도항구에 접근할 권리를 모색하면서 인도양에 주둔했다.

인도는 냉전의 양 진영으로부터 군사와 경제적 지원을 받을 수 있었지만 의사결정 과정에서 인도가 모색한 자율성은 완전히 달성되지 못했다. 인도는 1962년 중국과 전쟁이후 미국 쪽으로 기울었고 1971년 방글라데시의 위기 동안에는 소련으로 기울었다. 국내, 지역, 그리고 세계의 환경이 인도의 선택을 제한했는데, 그것은 가난한 개도국이 인구 규모나 역사적, 도덕적 요구에 근거하여 세계의 지도국가로 활동하는데 한계가 있다는 교훈을 준다.

2세기에 걸친 영국 식민통치 기간 동안, 인도인들은 경제, 외교, 군사정책을 전혀 통제하지 못했다. 심지어 두 번의 대전 동안 인도 군인들은 전 세계에서 영국 군인의 일원으로 싸웠지만 인도인들은 의사결정자가 아닌 총알받이(cannon fodder)였다. 그러한 경험은 인도가 다국적 해외부대에 파병을 꺼리는데 경험이 되었다. 유엔 평화유지 임무는 이 원칙에서 예외였다. 유엔의 보호 하 평화유지는 도덕적이고 운이 없는 국가들을 인도가 돕는 자격을 부여하는 것이며, 세계에서 인도의 역할을 충실히 수행한 것이다. 인도는 한국전쟁(1950-53), 베트남전(1955-75), 걸프진(1991)에 파병을 거설했다.

2003년 미국 주도의 이라크전쟁 당시 많은 사람들은 인도 의회와 내각이 미국의 인도군대 파병 요청에 대해 논쟁을 벌였던 사실에 놀랐다. 종국에는 인도가 전쟁에 참가하지 않았으나 그러한 문제에 대해 최초로 많은 논쟁을 벌였고, 인도인들과 다른 사람들은 인도의 세계적 역할이 어떻게 변화했는지를 목격했다.[11]

그러나 인도는 국경과 관련해서는 파병을 머뭇거리지 않았다. 인도는 정부와 반군 게릴라 간 정전을 위해 1987-90년 스리랑카에, 쿠데타 시도를 저지하기 위해 1998년 몰디브에 각각 군대를 파병했다. 또한 인도는 결과적으로 방글라데시가 탄생한 1971년 전쟁을 포함하여 파키스탄과 네 차례에 걸친 전쟁을 치렀다. 인도 관점에서 이웃 국가와의 문제는 여전히 아대륙의 일부이고 인도의 안보를 유지하는 분야이다.

경제영역에서 인도는 독립 이후 자급자족을 희망했다. 일부 인도의 건국 지도자들은 간디의 슬로건인 '람 라즈야'(Ram Rajya, 사전적으로 이상적 국가를 의미하는 '람의 통치')처럼 자급적인 마을들을 만들기를 희망했다. 반면, 페이비언 사회주의자인 네루는 경제의 주도권(commanding heights)은 국가의 손아귀에 남아야 한다고 믿었다. 독립부터 1977년 지도부가 와해되기까지 인도를 이끌었던 인도국민회의(Indian National Congress)의 대부분의 지도자들은 기업(corporate sector)의 의도와 희망을 불신했다. 인도는 1991년 경제개혁이 이루어질 때까지 민간부문을 압도하는 지배적 공공부문 기업과 함께 혼합경제(mixed economy)로 부상했다. 1990년대 경제개혁은 인도 민간 부분을 북돋웠지만 현재까지 공공부문 기업은 중요하다. 인도의 자급자족 추구는 가끔씩 군사력에 있어서 효율성을 바라는 부분과 충돌했다. 군수분야 제조에서 인도는 국가와 공공부문 기업이 대부분을 차지하지만 세계 최대의 방산장비 수입국가 중의 하나이다.

간디가 현대 인도 정체성의 아버지라면 자와할랄 네루는 논쟁할 가치도 없이 독립 이후 인도 외교정책을 만든 인물이다. 인도 최초의 총리이자 외교장관으로서의 이상과 야망은 '네루주의'(Nehruvianism)로 칭해졌고, 1947년부터 1964년까지 네루의 관리 하에 인도의 지울 수 없는 세계관이 형성되었다.

인간 네루는 역설의 산물이었다. 그는 귀족 출신이지만 정치관은 빈틈없는 민주주의자였다. 인도인으로 태어났으나 외형적으로 국제주의자였다. 그는 힌두의 땅에서 눈을 떴지만 무신론과 경계를 맺고 있는 완고한 세속주의자로 성장했다.

네루의 세계관은 그가 영국에서 교육을 받고 민족주의 투쟁을 통해서 형성되었다. 동료들과 달리 그는 세계를 여행했고, 국제적 관점에서 세계 속 인도의 역할과 세계를 보았다. 역사의 애호가로서 그는 인도가 현재는 허약하지만 언젠가는 강대국이 될 것이라고 보았다. 국제주의자이자 이상주의자로서 그는 다자주의와 강력한 국제제도를 옹호했다. 현실주의자로서 그는 평화를 모색하면서 경제력과 군사력의 중요성을 이해했다.

네루는 그의 멘토(mentor)였던 간디에게 전적으로 영향을 받았고 간디처럼 인도와 세계의 변화를 모색했다. 독립한 지 1년도 되지 않아 간디가 암살된 이후 네루는 스스로를 국민의 아버지로 여겼고 현대 인도를 구조적으로 만들려고 노력했다. 그는 차차(Chacha, 삼촌) 네루로 불리기를 좋아했는데, 많은 것을 하고 동시에 많은 역할을 하는 인물이 되려 하기 때문이었다. 그는 인도가 경제적으로 자족하고 국민들이 빈곤으로부터 벗어나 발전국가가 되기를 바랐다.

네루는 인도가 기회와 위협 모두에서 다양성이 있다고 인식했다. 그는 분체(分體) 기질을 가졌고 주요 종교들을 두려워했으며 인도 영토를 통합하고 독립적으로 유지할 방안을 모색했다. 인도는 세속주의와 다원주의를 실시해야만 생존할 수 있다고 믿었던 세속주의자가 바로 네루였다. 네루는 인도처럼 다양하고 복잡한 국가는 종족성, 종교, 인종과 언어집단의 연합을 통해 가장 잘 공존할 수 있다고 믿었다. 그에게 있어서 민주주의는 인도가 전진하는 방도였고, 민주주의에 대해 엘리트와 대중들을 교육하는 것이 그의 역할이라고 보았다.

또한 네루는 인도가 세계로부터 격리되는 그 지점까지 흡수되기를 원치 않았다. 그의 우려들 중 하나는 핵무기와 함께 군사동맹을 맺음으로써 제3차 세계대전의 발발 가능성이었다. 그는 강대국들을 설득하여 미래에 전쟁이 발발하지 않도록 희망했다. 그랜빌 오스틴(Granville Austin)은 네루를 '초조해 하는 민주주의자'(impatient democrat), '국가의 유모'(national nanny)라고 불렀는데, 두 호칭 모두 네루에게 적절하고 '국제 유모'(international nanny)도 적절할 것이다.[12] 네루는 자신을 안내자로, 또한 그의 국민뿐만 아니라 세계에서도 멘토로 간주했다.

네루는 자신을 인도의 새로운 리더십과 관료를 위한 안내자로 간주했는데, 관료들의 다수는 네루보다 세계에서 노출이 적었다. 그가 총리로 재직한 17년 동안 각 주의 주 장관들에게 격주 간 서한을 보냈다. 모든 서한에서 그는 핵심 국내 정책 결정뿐만 아니라 그 결정의 전후맥락을 상세히 설명했다. 또한 서한에는 총리의 해외방문, 외국 고위관리의 인도 방문과 그 방문들에서 무엇을 의논했는지에 대한 자세한 설명이 포함되었다.

이 서한들을 통해 네루는 주 장관들에게 국내뿐만 아니라 세계의 사건에 대해 교육을 하고자 했다. 그래서 그의 서한에는 통일아랍공화국(United Arab Republic)의 탄생으로 인해 이집트와 시리아의 합병이나 1958년 3월 인도네시아 국내 문제 등과 같은 사건이 설명됐다.[13] 또 다른 서한에서 그는 '인도에 있는 우리는 세계 상황에서 우리를 떼어낼 수 없고, 어떤 상황이 필요하건 간에 우리의 역할을 해야 한다.'고 적었다.[14] 그의 견해에 따르면 인도는 '세계 전역에서 명성을 쌓아왔고, 심지어 우리가 동의하지 않는 국가들도 우리를 존중한다.'[15]

그에게 있어서 격주간의 서한은 인도의 지도자들에게 주는 조언이면서 새로운 국가를 건설하고자 했던 노력의 일부였다. 그의 후임자들이 다른 정치인들을 위해 교사가 되는데 관심이나 인내가 없었기 때문에 이러한 전통은 네루시기에 시작되었고 끝이 났다. 아주 세밀한 부분까지 그의 관심이 반영된 한 사례는 주(州)장관에게 보낸 서한에서, 바닥을 청소하는 효율성을 높이고, 사용하는 사람이 건강상의 문제를 겪지 않도록 빗자루의 높이를 조절해 달라는 요청이었다.[16]

비평가들은 네루의 외로움이 반영되어 있고 네루가 보호한 인도 국민들 속에서 위안과 동료를 찾고자 했던 네루의 서한, 연설, 글들을 읽었다.[17] 그러나 네루는 그의 저서, 서한, 연설에서 인도가 아대륙을 넘어서 세계를 이끌 수 있는 방법을 모색했다. 아마도 그는 민초(民草)들과 교류를 통해 개인적인 외로움을 덜기보다 세상을 넘어 인도 스스로 고립되려는 인도의 역사적 경향을 더욱 염려했다. 그의 서한과 연설에는 국제적 분쟁에 대한 고뇌, 그가 보는 것처럼 다른 사람들이 세계와 인도를 보는 시각, 그가 알았던 변화가 세계를 도울 것이라는 강력한 열망이 반영되어 있다. 미래를 위한 자신의 꿈과 아울러 자신의 염려와 좌절과 함께 희망했던 대로 일이 진행되지 않았을 때 그의 서한과 연설은 그의 무기력함을 대변했다.

네루는 지금까지 전국에 걸쳐 행한 연설에서 외교정책을 논한 유일한 인도 총리이다. 그는 가끔씩 문맹인 농부들에게도 왜 인도가 협정에 서명을 하거나 하지 말아야 하는지, 또는 왜 비동맹이 인도에게 가장 좋은 방식이냐 등을 설명했다. 1947년 기준 인도의 식자율은 12퍼센트 수준으로 매우 낮았다.[18] 외딴 시골에서 왜 외교정책에 대해 논의를 해야 되는지에 대한 질문을 받고 네루가 대중들에게 설명할 때 비로소 그들이 복잡한 결정을 이해할 것이라고 보았다.

네루는 이따금 집무실에 너무 많은 일을 집중하는 비용을 들여가면서 자신의 경험(example)으로 업무를 추진했다. 총리로서 그는 다양한 일로 인도에서 임무를 수행 중인 외교관과 그의 관료들이 일을 해결하길 기다리기보다 이들을 가끔씩 개인적으로 응대했다. 17년간 총리직을 수행하면서 델리에 있을 때에는 의회의 모든 회기에 참석했고, 의회 책임의 중요성을 강조했다. 그는 외교정책 또는 경제와 관련된 어떤 것이든지 정부의 모든 질문에 대해 직접 응답했다. 네루의 외교비서관 중 한 명은 '의회 회기 중 가장 힘든 부담은 외교부(Ministry of External Affairs)와 관련된 질문뿐만 아니라 정부 내 모든 정부 부서와 관련된 질문 등 이미 답변이 된 모든 질문에 대해서도 세세하게 응답하는 네루의 습관이었다.'라고 적었다.[19] 이러한 집중화는 각 부서 장관들과 관료들로부터 항상 환영받지 못했는데, 그들은 이러한 집중화가 정부의 운영 속도를 느리게 하는 것으로 보았다.

그럼에도 네루의 정책은 세계무대에서 인도의 특정 위상을 확보하는데 도움이 되었다. 네루의 후임자들은 네루주의 구도를 허울만 좋게 변화시킨 채 네루가 창출한 정책과 제도들을 향유했다. 네루는 인도 외교정책의 다양한 측면들을 폭넓은 동의로 진행했고, 후임 정부들은 외부의 개입에서 새로운 길로 나아가는 것을 꺼려했던 것으로 보였다. 인도 외교정책에서 네루주의와 동떨어진 첫 번째 주요한 변화는 냉전이 종식된 이후와 소련의 붕괴 직후에 발생했다.

1990년대와 그 이후부터 인도는 서구 국가들, 특히 미국과 긴밀한 관계 설정에 돌입했다. 인도의 '동방'정책이 동아시아, 동남아와 역사적, 문화적으로 연계되어 있지만, 이제 경제는 인도 외교정책에서 가장 중요한 요소가 되었다. 여전히 인도인들은 포기한 비동맹이 다시 출현하기를 원치 않는데, 비동맹은 인도의 외교정책 수사(rhetoric) 중의 하나로 남아있다.

마치 새로운 신념들이 옛 종교의 연장으로설명되는 것처럼 보인다. 예를 들어 2012년 인도의 지도자격인 분석가 집단들은 인도가 전략적 자율성을 유지하고, 세계의 모범이 되며, 인도 경제를 구축하는 것을 주요 내용으로 하는 '비동맹 2.0: 20세기 인도의 외국 및 전략적 정책'을 출판했다. 이 보고서는 냉전 기간 동안 비동맹의 연속체로서 탈냉전체제에서 인도의 새로운 패러다임을 다루었다. 인도와 미국의 공통적인 새로운 전략적 관심사는 두 국가의 지도자들이 사실상 더이상 존재하지도 않는 비동맹운동 연례회의에 어김없이 참석하는 것이며, 이는 전혀 놀라운 일이 아니다.

미국 외교정책 사상 중 월터 러셀 미드(Walter Russel Mead) 유형의 학파를 따르면, 당대 인도의 외교정책에서 주요 방면은 최소한 제국주의, 종말론적 이상주의(messianic idealism), 현실주의, 고립주의 등 네 가지 경향으로 분류된다.

'제국주의' 사상 학파는 영국령 인도제국으로 불렸던 인도에 알려진 독립 이전 가장 최근 의사결정 경험에서부터 시작되었다. 이 관점에 따르면 인도가 중심이며 델리 정부가 가장 잘 안다. 이 정책을 가장 잘 보여주는 사례는 남아시아 이웃 국가들에 대한 독립 후 인도의 정책이 영국의 통치 또는 그 이후에 델리 정부는 인도 중앙정부가 안보 결정에서 가장 적합하다고 항상 신뢰했다. 영국령 인도제국 당시 영국 식민관리들처럼 독립 인도를 위한 제국주의적 외교정책 옹호자들은 인도의 안보 수요와 이웃 국가들의 수요가 같다는 것을 동의하고 수용해야 한다고 주장한다. 심지어 이상주의자 네루조차도 커즌식 사고방식(Curzonian mindset)[20]을 아대륙과 인도와 인접한 국가들에게 반영했다. 그의 딸 인디라 간디(Indira Gandhi)는 인도 이웃 국가들을 위해 안보 결정을 하는데 있어서 인도가 우선시되어야 한다는 미국의 먼로 독트린과 유사한 인디라 독트린을 선언했다.

세계 평화, 정의, 번영을 기도(mantra)하는 '종말론적 이상주의'는 마하트마 간디 하 민족주의 투쟁기간 동안 반복된 고대 인도인 사상의 도덕적 유산으로부터 영감을 받은 강력한 도덕적 요소들이 포함된 외교정책이다. 이 관점의 주창자들은 인도가 세계의 다른 국가들의 본보기라는 주장을 할 의무가 있다고 믿는다. 이러한 인도 예의주의는 가끔씩 인도 스스로와 세계에 대한 일부 관점을 형성한다. 간디 또는 비베카난다(Vivekananda)였던지, 아니면 네루나 모디(Modi)였던지, 모든 인도의 지도자들은 세계가 인도의 문명적인 공헌에 어울리는 위상을 부여해야 한다고 주장했다.

일반인이든지 아니면 그들의 지도자이든지 인도인들은 인도의 훌륭한 문명적 유산에 항상 신뢰를 가졌고 미래에 강대국이 될 것으로 기대했던 점이 종말론적 이상주의의 역할이다. 세계가 인도의 위대함을 수용하도록 기다리는 것이 인도가 해야 할 일 같다. 인도는 가끔씩 국제관계에서 높은 도덕적 측면을 강조했고, 정책 채택과 관련하여 다른 국가들을 설득할 권리가 있다고 믿었다. 냉전동안 인도는 다른 국가들이 설교로 간주했던 옳고 그름에 대한 철학적인 논의를 한 유엔의 연례 모임, 비동맹, G-77과 같은 다자 집단에 소속되어 있었다.

동시에 인도는 대외 관계를 '현실주의'에 두는데 거리낌은 없었다. 고대부터 인도에서 현실주의자와 이상주의자들은 공존했고 독립 이후에도 예외는 아니다. 인도인들은 두 사상이 평행적으로 대조를 이루는 것을 문화적 능력으로 간주했다. 도덕적 원칙에 대한 신념은 인도 지도자들을 평화주의자로 바꾸지 않았다. 종말론적 이상주의에도 불구하고 뉴델리는 항상 강성권력의 중요성을 인식해 왔다. 인도 외교정책은 가끔씩 인도의 마키아벨리라고도 불리는 고대 사상가 까우띨랴(차나꺄 Chanakya라고 알려짐) 사상의 갈래를 엮은 것이다. 까우띨랴는 국가가 목표를 달성하기 위해 *Saam*(설득), *Daan*(선물), *Dand*(벌), *Bhed*(분리) 등 네 가지 도구를 기꺼이 사용해야 한다고 주장했다.

모든 종말론적 이상주의를 위해 인도는 인도 스스로에게만 의존할 수 있는 홉스주의 세계관을 견지한다. 이는 전략적 자율성에 대한 강력한 욕구, 경제적 자급자족을 위한 시도, 자주국방의 추구를 의미한다. 네루부터 그 이후 인도의 지도자들은 군사력을 포함한 국력을 구성하는 요소의 중요성을 인식해 왔다. 또한 최근 들어 경제성장의 강조는 다양한 분야에서 강력한 군사력을 지불하지 않으면 강대국 야망이 현실화될 수 없다는 인식과 묶여 있다.

세계적인 역할을 하고자 희망하는 동안 인도는 세계 문제나 이념을 이끌어 내는데 주저해왔다. 인도의 세계관에는 강력한 '고립주의'의 흔적(streak)이 있다. 이는 인도가 강대국으로 보여지기를 희망하는 것과 가끔씩 강대국들이 요구하는 것을 주저하는 인도의 다양한 역설들 중의 하나이다. 반어적으로 영국은 인도에서 최초의 강대국이자 제국이었고 세계로 나아갔다. 영국령 인도제국을 창조할 때까지 남부 인도 촐라(Chola)왕국을 제외하고 어떠한 인도 제국들도 인도아대륙을 넘어서 외부로 영역을 확장하려고 시도하지 않았다. 인도 철학자들은 황제가 되려고 했거나 또는 국왕은 아대륙 내에서만 제국을 건설해야만 한다고 단언했다. 따라서 많은 인도인들에게 복잡한 대외 관계는 인도 토착의(swadeshi) 세계관을 진정으로 반영하는 대신 영국령 인도제국의 제국주의관을 상기시킨다.

네루의 비동맹 이념은 인도가 특정한 선택에 묶여지는 대외적인 책무 없이 세계 속에 포함되는 방법 중 하나였지만 근대 인도는 국제 분쟁과 진영에 인도가 포함되기를 지속적으로 꺼려했다. 인도는 양 진영에서 최고가 되고자 했다. 바로 지금도 인도는 다른 상임이사국들이 보유한 권력을 구축하지 않고 유엔 안보리의 상임이사국이 되고자 한다. 고립주의의 영향을 받은 인도인들에게는 세계 분쟁에서 중요한 역할을 하거나 이념이나 진영을 선택하는 것보다 인도 영토의 완전한 유지, 강한 경제 구축, 빈곤 탈출과 정의로운 사회 만들기가 종종 더 중요한 일이었다. 인도는 지역 내 강대국이 아니라 세계 강대국이 되려고 하지만 그들의 강성권력을 실행하는 데에는 한계가 따른다.

유엔이 주도하는 평화유지 임무를 제외하고 인도는 해외 파병을 꺼려한다. 유일하게 인도가 전쟁을 벌였던 지역은 아대륙 내이고, 이는 인도에게 있어서 아대륙은 여전히 인도 문명 확장의 대상이지만 나머지 세계는 너무 멀리 떨어져 있음을 증명한다. 이는 네루 하에서도 사실이었고 인도가 미국과 더욱 긴밀하게 협력하고, 중국을 견제하기 위해 태평양 강대국들과 집단화를 희망하고자 하는 모디의 명확한 야망이 존재하며 오늘날 모디 하에서도 사실로 드러난다.

인도의 모든 총리들 중 네루는 인도의 세계관을 정의하는데 있어서 특별한 사상의 부류를 가장 잘 수립했다. 그런 이유로 가끔씩 인도 외교정책은 제국주의, 현실주의, 고립주의의 일부 요소와 함께 종말론적 이상주의가 합쳐진 네루주의(Nehruvian)라고 불려왔다.

# 참고문헌

1) Walter Russell Mead, *Special Providence: American Foreign Policy and How It Changed the World*, New York: Alfred Knopf, 2001, pp.87-89.

2) V.S. Naipaul, *India: A Wounded Civilization,* New York: Vintage Books, 1976, p.8.

3) Sunil Khilnani, *The Idea of India,* New York: Farrar, Straus, Giroux, 1997 pp. 5-9.

4) Stephen Cohen, *Emerging Power: India,* Washington DC: Brookings Press, 2001, pp. 37-49.

5) Sumit Ganguly, *India's Foreign Policy: Retrospect and Prospect,* New Delhi: Oxford University Press, 2010.

6) 이 개념은 후사인 하콰니(Husain Haqqani) 대사의 개념에서 가져온 것이다.

7) Y.D. Gundevia, *Outside the Archives*, Hyderabad: Sangam Books, 1984, p.27.

8) Syed Hossain, 'What India Wants,?' *The New York Times*, 9 April 1922.

9) 1946년 12월 13일, 제헌의회에서 행한 자와할랄 네루의 연설. *Constituent Assembly Debates of India, Official Report,* Vol.I (9 December-23 December 1946), http://164.100.47.132/LssNew/cadebatefiles/ C13121946.html (접속일: 2014.6.10).

10) An Indian Official, 'India as a World Power,' *Foreign Affairs,* Vol.27, No.4, July 1949, pp.540-50.

11) Devirupa Mitra, 'How India nearly gave in to US pressure to enter the Iraq killing zone', *The Wire,* 8 July 2016, http://thewire.in/50028/india-nearly-gave-us-pressure-join-iraq-war/ (접속일: 2016.7.8).

12) Granville Austin, *Working a Democratic Constitution: A History of the*

*Indian Experience,* New Delhi: Oxford University Press, 1999, p.17.

13) 1958년 3월 26일, 모든 장관에게 보낸 네루의 서한, Jawaharlal Nehru, *Letters to Chief Ministers, 1947-64,* Volume 5: 1958-1964, New Delhi: Oxford University Press,1989, p.27.

14) 1958년 12월 20일, 모든 장관에게 보낸 네루의 서한, ibid., p.176.

15) 1959년 10월 16일, 모든 장관에게 보낸 네루의 서한, ibid., p.294.

16) 1960년 6월 12일, 모든 장관에게 보낸 네루의 서한, ibid., p.372.

17) 1936년 네루는 그의 부인을 잃었다. 그는 영국에서 청년시절을 보냈기 때문에 인도에는 친구들이 많지 않았다. 마하트마 간디에게 보낸 서한들에서 네루는 그의 외로운 감정을 쏟아냈다. '이 넓은 세상에서 나는 미치도록 외로움을 느낀다. 유년시절부터 성장하면서 나는 항상 외로움을 느꼈었다.' 1934년 8월 13일, 간디에게 보낸 네루의 서한. Frank Moraes, *Jawaharlal Nehru: A Biography,* New Delhi: Jaico Publishing House, 1959, p.252.

18) 'Literacy in India', *Census 2011,* n.p., n.d., http://www.census2011.co.in/literacy.php (접속일: 2016.6.1).

19) Y.D. Gundevia, *Outside the Archives,* p.194.

20) S.D. Muni, *India's Foreign Policy: The Democracy Dimension, with Special Reference to Neighbours,* New Delhi: Foundation Books/Cambridge University Press, 2009, p.29.

# 제2장

# 풍부한 유산

# 제2장 풍부한 유산

인도는 지리와 전통으로 통합된 아주 오래된 국가이다. 대부분의 인도 언어는 삶을 윤회로 반영하여 어제(역주: कल)와 내일(역주: कल)을 똑같은 단어로 표현한다. 회의론자들은 이를 현대 인도가 시대와 보조를 맞추는데 실패한 원인으로 본다. 살만 루슈디(Salman Rushdie)는 그의 소설 『한 밤의 아이들』(*Midnight's Children*)에서 '"어제"라는 단어가 "내일"이란 단어를 같이 쓰는 사람은 시간에 대한 확고한 단서를 가졌다고 말할 수 없다.'고 썼다.[1] 다른 사람들은 세계 선진국 수준만큼은 아니지만 인도의 풍부한 유산이 현재까지 유지되고 있다고 주장한다. 정치인이자 작가인 샤시 타우르(Shashi Tahroor)는 '사람들이 지속적으로 칭하는 것처럼 인도는 저발전된 국가가 아니고, 역사와 문화적 유산 맥락에서 볼 때 부패한 선진국들 사이에서 고도로 발전된 국가다.'라고 서술했다.[2]

북쪽으로 히말라야, 남쪽의 인도양, 서쪽과 동쪽의 각각 힌두 쿠쉬(Hindu Kush) 산맥과 여카잉(Arakan) 산맥 간 거대한 공간에서 형성된 5천 년간의 문명은 인도 예외주의를 낳았다. 다른 사람들은 경제 지표, 낮은 인간개발지수, 또는 명백한 정치적, 사회적 혼란 등에 따라 현대 인도를 판단하기도 한다. 그러나 인도인들에게 인도 아대륙은 하나의 문명이고 분리될 수 없는 하나의 역사적 독립체로서 과거의 성취는 엄청난 자존감의 원천이고 심지어 우월감마저 형성한다. 삶에 대한 윤회의 개념에 영감을 받은 인도인들은 그들의 내일이 어제만큼이나 좋을 것이고, 인도공화국은 과거 왕조와 제국의 영광을 반영한다고 확신한다. 인도와 세계 간 상호작용은 거의 항상 인도 스스로의 문명에 영향을 받는다.

인도인들은 침입자와 정복자들을 포함하여 다른 사람들의 생활방식에 유입된 그들의 문화적 능력을 자랑스럽게 여긴다. 인도인이 된다는 것은 시간을 초월한다는 것이다. 인도문화가 외부의 영향력에 적응하는 동안 인도 문화를 수용한 외부인들이 인도로 오고 결국 머무르게 된다. 일부 토착인이나 외국인에 의해 건국된 인도 제국의 역사는 이 사실을 말해 준다. 심지어 비인도인들로 구성된 통치 왕조도 독특한 인도의 우수함을 유지했다. 따라서 무굴제국은 투르크이었을 수도 있지만 그 제국은 매우 인도적이었다. 영국의 인도 통치는 인도의 인장(stamp)를 피할 수 없었다. 이 단순한 역사적 사실은 인도 문화와 문명의 흡수력에 대한 굳은 믿음으로 이어졌다. 인도인들의 사고에 따르면 인도는 다른 사람들이 감당하기에는 너무 큰 대신에 다른 사람들은 인도화되었다.

인도의 정복자들 가운데 영국인들은 아마도 현지인처럼 살고자 하는 의지가 가장 약했다. 영국은 아리아인(Aryan), 스키토-파르티아인(Scytho-Parthian), 그리스인, 몽골인, 투르크인, 아프간인들이 행하지 않았던 분리주의를 유지했다. 당시 영국 식민통치는 인도의 자아를 없애는 대신 인도가 자발적으로 강요된 고립을 넘어서서 성장하도록 하는 제도적 틀만을 만들었다. 인도의 독립 투쟁은 독립 미래를 건설하는 것과 함께 인도인들에게 인도의 영광스런 과거를 회복하는 무대였다.

서구의 식민통치 이전에 인도 제국들은 페르시아 걸프에서 동남아에 이르기까지 문명적 영향력을 확신했다. 인도 영토와 영해 경계의 중요성을 강조하고 정의하는데 있어서 지리 또한 중요한 역할을 했다. 가끔씩 인도 제국들은 안보를 확실히 하는 완충국(buffer state)을 건설하기 위해 주변 지역을 포함시켰다. 현대 인도는 문명적 영향력에 대한 믿음과 침입, 실지회복(失地回復), 분열에 대하여 지리적으로 이웃 국가들이 국가 안보에 영향을 미친다는 발상을 계승했다. 인도 외교정책 수립자들에게 인도 아대륙은 하나의 정체이고, 인도의 이웃 국가들은 인도의 안보와 중동에서부터 동남아에 이르기까지 인도의 눈앞의 이익을 위해 중요하다.

철학과 사상부문에서 인도의 유산은 지리와 안보적 강박에 의해 형성된 세계관을 더했다. 1960년대 미국의 남아시아 학자 노먼 팔머(Norman Palmer)는 '인도에서 외교와 대부분의 국내 정책들은 전통에 뿌리를 두고 있고 철학적 토대를 가지고 있다.'고 지적했다.[3] 전통을 호출한 것은 당대 인도 정치인들의 성격에 따른다. 예를 들어 네루는 그의 연설에서 역사를 자주 언급했으나 그의 일부 후임자들은 그렇지 않았다. 전통에 대한 모디의 존중은 연설에서 역사적 언급을 하기보다 세계 요가의 날에 대중 요가 자리에 주도적으로 참석하는 것으로 이어졌다. 그러나 국가적 자부심을 유발시키고 동시대적 정책을 설명하기 위해 인도가 가진 유산에 의지하는 경향은 지속적으로 이어졌다.

문명적 단일체로서 인도의 5천년은 항상 외부세계와 관계를 맺어왔다. 초기부터 시작하여 인도 왕국과 제국들은 다른 국가, 지역과 연계되어 있었다. 고대 인도왕국들이 중국, 로마, 그리스, 이집트, 메소포타미아와 외교적 관계를 맺은 증거가 있다. 인도에서 발상된 힌두교와 불교는 인도 해역과 산들을 넘고 아대륙을 넘어 확장되었다. 7세기경 현재 캄보디아의 스리위자야(Sri Vijaya)왕국, 태국, 인도네시아의 자바 등 일부 동남아제국들에 힌두교와 불교가 융성했다.

현대 인도의 창시자들은 가끔씩 그들의 오래된 역사로부터 영감을 모색했다. 대부분의 인도인들은 인도와 인도인들이 사상과 이념을 포함한 풍부한 유산을 보유하고 있고, 당대 인도는 과거의 그림자 하에서 성장할 수 있다고 믿는다. 현재는 과거와 미래에 의해서만 인도된다는 일반적인 원칙 또한 외교정책의 영역에 적용된다.

예를 들어 인도 철학자이자 교수인 꼬타 사치다난다 머띠(Kotha Satchidananda Murty)는 인도 철학의 부류를 서구의 그것과 비교 및 대조했다. 1960년대, 머띠는 인도 외교정책에는 두 가지의 철학적 부류가 있다고 주장했는데, 하나는 현실주의, 다른 하나는 이상주의 또는 도덕주의이다. 머띠는 인도의 현실주의를 『아르따샤스뜨라』(*Arthasastra*), 『다르마샤스뜨라』(*Dharmasastra*), 『니띠샤스뜨라』(*Nitisastra*)와 같은 전통으로 거슬러 올라간다고 보고, 이들을 '실용적인 까우띨랴 이론'이라고 명명했다.[4] 이 이론은 단지 '인도 안의 국가들'에만 적용되고 아대륙을 넘어서는 적용되지 않는다는 것이 인도 현실주의의 핵심 요소이다.

머띠에 따르면 인도 정치에서 이상주의와 도덕주의의 부류는 불교와 자이나교에서 기원했다. 머띠는 이를 '토착적이고 도덕적인 아쇼카(Ashoka) 이론'이라고 부르는데, 그에 따르면 이 관점은 현지에서 적용될 수 있는 인도의 현실주의와 달리 '보편으로 적용'될 수 있다.[5] 아쇼카왕(BC 269-232)은 불교를 포용한 마우리아(Mauryan) 왕조의 위대한 황제였고, 신흥종교의 인도주의에 따라 통치하고자 했다.

머띠는 고대 인도의 현실주의자를 '아르따샤스뜨라주의자'와 '다르마샤스뜨라주의자' 등 두 집단으로 나누었다. 머띠가 아르따샤스뜨라주의자라고 부르거나 까우띨랴의 추종자들로 불리는 이들은 '항상 위험성과 비용이 따르는 전쟁보다 책략, 침입, 전복, 구호, 경제적 압력을 더 선호하기 때문에 마키아벨리의 "여우들"'과 유사한 것으로 분류된다.[6] 이들과 반대로 다르마샤스뜨라주의자들 또는 마누(Manu)의 추종자들은 '승리하거나 또는 사망하거나 또는 끝내는 전쟁 영웅과 같은 마키아벨리의 "사자들"'이었다.[7]

또한 머띠는 고대 인도 이상주의자들을 불교도와 자이나-힌두 평화주의자로 분류했다. 전자는 '모든 세상에 대한 사고는 평화적 방법에 의해 다르마(dharma, 우주의 질서)로 전환될 수 있다'고 보는 반면 후자는 '비폭력(ahimsa)이나 비동맹을 옹호하지만 무력의 사용을 배제하지는 않았다.'[8] 따라서 고대 인도의 외교전통은 고립주의와 개입주의의 혼합으로 현대의 비동맹과 크게 다르지 않다. 그러한 이유로 네루는 종종 비동맹을 '그 이면에 내재된 철학이 담긴 함축적인 긍정 개념'으로 묘사했고, '비동맹의 뿌리는 아쇼카왕과 그 이전 시기로 거슬러 간다.'고 주장했다.[9]

미국 정치학자 퀸시 라이트(Quincy Wright)는 인도 철학자들이 서구 철학자들보다 국제관계의 이해를 위해 더 나은 틀(framework)

을 제시했다고 보았다. 보편적으로 플라톤의 주장에 영향을 받은 서구 철학자들과 달리 고대 인도 철학과 정치사상은 사상의 보편성을 가정하지 않았다. 그래서 인도 정부가 '주장한 원칙이 무엇이든 간에 적용에 있어서 거의 한결같지 않다'는 것은 놀랍지 않다.[10] 퀸시 라이트의 관점을 따라, 기리 데싱까르(Giri Deshingkar)는 '힌두교의 현실 읽기의 현저한 특징 가운데 하나인 선(善)은 항상 악(惡)과 섞여 있다는 것이다.'[11]

이 시각은 날리니 칸트 자(Nalini Kant Jha)의 주장과 맥락을 같이 하는데, 그에 따르면 고대 인도 철학자들은 '사적 도덕성과 공적 도덕성'을 동일시 하지 않았고 '국가를 대신한 정치인(statesman)은 그가 행위를 결정하는 동안 백성의 희망과 이익을 고려해야 했다.'[12] 네루는 몇 년 간 그의 연설에서 이 사실을 솔직히 인정했고 고아(Goa)에서 발생한 군사행동(police action)에서처럼 그의 일부 행동에서도 이러한 관점이 반영되었다. 국민투표(referendum) 후에 프랑스 식민지였던 폰디체리(Pondicherry), 까리깔(Karikal), 야남(Yanam), 마헤(Mahe), 현재 찬단나가르(Chandannagar)로 불리는 찬드르나고르(Chandernagore)를 인도로 반환하려고 기다렸던 네루식 접근과 달리 포르투갈 식민지에 반대하여 무력으로 고아를 합병하려고 했다.

네루에게 있어서 그러한 모순은 국정운영에서 필요한 기능이었다. 프랑스는 그들이 점령한 영토를 독립 인도에게 기꺼이 반환하고자 했으나 포르투갈은 그렇지 않았다. 고아 합병은 포르투갈이 그들의 통치 포기를 끊임없이 연기하는 것에 대한 인도의 우려를 보여주었다. 프랑스의 경우 대기하고 협상하는 것이 더 좋은 선택이었으나 무력은 비협조적인 포르투갈을 다루는 유일한 수단이었다. 1948년 3월 8일, 제헌의회에서 네루는 '나는 심지어 제국주의의 편에 서는 것도 상상할 수 있다. 나는 두 악마들 중 덜 나빠 보이는 특정한 환경에 처해지기를 꺼려하지 않는다.'고 언급했다.[13]

고대 인도의 사상과 관습이 현대 인도에 미치는 영향력에 대한 어떠한 연구든 까우띨랴로부터 시작해야만 한다. 차나꺄로도 알려진 까우띨랴(BC 370-283)는 아대륙의 가장 넓은 영토를 장악한 인도 최초의 왕조인 마우리아제국의 건국자 찬드라굽타 마우리아(Chandragupta Maurya)의 자문관이자 철학자였다. 인도의 전략적 사고에 대한 까우띨랴의 영향력에 대한 많은 글들이 써졌다. 그의 대표작인 『아르따샤스뜨라』에는 유명한 '만달라'(mandala)이론이 주창되었다. 만달라 이론은 전륜성왕(轉輪聖王, chakravartin)이 됨으로써 영향력 확장을 꾀하는 왕과 국가(*vijigishu*)가 동심원(만달라)의 핵심에 위치해야만 한다는 개념이다. 『아르따샤스뜨라』는 정치철학에서부터 모든 주제를 포함하여 행정, 외교, 외교정책, 정보 수집 이론까지 포함한 150장(chapter)으로 구성된 총 15권의 서적이다.

마키아벨리의 『군주론』(*Prince*)처럼 까우띨랴의 저서는 제국을 효율적으로 운영하고 싶어하는 왕을 다룬다. 까우띨랴가 세상을 본 것처럼 이 책은 왕을 위한 도전과 기회를 지적하면서 세상을 보여준다. 투키디데스(Thucydides), 마키아벨리, 홉스와 같이 고전적 현실주의자들처럼 까우띨랴도 마찬가지로 세상을 무정부상태, 그리고 모든 국가들은 스스로에게만 의존해야하는 것으로 보았다. 이와 같은 무정부상태에서 생존하기 위해 왕은 친구와 적, 잠재적 동맹과 잠재적 적을 구별해야한다.

까우띨랴의 동심원(역주: 만달라)에서 만약 이웃 국가가 해당국가보다 강력할 경우 이웃 국가는 해당국가의 영토와 자원을 갈망하는 것처럼 당연히 이웃 국가는 해당국가의 적이다. 그러나 이웃 국가의 이웃 국가는 해당국가의 당연한 친구인데, 왜냐하면 그 이웃 국가의 이웃 국가는 해당국가의 영토를 갈망하지만 해당국가의 이웃 국가가 되기까지 해당국가를 침략할 수 없기 때문이다. 친구와 잠재적인 적의 식별은 만달라 또는 원으로부터 바깥으로 나아간다. 만달라 체계에서 모든 국가들은 적과 친구의 동심원을 모두 다 접하는 난관에 봉착한다.

인도의 세계 접근에 대한 까우띨랴의 영향력을 부정할 수 없지만 근대 인도인의 전략적 사고에 대한 그의 영향력에 대해서는 학자들마다 평가가 다르다. 방글라데시 정치학자 라세드 우즈 자만(Rashed uz Zaman)과 독일 국제관계학자 마이클 리비그(Michael Liebig)와 같은 분석가들에 따르면, 까우띨랴의 사상은 인도의 전략적 사고의 뿌리이고 까우띨랴를 이해한다면 인도의 정책을 이해할 수 있다. 다른 사람들은 인도인들이 23세기 이전에 국정운영에 관한 글을 쓴 까우띨랴를 존경하지만 정책을 결정하기 전 항상 그에게 자문을 구했던 것은 아니라고 주장하기도 한다. 그에 대한 존경은 뉴델리 외교지역을 까우띨랴의 이름을 따서 차나꺄뿌리(Chanakyapuri)라고 명명한 상징적 행위에서도 명백하게 드러난다. 그러나 이러한 학자들에 따르면 까우띨랴의 사상은 독립 후 몇 년에 걸쳐 인도 외교정책을 수립한 네루와 같은 인물들에게는 주요한 영감을 주지 않았다고 본다.

라세드에 따르면, 인도 정책의 '수사법'과 '정책의 실질적인 실행'이 뚜렷이 대조된다면 까우띨랴의 영향력은 명확해진다.[14] 실제로 까우띨랴가 조언했던 것처럼 인도가 어떤 군사적 잠재력을 구축할 때 네루와 같은 인도 지도자들은 그들의 정책을 도덕적으로 표현하여 '허상'(façade)이라고 라세드는 주장한다.[15] 나아가 그는 냉전 종식 이후에도 인도가 '동맹국들의 한 집단에 의존하는 것을 경계'하면서 까우띨랴를 따르고 있다고 주장한다.[16] 서방국가와 긴밀한 관계에도 불구하고 인도는 여전히 러시아, 비동맹운동의 개도국들 가운데 오래된 국가들과 관계를 유지하고 브릭스(BRICs)에도 활발히 참여한다. 다층화된 동맹과 모든 동맹국에 대한 불신은 만달라 이론의 수용을 반영한다.

라세드와 마찬가지로 비동맹은 단순히 현대 세계에 적응한 까우띨랴의 현실주의라고 리비그는 주장한다. 리비그의 주장에 따르면, 네루는 『아르따샤스뜨라』를 완독했을 뿐만 아니라 여러 글에서 그것을 언급했다. 또한 그는 '차나꺄'라는 필명으로 글을 쓰기도 했다.[17] 리비그는 까우띨랴의 영향력은 인도인의 매일 매일 삶 속에서 영향을 미친다고 본다. 그에게 차나꺄뿌리라고 불리우는 외교가와 까우띨랴 마르그(Kautilya Marg, 까우띨라 길)라고 불리우는 거리는 이러한 영향력을 나타낸다. 리비그는 차나꺄 또는 마우리야에 관한 텔레비전 연속극에서 중요한 의미를 목격했다. 차나꺄의 초상화는 인도 여러 대학의 정치학과 벽에 눈에 잘 띄게 걸려있다고 그는 관찰했다.

그러나 이러한 몇 가지 주장은 이해하기 쉬워 보인다. 영국의 헨리 8세와 그의 부인에 관한 텔레비전 연속극은 군주로서의 삶에 관한 가치와 재미를 보여주지만 그의 철학적 영향력이 현재 영국의 외교정책에 영향을 미쳤다는 점을 보여주지 않는다. 게다가 유럽 대학의 정치학과는 교수들과 학생들이 마키아벨리, 투키디데스, 또는 모겐소(Morgenthau) 등 현실주의자들에 대해 비판적 시각을 가졌을 때에도 이들의 초상화를 전시할 수도 있다. 뉴델리에는 까우띨랴 마르그만 있는 것이 아니라 다른 역사적 인물이나 외국의 고위관리의 이름을 딴 거리들이 있다. 관대한 인도 무슬림이나 힌두교도들이 거의 존경하지 않는 무굴제국 황제인 아우랑제브(Aurangzeb)의 이름을 딴 거리도 있다. 인도의 대부분 도시에 있는 주요 도로는 마하트마 간디의 이름을 땄지만 비폭력에 관한 간디의 견해가 인도 외교정책의 핵심을 형성했다고 리비그는 결론 내리지 않는다.

현대 인도를 건국한 세대는 현실주의자와 이상주의자들로 나누어졌는데 양자 모두 다양한 수준에서 인도의 세계관을 형성하는 데 도움이 되었다. 정책과 견해 면에서 고전적 인도 현실주의자로 간주되는 사다르 발랍바이 파텔(Sadar Vallabhbhai Patel)과 네타지 수바스 찬드라 보세(Netaji Subhas Chandra Bose)와 같은 네루의 동료들은 까우띨랴의 현실주의에 영감을 받았다. 인도의 전 외교장관인 J.N.딕싯(J.N.Dixit)은 그의 저서 『인도 외교정책의 결정자들』(*Makers of India's Foreign Policy*, 2004)에서 파텔과 보세가 주장한 외교정책의 주요 목적은 '가용한 수단이 무엇이든지 필요한 어떤 상황이든지에 따라' 인도의 국익을 보호하는 것이었고, 그리고 필요하거나 보증이 된다면 국익은 물리력의 사용을 배제하지 않았다고 주장했다.[18]

반면, 모한다스 카람찬드 간디(Mohandas Karamchand Gandhi, 대부분의 사람에게는 마하트마 간디)는 정치에서 과거로 부터 계승된 도덕적 유산, 아쇼카왕, 불교적 가치를 반영했다. 그는 영국 식민통치 하 그의 독립운동을 사티아그라하(Satyagraha, 사전적으로 '진실의 힘')로 칭하고, 많은 이들에게 '인도 외교정책의 규범적이고 도덕적 기준'을 정의하기를 좋아했다.[19] 인도 외교정책의 도덕적 측면에서 간디의 공헌은 독립 인도의 관료들에게 채택된 원칙들이다. 간디는 관용의 개념을 주창했고 선한 결과는 선한 도구에 의해서만 이룰 수 있다고 주장했으며, 모든 환경에서 평화와 비폭력을 강조했다. 그의 견해는 빤차실(*Panchasheel*, 평화공존 5원칙)과 네루주의 외교정책의 기반이 된 비동맹의 틀을 형성하는데 기여했다.[20]

인도의 국제관계학자인 날리니 칸트 자(Nalini Kant Jha)는 불교의 '중도사상'(the middle path)이 현대 인도의 외교와 경제 정책에 영향을 미쳤다고 주장한다. 경제 정책에서 인도는 완전한 사회주의나 자유 시장자본주의 둘 중 하나 대신에 혼합경제를 선택했다. 자(Jha)는 냉전시기 인도가 양 진영과 가치를 공유했기 때문에 중도에 머무르기를 선호했다고 단언한다. 서구 국가들과 인도는 민주주의, 개인적 자유, 인권, 법치, 세속주의, 다원주의, 과학적 성향의 필요와 같은 이념을 공유했다. 이와 함께 인도는 소련이 '국가의 이름으로 개인을 굴복시킨' 그 순간에도 소련의 동양주의(Asia-centrism)와 반제국주의를 환영했다.[21]

중도에 대한 인도의 선호는 영국으로부터 독립 전부터 등장했었다. 1946년 9월 7일, 첫 번째 공식적인 외교정책 선언에서 임시 총리이자 외교장관이었던 네루는 '다른 국가를 반대하는 동맹 집단과의 권력 정치로부터 우리는 가능한 한 떨어지고자 제안한다... 우리는 미국 시민에게 우리의 안부를 전하는데, 그들의 운명은 국제관계에서 주요한 역할을 하는 것이다... 세계의 사건을 만드는데 막중한 책임을 갖고 있는 소련과 같은 다른 강대국의 국민에게도 우리의 안부를 전한다.'[22] 사실상 비동맹이라는 단어가 만들어지기 전 이는 비동맹의 간결한 표현이었다.

최근 저서에서 프리야 찻코(Priya Chacko)는 도덕적 영향력은 인도의 독립 이후 외교정책의 핵심이라는 주장을 더욱 발전시켰다. 그에 따르면 네루의 외교정책은 탈식민지 국가로서 인도의 정체성을 형성하는데 도움을 준 도구였다. 그러나 이 정책의 핵심에는 다음과 같은 모순이 내재한다. 근대성은 인도의 식민화에 대한 책임과 인도의 후진성에 대한 처방으로 인식된다. 찻코의 이러한 애매모호함은 인도 외교정책의 도덕적 측면이 강한 이유라고 주장한다. 이러한 애매모호함의 유일한 출구는 '인도는 유일하게 도덕적 자질을 보유했다는 문명적 예외주의'의 주장이다. '도덕적 강대국'으로서 인도는 현재 세계의 가치와 국제관계의 행위를 변화시키고 세계를 폭력에서 평화로 이동할 수 있게 한다.[23]

세계나 지역의 전통적 패권국과 다른 방법일지라도 인도가 세계를 이끌 것이라는 발상은 인도 지도자들에 의해 비판받거나 질문되는 정치사상 속에서 정기적으로 수면 위로 부상했다. 2006년 개최된 『힌두스탄 타임즈』(*Hindustan Times*) 리더십 정상회담(Leadership Summit)에서 네루의 손자 며느리인 소냐 간디(Sonia Gandhi)는 당시 인도 여당이었던 인도국민회의 당수로서 '차세대 세계의 초강대국'(The Next Global Superpower)으로서 인도를 언급했다. 그녀는 초강대국이 된다는 것은 '패권, 침략, 권력 정치, 군사력, 분리, 충돌 등의 이미지를 떠올려준다'고 언급하면서 이러한 이미지들은 인도의 야망에는 반영되지 않는다고 주장했다.

소냐 간디는 수 세기동안 '인도는 비밀스런 권력을 사용하지 않았지만 세계 역사에서 상당한 영향력을 행사했다.'고 주장했다. 마하트마 간디를 인용하면서 소냐 간디는 인도인들이 '간디의 가치와 발상만을 통해서' 강대국이 될 수 있었다고 주장했다. 그녀는 '우리 인도인들은 세계가 우리를 가볍게 여길 때조차도 세계에서 우리의 지위를 항상 인지했다... 왜 우리는 우리를 "세계 초강대국"으로서 생각해야만 하는가? 대신 왜 평화, 진보, 번영을 위한 세계의 강대국이 되는 일을 하지 못하는가?'라며 그의 연설을 마쳤다.[24]

또한 2012년 발간된 정책보고서 『비동맹2.0』(*Non-Alignment 2.0*)에는 인도가 강대국에 어울리는 자본을 보유하지 않으면서 도덕적 지도자라는 점을 함축하며 세계가 따라야 할 모범이라고 주장했다.[25]

국제관계에 대한 당대 인도인들의 사고에서 중도의 추구는 단지 고대의 유산만은 아니다. 식민통치의 유산으로서 인도 외교정책의 주요 요소이자 인도 민족주의 운동인 반제국주의는 머띠와 같은 학자들이 고대 인도 기록을 연구함으로써 추적할 수 있다. 머띠에 따르면 현실주의자든 이상주의자든 고대 인도 학자들은 '무력으로 인도가 인도 문화를 외부에 확장하려고 시도하거나 주창한 적이 없다.'고 지적한다.[26] 이런 의미에서 인도의 고대 철학자들은 고립주의자이고, 인도 아대륙 이외로 국가나 문화에 관한 공격적인 전쟁을 금지하는 '인도 외부 국가를 향한 일종의 먼로 독트린이 존재했다.'[27]

고대 인도 군주들은 전륜 성왕(轉輪聖王, chakravartin, 정의를 추구하고 평화를 존속시키는 위대한 통치자)이 되기를 희망했지만, 이는 군주의 통치 영역은 지리적으로나 문화적으로 아대륙으로 정의된 지역에 국한되었다는 자(Jha)의 관점과 연관된다.[28] 인도인들은 그들 해역을 초월하여 권력을 행사하는 것을 선호하지 않았고 그들의 영토를 장악하거나 그들이 지배한 외지인들을 철학적으로 수용하지 않았다. '인도 외교정책은 이 땅의 고전시기 전통과 문화에 바탕을 두고 있다.'고 네루가 말했는데[29], 이는 서구의 제국주의를 반대하는 인도가 고대 인도인의 세계관으로 돌아갈 수 있다는 사실을 보여주었다.

촐라제국(BC300-AD1279)의 사례는 인도가 해외와 복잡한 관계에 얽히는 것을 싫어하는 것에 대한 주목할만한 예외이다. 촐라제국은 다른 문명들과 무역뿐만 아니라 인도의 지리적 영역을 넘어 정치적 존재감을 모색한 유일한 인도 제국이었다. 촐라의 군사주의 의지와 활발한 대외정책은 기원전 3세기부터 13세기까지 남인도왕조를 존속시켰다. 촐라는 그들의 정치적, 문화적 영향력을 오늘날 스리랑카까지 확장했다. 그럼으로써 그들은 빤디아(Pandya, BC6-12AD), 빨라바(Pallava, AD3-9)와 같은 남인도에 있는 왕국의 경로를 따라갔고, 자연스러운 확장으로 인도 남부 해안지역의 섬을 발견했다. 그러나 11세기에 들어 촐라는 고립주의 전통을 깨고 동남아에서 활발한 강대국으로서 역할을 하며 오늘날 인도네시아인 스리위자야(Sri Vijaya)를 침략했다.

촐라의 동남아로의 확장 배경과 이에 따른 이 지역의 정치적 영향력에 대한 역사학자들의 의견은 서로 엇갈린다. 일부는 무역로를 통제하기 위한 간단한 이유였다라고 하고, 또 일부는 제국주의 국가들과 유사하게 정치적 지배를 위한 것이라고도 본다. 일부 역사학자들에 따르면, 촐라는 그들의 중심부에서 멀리 떨어진 지역을 통제할 능력이 없었기 때문에 촐라의 침략은 단순한 일회성의 군사적 침략이었다. 촐라의 해군력은 장기간 해외 식민지에는 적합하지 않았다. 또 다른 학자들은 영구적인 정치적 영향력을 행사하기 위해 촐라가 자바(Java)에 총독을 남겨두었다고 주장한다.[30] 학자들의 다양한 주장에도 불구하고 인도 제국들이 아대륙 밖으로 그들의 정치적 영향력을 확장했던 사실은 11세기 초 일부 통치자와 그들의 조언자들이 인도 영향력의 영역을 확대하고자 하는 의지의 전시였다.

고대 인도철학이 인도 외교정책의 기원에 반영되었듯이 중세의 또 다른 유산은 무슬림 술탄의 도래와 무굴제국의 성립으로 인한 종교적, 문화적 다원주의이다. 중세 인도의 술탄들과 무굴제국의 왕들은 인도 외부에서 도래한 무슬림이었고, 그들이 아대륙을 무슬림화했다. 이들은 경쟁하는 무슬림 왕국의 추가적인 침략 위협을 피하여 페르시아와 중앙아시아에서 인도로 도래했다.

무굴제국 하 인도는 서쪽과 북서쪽의 무슬림들과 연합해야 할 필요성을 인식했고, 이 정책은 현재까지도 가장 중요하게 남아 있다. 전략적으로 무굴은 페르시아와 중앙아시아의 경쟁적 통치자들로부터 그들의 제국을 보호하기 위해 카불이나 칸다하르(Kandahar, 오늘날 아프가니스탄)의 주요 요새들을 통제할 필요가 있었다. 무굴제국이 영토경계를 지키기 위해 상대적으로 적은 자원을 지출한 것처럼 약하거나 친밀한 중앙아시아 통치자는 이익을 누렸을 것이다. 영국은 인도의 북부변경을 따라 완충지대를 수립하는 전략을 지속했고 현대 인도는 이 정책을 수용했다.

또한 무굴제국에게는 중앙아시아로 그들의 영향력을 확대하고자 했던 정서적인 이유도 있었다. 무굴제국의 건국자인 바두르(Badur)는 왕위 쟁탈에 패한 뒤 북인도로 들어가서 그의 원래 왕조를 재탈환하려고 했던 중앙아시아 페르가나(Fergana, 현재 우즈베키스탄, 타지키스탄, 키르키즈스탄) 공국(公國)의 왕자출신이다. 바두르는 중앙아시아 왕국을 재탈환하는데 실패했고 그의 아들 후마윤(Humayun)과 증손자 샤 자한(Shah Jahan)도 그들 선조의 꿈을 이루지 못했다. 악바르(Akbar), 자한기르(Jahangir), 아우랑제브(Aurangzeb)와 같은 다른 왕들도 바두르의 공국을 재탈환하는 꿈을 포기하고 인도 내 왕국을 공고히 하는데 집중했다. 문화다원주의는 인도의 근간으로서 무굴제국 통치하 아대륙은 종족적으로 그리고 종교적으로 더욱 다양해졌다.

인도 서부와 북서부에 대한 친밀함(affinity), 완충지대 개념에 바탕을 둔 변방정책, 공식 언어로서 페르시아어의 사용은 대외 관계에 영향을 미친 무굴제국의 유일한 유산만이 아니다. 또한 영국은 무굴제국의 제도적 유산인 개인 중심의 행정을 계승했다. 제국의회(imperial council)나 귀족의회(council of nobles, Diwan-i-Humayun)가 존재했지만, 무굴제국 하 황제는 의사결정자였다.[31] 무굴제국은 인도의 후속 통치자들에게 권력의 사유화와 제도의 결핍이라는 유산을 남겼다. 영국은 페르시아어를 영어로 대체했고, 전문 통치 엘리트를 두어 제도적 통치제도를 구축하려고 했다. 그러나 무굴제국을 포함하여 7세기에 걸친 술탄 중심의 개인 통치 문화를 탈피하지 못했다. 무슬림이 통치하는 인도에서 통치자는 통치보다 더 중요했고, 그들 스스로를 국가의 핵심으로 간주하는 인도인 관료에 대한 선호는 오랫동안 지속되었다.

그러나 현대 인도 국민과 당대 국민의 자각은 영국 식민통치시기에 형성되었지 그 이전은 아니라고 주장할 수 있다. 영국은 인도인들에게 철로와 전신(電信)과 같은 근대적 의사소통수단과 인쇄물을 보급했다. 영국은 이전에 존재하지 않았던 학교, 단과대학, 대학교와 정형화된 교육체제를 고안했다. 다수의 지역에서 인도인들은 훨씬 편하게 아대륙의 다른 지역으로 여행할 수 있고, 사상을 공유하고 조직하며 심지어 그들이 이전에 알지 못했던 안락함으로 식민지의 신민으로 반응했다. 식민통치에 분개하지만 현대 인도는 사상 뿐만 아니라 제도 영역에서 영국 통치에 많은 빚을 졌다.

영국령 인도제국(british)은 완전한 제도와 인적 인프라를 남겼고 인도는 이것들을 계승했다. 또한 인도 지도자들과 전략가들은 남아시아 주변 국가만 응시하는 것을 넘어서 걸프에서부터 동남아, 심지어 그 너머까지 인도의 영향력을 추구하는 영국령 인도제국의 세계관을 계승했다. 런던 정부에 의해 고안된 인도제국의 역할은 독립 후 뉴델리의 전략적 사고에 지울 수 없는 발자취를 남겼다.

영국에게 있어서 인도는 그들 세계제국의 중심이었고 영국 여왕이나 왕의 왕관에 박힌 보석이었다. 인도는 경제와 군사에 필요한 자본뿐만 아니라 아프리카, 동아시아, 태평양 군도, 캐리비안에 이르는 제국들을 지탱할 노동력을 제공했다. 역사학자 로렌스 제임스(Lawrence James)는 수백 년 동안 인도제국은 '시장, 위엄, 힘(muscle)'을 제공하면서 영국의 세계 강대국 지위를 '뒷받침'했다고 지적했다.[32]

인도는 저비용 생산자이자 영국 제품의 시장이었다. 영국령 인도군대는 세계 전역에서 영국의 존재에 결정적이었다. 세계 전역에 걸친 팍스 브리태니카(Pax Britannica)를 위해 런던은 인도의 지속적인 통제가 필요하다고 믿었다. 그것은 문명화하는 임무뿐만 아니라 집단이나 종족적 차이로 인해 아대륙을 분열시키지 못하게 하는 식민정책을 옹호하는 것이었다.

영국의 세계 문명화 역할의 일부로서의 인도제국의 견해를 이해하기 위해서는 2권으로 출판된 『인도를 통치했던 사람들』(*The Men Who Ruled India*)의 저자 필립 메이슨(Philip Mason)에게 시선을 돌릴 필요가 있다. 영국령 인도의 관리출신인 메이슨에게 그와 같은 부류의 인물들은 플라톤의 이상적인 철인왕(哲人王, philosopher-king)과 유사했다. 철인왕은 양육되고 교육을 받았기 때문에 이상적인 지도자가 된다. 메이슨의 주장대로 아이가 부모를 필요로 하듯이 인도는 영국의 후원이 필요했다.[33]

정부에서 근무할 당시 이름인 필립 우드러프(Philip Woodruff)라는 이름으로 쓴 메이슨의 책은 '백인의 책무'(White Man's Burden)라는 개념을 정당화했다.[34] 만약 영국이 인도를 통치하지 않았더라면 인도는 거의 허물어졌을 것이라고 이 책은 주장한다. 메이슨과 같은 인물들에게는 영국이 인도를 지속적으로 통치했었어야 했다는 것이 그의 책에 묘사된 전후 경구(警句)에 분명히 나타난다. '인도인과 파키스탄인의 평온은 우리의 보살핌이었고, 그들의 분할은 우리의 실패였으며, 우리가 속한 국가의 가족들 속에서 영속은 우리의 기념비이다.'[35] 영국이 훈련시킨 인도의 관료들은 영국이 아대륙을 떠난 오랜 뒤에도 이러한 온정주의적 믿음을 지속시켰다.

식민지를 위한 인도적인 정당화에도 불구하고 영국의 관료와 군인들의 대다수는 영국의 안보를 위해 인도의 지리와 전략적 중요성을 확인했다. 인도가 없었더라면 영국은 전 세계에 걸쳐 팽창한 제국을 관리하고 방어하기에는 인구가 충분하지 않은 유럽의 섬나라에 불과했을 것이다. 영국령 인도는 영국이 걸프에서 태평양까지 우월성(paramountcy)을 보장받을 수 있도록 했다. 인도 군대는 아프리카(나타우, 소말리아, 우간다, 로디지아, 수단, 이집트)에서부터 중동(아덴만)과 아시아(모리셔스, 싱가포르, 홍콩, 티베트)까지 커즌(Curzon, 역주: 영국의 정치가이자 인도 총독(1899-1905)을 역임함)의 총알받이였다.[36] 인도인 '쿨리'(coolie, 苦役), 서기, 소규모 무역업자들은 다수의 영국인이 불가능하고 의지가 없는 적도 기후에서 착취의 대상이었다. 인도는 영국의 규모, 인구, 천연자원의 부족 등을 만회하게 했다.

해상 통제는 영국의 식민지 노력에 있어서 대단히 중요했다. 커즌으로 거슬러 올라가서 영국의 지도자들은 미국의 해양 전략가이자 역사가로서 해양권력을 강조한 알프레드 타여 마한(Alfred Thayer Mahan)의 사상으로부터 영향을 받았다. 따라서 영국의 관점으로 인도에서 영국의 안보는 '[페르시아/ 아랍] 걸프 지역의 정치적 통제에 있어서 불리한 변화에 실질적인 양향을 받을 것'이었다. 또한 '인도와 인도의 동쪽(Further India, 역주: 동남아를 칭함)으로 향하는 항로, 상업 및 군사 안보'를 보장받기 위해 인도에 영국인이 주둔하는 것이 필요했다.[37] 커즌과 그의 후임자들에게 영국에서 인도로 향하는 모든 해로는 영국의 영향력 하에서 개척되어야만 했다. 영국과 러시아가 적대관계에 있었을 때 러시아의 항구 사용을 허가하는 페르시아만의 어떤 국가나 세력에 대해 영국은 '고의적인 모욕, 타당한 이유 없는 현상의 파괴, 전쟁을 위한 국제적 도발'로 간주했다.[38]

인도의 전략가이자 역사가인 빠니까르(K.M. Panikkar)는 영국이 '훌륭한 군대와 충분한 행정조직과 함께 권력과 자원의 거대한 저장고를 가졌기 때문에' 아시아 전역에서 실질적인 영향력을 행사할 수 있게 된 것은 오직 인도의 건설(incorporation) 이후라고 주장했다.[39] 페르시아, 아프가니스탄, 티베트, 중국, 버마, 중동에 적용된 정책들은 인도에서 지정학적 이익에 근거한 안보적 고려에 따른 것이다.

영국에서 인도제국을 옹호한 자들은 그들의 세계전략에서 인도의 중요성을 인식했다. 예를 들어 윈스턴 스펜서 처칠 경(Sir Winston Spencer Churchill)의 인도에 대한 집착은 대영제국은 인도 없이 생존할 수 없을 것이며 영국은 더 이상 세계에서 역할을 할 수 없다는 현실을 보여주었다. 처칠은 전문화된 인도주의적 충동과 그의 현실주의를 혼합했을 것이다. 그의 부친이자 인도장관(Secretary of State for India, 1885-86)을 역임한 랜돌프 헨리 스펜서 처칠(Randolph Henry Spencer Churchill)경은 그의 재임기간 동안 '인도에서 우리의 통치는 예전에도 그랬듯이 퍼져나간 기름종이(a sheet of oil)이고, 폭풍을 막고, 거대하고 심오한 인류애의 대양이다.'라고 주장했다.

1931년부터 어린 처칠은 '우리 역사에서 가장 최고의 성취는 인도에서 발생하는 야만, 폭정, 암투의 시대로부터 인도를 구한 것이고, 느리지만 문명을 향해 끊임없이 전진하는 것이다.'고 썼다.[40] 처칠에게 있어서 영국 통치의 철회는 '힌두 독재' 또는 '인도에서 흉포한 내전의 부활'중 하나로 향하는 것이었다.[41] 처칠은 '인도의 상실'은 영국인들에게 '최종적이고 운명적'일 것이고, '우리를 약소국(minor power)으로 축소시킬 것'이라고 주장했다.[42] 그러므로 처칠에게 인도는 '왕의 왕관에서 가장 진실하게 밝고 고귀한 보석'이었고 인도의 상실은 '대영제국의 쇠락을 알리는 증표가 되는 것이었다.'[43]

인도의 독립과 관련한 질문에 대해 처칠은 2세기 이후 영국은 그들이 방어해야 할 권리와 이익이 있었다고 주장했다.[44] 인도 사업가들과 회담에서 그는 '인도는 우리에게 짐이다. 우리는 인도를 위해 군대를 유지해야하고 견고한 싱가포르와 근동(近東, Near East)을 유지해야 한다.'고 주장했다.[45] 처칠의 관점에서 영국의 인도 통치는 인도에 대한 영국의 호의였고 영국은 인도의 방위를 쉽게 하기 위해 다른 국가와 지역을 식민지화하는 추가적인 책임을 졌다. 처칠에게 있어서 인도의 독립 요구는 영국의 세계적 역할뿐만 아니라 영국이 인도의 발전을 방해하는 것이었다.

영국령 인도제국의 대부분 관료 및 군인은 인도에 대한 처칠의 시각과 유사했다. 2차 대전 당시 처칠과의 대화에서 클라우드 오킨렉(Claude Auchinleck) 장군은 다음과 같이 언급했다. '인도는 우리의 존재에 있어서 핵심적이다. 우리는 중동 없이 인도를 장악할 수 있지만 인도 없이 중동을 장악할 수 없다.'[46] 오킨렉은 당시 서부 사막지역의 인도군 사령관이었고 후에 인도 군대의 사령관이자 인도와 파키스탄 내 모든 영국군의 최고사사령관을 역임했다.

인도와 인도 군대가 영국의 세계 전략에서 매우 중요했다는 관점은 런던 정부와 델리 행정부 간 잦은 마찰로 이어졌다. 런던 정부는 인도 군대가 세계 전역에 주둔할 수 있다고 보았고, 델리 행정부는 국내 혼란을 통제하고 국경을 유지하는 것을 선호했다. 1938년과 1939년 제국 방위위원회(Committees of Imperial Defence)는 '중동과 극동의 예비기지들 가운데 인도가 지중해 동쪽에서 가장 적당한 지역'이라고 주장했다.[47]

1939년, 위원회는 군비 지출과 군대의 역할에 관한 인도 정치인들의 견해를 청취하고자 그들을 만나려고 했다. 인도국민회의는 회담을 퇴짜 놓았지만 무슬림 연맹은 이 위원회를 만났다. 위원회의 보고서는 '만약 힌두 다수들이 권력을 장악하면 방위전략과 군비가 최초로 영국의 손을 떠날 것이기 때문에 군사정책이 완전히 변할 것'이라고 썼다.[48] 영국의 이익에는 '무슬림'연맹보다 '힌두'로 구성된 국민회의(Congress)가 더 나쁠 것이라는 견해가 있었고, 이는 인도의 독립투쟁에 대한 영국의 견해와 영국 관료들이 미래를 어떻게 보았는지에 대해 영향을 미쳤다.

서쪽과 동쪽의 지역 안보를 위한 발판이 인도라는 믿음은 18세기가 시작되면서 페르시아 걸프와 인도 간 더 긴밀한 관계를 구축하는 영국의 계획이 되었다. 1763년부터 동인도회사의 관료와 군인들은 걸프만에 영국을 위한 행정 당국을 수립하는데 역할을 했다. 1824년부터 그리고 그 이후 이 곳의 관리들은 지역 내에서 인도인 주재관(political resident)에게 보고를 했고, 이 주재관들은 항상 영국령 인도 관료 출신이었다. 그래서 인도는 평화와 전쟁의 시기에 영국을 위한 '기반'이었고, 중동에서의 '안정'은 영국이 분리되지 않은 인도를 통치하는 '근간이 되었다.'[49]

영국에게 인도는 필수적이었고, 극동과 근동(近東)은 인도의 안보에 중요했다는 논리는 거의 모든 영국 관료들의 사고에 스며들었다. 이는 또한 독립 후 인도와 파키스탄의 외교정책에 영향을 미쳤다. 영국령 인도의 관료였던 올라프 케이로(Olaf Caroe)는 그의 책 『권력의 우물: 남서부 아시아의 원유전: 지역과 세계 연구』(*Wells of Power: The Oilfields of South Western Asia: A Regional and Global Study*)에서 커즌과 처칠을 강조했다. 냉전의 맥락에서 보면 인도(그리고 분리 이후 파키스탄 포함)를 통제하는 공산주의 러시아와 서구의 충돌은 걸프만 지역의 통제에 매우 중요했다고 그는 주장한다. 케이로는 또한 중동의 안정은 분리되지 않은 인도를 통제하는 영국에 달렸고, 파키스탄의 분리는 영국이 책임져야 했다고 주장한다.[50]

반면, 인도 건국의 아버지들은 인도가 세계에 참여하는 방법에 대해 각자 다른 시각을 가졌다. 네루에게 있어서 아시아의 주요 문명 중 하나로서 인도는 아시아의 부상(浮上)을 상징한다. 독립 몇 개월 전인 1947년 3월, 네루는 델리에서 아시아 관계회의(Asian Relations Conference)를 개최했는데, 이 회의에 여전히 식민통치를 받는 국가를 포함하여 수많은 아시아 대표단이 참석했다. 인도는 인도의 의지에 반하여 제국주의적 모험에 참여하기를 강요받았고, 독립 인도는 군대를 국외로 파병하지 않을 것이라고 네루는 믿었다. 유엔 임무를 제외하고 인도가 국외 파병을 꺼리는 것은 고대의 고립적 역사관의 영향과 함께 식민지 경험의 유산이다.

빠니까르와 같은 일부 인도인들은 독립을 인도의 부상 기회로 보았고, 근동과 극동에 영향을 행사하는 인도의 중심성에 관한 영국 전략가들의 세계관을 포함했다. 빠니까르는 인도가 영국과 긴밀하게 협력하고 주권국가로서 대영제국이 고안한 지역 우선주의정책을 유지하는데 있어서 인도의 이익을 확인했다. 그는 '인도, 파키스탄, 버마의 자유에 기초하여 재건된 인도제국'을 삼위일체의회주의(Triune Commonwealth)로 묘사했다.[51] 1919년 발행된 『인도 민족주의』(*Indian Nationalism*)에서 빠니까르와 익명의 영국인 동료는 '자유로운 동반자 관계로서 인도를 영국에 결합시키고 영국을 인도에 결합시킴' 필요성을 제시했다.[52]

수십 년이 지난 후 빠니까르는 그의 견해를 다음과 같이 설명했다. '공동방위지역으로서 옛 인도제국은 많은 이점이 있었다. 인도정책의 궤적 내 전초기지로서 아덴만은 페르시아 걸프만과 오만해안을 지켜주고, 티베트를 중립화하며 버마와 인접한 동부지역을 유지케 한다.' 빠니까르에게 있어서 식민당국을 향한 아덴만의 '항복'은 위 계획이 파기되는 '첫 번째 근시안적 단계'였다. 다른 결정적인 단계들은 외국에게 페르시아 걸프만을 내어 준 것이었고, 1935년 버마의 분리(역주: 버마 분리는 1937년임), 티베트에 대한 인도 정책의 약화, 카슈가르(Kashgar, 疏勒)에서 영국령 인도의 영향력 약화였다. '현재 [2차] 대전의 경험을 비추어 볼 때 필요한 것은 다른 기반을 바탕으로 옛 인도제국을 재건하는 것이다.'[53]

빠니까르는 '진정한 의미에서 세계의 커먼웰스(commonwealth: 국가연합)가 되고 세계의 도덕적 지도자로서의 칭호를 정당화할 네 번째 대영제국'을 언급했다.[54] 빠니까르는 1947년 새로이 독립한 인도는 매우 약해서 스스로를 방어할 수 없고 군사력과 경제력을 구축해야 할 필요가 있었고 현대 기술을 획득하고, 그것을 위한 가장 좋은 방법은 영국과 협력하는 것이라고 믿었다.[55]

1943년 발간한 책 『동남아시아의 미래』(*The Future of South-East Asia*)에서 빠니까르는 인도 역사는 동남아 또는 그들이 'Further India'라고 부르는 지역을 통제할 '유일한' 권력을 가졌다고 주장했다.[56] 빠니까르는 인도의 '지리적 위치, 규모, 자원, 인구와 산업적 잠재력' 때문에 인도는 안보막일뿐만 아니라 지역의 핵심 경제 강대국으로 보았다.[57] 심지어 그는 '자유로운 인도 없이는 동남아의 어떤 국가도 자유로울 수 없다.'는 필리핀 퀘존(Quezon) 대통령의 선언을 인용했다.[58] 이 견해는 빠니까르만의 것이 아니라 1946년 이크발 씽(Iqbal Singh)이 쓴 『인도의 외교정책』(*India's Foreign Policy*)에서도 인도는 중동과 동남아 등 지역의 집단 방위의 핵심이라고 주장했다.[59]

인도 세계위원회(Indian Council of World Affair)가 1948년 『지역주의와 안보』(*Regionalism and Security*)라는 이름으로 발간한 팸플릿은 인도, 파키스탄, 실론, 버마, 말라야, 이란, 이라크, 아프가니스탄, 태국, 프랑스령 인도차이나, 인도네시아, 호주, 영국 등 일부 국가를 포함하는 지역기구의 창설을 논의했다. 빠니까르의 책에서 크리쉬나마차리(V.T. Krishnamachari)는 위 국가들을 포함한 방위위원회의 창설과 나아가 소코트라(Socotra), 모리셔스, 인도, 실론(스리랑카), 싱가포르에 군사와 해군기지 창설을 주장했다.[60] 크리쉬나마차리와 빠니까르는 이 국가 집단들의 핵심국가는 인도가 되어야 한다고 보았다.[61]

또한 일부 인도 전략가들은 인도의 독립을 인도가 고립주의를 벗어날 수 있는 기회이고 세계에서 중요한 역할을 할 것으로 보았다. 그들 중 P. N. 키르팔(P.N Kirpal)은 1945년, '인도로 통하는 세 개의 큰 고속도로가 세계를 연결한다. 캘커타에서 남쪽과 동남쪽으로, 해양 해로는 호주와 뉴질랜드, 동남 태평양의 국가와 섬들, 극동의 중국과 일본에 도달한다. 봄베이, 가라치는 중동, 아프리카, 유럽으로 향하는 오래되고 쉬운 해로이다. 델리에서 북서부로 향하는 철로는 인도에서 유럽으로 향하는 육로인 세계에서 가장 오래된 상업과 문화의 고속도로와 만난다.'라고 썼다.[62] K.N.V. 사스트리(Sastri)에 따르면, 인도는 1급의 군사 강대국이었을 뿐만 아니라 '위대한 도덕과 높은 영혼'을 가진 국가였다.[63]

이처럼 일부 초기의 인도 전략사상가들과 정책 입안자들은 인도가 혼란한 상황이었음에도 불구하고 인도의 이웃 국가, 국가적 이익, 영향력의 반경에 관한 영국의 정책을 반영했다. 영국 전략가들에 따르면 영국령 인도제국은 영국령 인도 지역과 공국(公國)들과 비교하여 가장 '핵심'(kernel)이었다. 다음 층은 방위와 치안정책을 실시할 수 있는 부탄과 네팔과 같은 국가였다. 그 다음 층은 영국이 어떤 충돌에도 중립을 지킬 수 있는 아프가니스탄, 티베트, 페르시아, 심지어 신장(新疆)과 같은 완충국이나 완충지대들이었다. 이러한 세계관에는 인도에서의 이익이 걸프만에서부터 인도차이나 지역까지 뻗쳤다는 것을 의미한다.[64]

영국의 전략적 사고와 고대 인도철학을 함께 엮고자 하는 사람들에게 있어서 영국 식민통치 하 인도 외교정책에는 까우띨랴식 경향이 있었다. 케이로(Caroe)가 설명했듯이 '당시 인도로부터 영향력을 미치는 육지와 해양을 포함한 거대한 안보 동심원에 관한 발상, 육지 쪽으로는 완충국가로 둘러싸여 있고, 왕립 해군(Royal Navy)이 장악한 해양은 후에 공군의 중요 영역(mantle)이 되는 등 영국령 인도 방위에 대한 모든 숙고 뒤에는 큰 발상이 있었다. 이러한 발상은 인도의 안보를 유지하는 동안 영국 정부의 통치 원칙이었고 팍스 브리태니카(Pax Britannica)가 유지되던 시기에 세계 질서의 일부로 발전했다.'[65] 영국 관료들이 『아르따샤스뜨라』를 잘 알지 못했더라도 여러 측면에서 영국은 까우띨랴의 만달라 원칙을 작동시켰다.

영국 정책결정자들과 마찬가지로 현대 인도의 전략가들도 걸프와 중동에서 경제와 국방 등 인도의 전략적 이익을 지속적으로 고수했다. 1944년 인도국민회의의 당원인 흐리데이 나스 꾼즈루(Hriday Nath Kunzru)는 세계 공동체에서 인도의 중요성은 인도의 전략지정학적 위치와 대규모 군사 및 경제자원에 있다고 썼다.[66] 빠니까르에 따르면, '외부의 북쪽 원(圓)으로서 아프가니스탄, 신장(新疆), 티베트와 함께 인도양 지역은 현실적인 인도 안보를 구성한다. 또한 지리적으로 이 지역은 영공과 영토의 중심이고 해군력의 무기고이자 해군기지로서 인도와 함께 하나의 전략적 단위이다. 인도 중부 삼각지대부터 시작하여 전 지역은 완전히 통제되고 방위될 수 있다.'[67]

인도가 걸프와 아프리카 동부해안에서부터 동남아까지 세력을 확대한 것으로 여겨지는 시기는 바로 영국 통치시기였다. '인도라는 이름을 가진 대양의 중심에 있는' 인도를 포함한 프리즘(prism) 없이 걸프를 시각화하는 것은 '불가능한' 것이라는 케이로의 주장에 많은 인도 전략가들은 동의하는 것처럼 보이기도 한다.[68] 현대 인도는 중동에서 스스로를 항상 중요한 역할자로서 간주했다. 심지어 독립 이전에도 네루는 이집트와 터키에서 인도와 비슷한 처지의 국가와 관계를 맺었고, 아랍과 페르시아 정치인과 지식인들에게 연락을 취했다.

영국 식민시기와 달리 독립 인도는 지역 내 국가들과 군사력을 바탕으로 연계하지 않았다. 네루는 군사동맹을 좋아하지 않았고, 양자에 기초한 군사, 경제, 문화관계를 선호했다. 여전히 인도는 인도제국의 이익이 주변국의 이익에 영향을 미치고 그 반대는 아니라는 영국의 정책을 지속적으로 이웃 국가들에게 실시해 왔다. 이는 외부 강대국이 남아시아 내에 영향을 미치지 못하도록 하는 동시대 인도정책의 뿌리인 인도판 먼로 독트린이다.

영국으로부터의 인도 독립은 식민지 동안 성장한 인도 엘리트들의 오랜 투쟁이 있은 뒤 달성되었다. 다양한 사상과 견해의 차이가 있지만 민족주의운동은 외교정책을 포함한 현대 인도의 모든 면에 깊게 영향을 미쳤다. 일부 민족주의 지도자들은 인도의 과거를 그대로 유지하는 방향을 모색했지만 또 다른 일부는 인도의 근대화를 모색했다. 그러나 모든 사람들의 근본적인 믿음은 '더 오래된 문명, 더 오래된 종교와 사회적 전통, 고대문학과 지적 전통을 가진 인도가 세계에 더 많은 기여를 해야만 했다는 것이다.'[69] 폴 파워(Paul Power)와 같은 사람들에 따르면, 독립이전 인도국민회의의 반식민지, 반파시스트 입장은 '4세기로 거슬러 올라가는 까우띨랴가 쓴 『아르따샤스뜨라』의 비도덕적인 정치 조언'보다 현대 인도 외교정책에 더 많은 영향을 미쳤다.[70]

초기 인도민족주의 운동가들은 독립 투쟁을 시작했을 뿐만 아니라 독립 인도의 정책적 기조를 정의했다. 1885년 인도국민회의의 결성은 국제개발에 대한 견해를 포함하여 정치적 문제를 토론하고 논쟁할 인도인들을 위한 영구 조직이었다. 영국령 인도제국의 국제관계는 명확히 영국의 손아귀에 있었지만 결성된지 얼마 되지 않아 인도국민회의는 결의안을 통해 외교정책에 대한 선언을 채택하기 시작했다. 인도국민회의 입장에서 인도는 대영제국의 일원이지만 인도의 아들과 딸들이 전 세계에서 사업가, 노동자, 학생들로 널리 퍼져있었다. 영국령 인도군대는 전 세계 각지의 인도인 문제에 있어서 인도국민회의의 이익과 인도인들의 삶에 영향을 미칠 수 있는 사건들을 정당화하기 위해 아주 멀리에서도 주둔했다.

독립투쟁 기간 동안 채택된 다양한 입장들은 인도 독립 후 세계관에 반영되었다. 예를 들어, 다다바이 나오로지(Dadabhai Naoroji)의 서사시 『영국이 통치하지 않는 인도와 빈곤』(*Poverty and UnBritish Rule in India*, 1901)과 인도에서 영국의 농업과 조세협정에 대한 로메쉬 천더 두트(Romesh Chunder Dutt, 1848-1909)의 글들은 인도국민회의와 독립 후 인도의 사회주의 경제정책에 영감을 주었다. 나오로지의 1901년 책은 인도에서 영국의 경제적 착취를 비판하고 인도의 독립을 주창하는 내용이다.

원칙적으로 인도국민회의는 어떠한 제국주의 전쟁이나 개척에 인도 군대의 개입을 반대했다. 1차 대전 당시 인도국민회의는 의무분과와 지원병으로 연합국을 지원했다. 마하트마 간디는 이러한 지원을 지지하고 후원한 인물들 가운데 한 명이다. 만약 인도가 영국을 지원한다면 영국은 전쟁이 종료된 뒤 더 큰 인도(India Domination)가 될 것이라고 간디와 다른 사람들은 희망했다. 그러나 그들은 실망했다.

1919년, 인도국민회의는 발 강가드하르 틸락(Bal Gangadhar Tilak)과 같은 베테랑 지도자들을 베르사유(Versailles) 평화협상에 파견하려고 했으나 영국정부는 대표단의 여권 발급을 거부했다. 당시 틸락은 프랑스 총리이자 평화회담의 의장이었던 조지 벤자민 클레망소(Georges Benjamin Clemenceau)에게 다음과 같이 서한을 보냈다. '인도는 자립적이고 다른 국가의 통합을 반대하는 어떠한 악감정도 품지 않으며 외부로 향하는 야망도 없다. 넓은 영토, 거대한 자원과 인구로 인해 인도는 아시아에서 주도적인 역할을 열망한다. 따라서 세계 평화를 위해 인도는 국제연맹(The League of Nations)에서 강력한 관리국가가 될 수 있다.'[71] 이 서한의 일부는 1947년 독립 이후 관료들에 의해 언급되었다.

1921년 인도국민회의는 영국 식민당국의 공격적인 정책을 거부하는 결의안을 통과시켰고, 외국 정부들, 특히 자치정부를 구성하고 있던 인도 주변국에게 인도의 외교정책은 모든 국가에게 우호적이라며 안심을 시켰다. 1925년 깐뿌르(Kanpur)에서 개최된 인도국민회의 40차 회기에서 '해외 인도인의 이익을 돌보고 인도가 대영제국, 그리고 외국에 취하는 입장과 관련한 교육 성격의 구호들을 시행할 필요'에 관한 결의안이 통과되었다.[72]

1927년 마드라스(Madras) 회기에서 통과된 결의안은 다음과 같이 선언되었다. '인도인들은 이웃 국가들과 다투지 않고 평화롭게 공존하기를 희망하며 전쟁 참전 여부는 인도인 스스로 결정한다. 전쟁 준비가 끝나고 나아가 영국 정부는 그들의 제국주의적 목표를 더 추구하기 위해 인도를 더 착취하고 전쟁과 같은 모험을 하겠다고 선언한다면 그러한 전쟁에 참가하기를 거부하거나 협력하는 등 인도 국민은 어떤 방식으로든지 그들의 역할을 표명할 의무가 있다고 국민회의는 요청했다.'[73]

1928년 캘커타 회기에서는 '... 국민회의는 제국주의 하에서 고통을 받고 제국주의와 투쟁하기를 희망하는 국가와 국민들과 접촉을 늘리기로 결정했다.'는 결의안을 선언했다.[74] 또한 결의안은 아시아인의 운명은 하나로 묶여 있다는 개념도 제안했다. 이 발상은 1926년 가우하티(Gauhati)회기 뿐만 아니라 1930년에 개최된 아시아회담을 구상했던 1928년 캘커타 회기에서도 촉발되었다.[75] 마침내 이 안건은 1947년 3월 개최된 아시아관계회담(Asian Relations Conference)에서 구체화되었다.

1936년 자와할랄 네루는 국민회의 내 외교국(foreign department)을, 1940년에는 별도의 재외 인도인국(Indian Overseas Department)을 설치했다. 또한 국민회의는 다른 식민국가와 국가들의 자유 투쟁을 지지했다. 국민회의는 이집트의 와프드당(Wafd), 중국의 국민당, 인도네시아를 포함하여 중동과 동남아 국가의 정당들과 연대를 구축했다. 국민회의의 결의안은 반복적으로 제국주의를 반대했다.

2차 대전이 임박함에 따라 인도국민회의는 일본의 만주 침공, 이태리의 아비시니아(Abyssinia, 역주: 현재 에티오피아) 점령, 독일의 체코슬로바키아 분할을 비판하며 파시즘과 나치즘을 반대하는 결의안을 채택했다. 국민회의는 결의안을 통과시켰을 뿐만 아니라 아비시니아 국민과 스페인에 충성하는 집단들(Spanish loyalist causes)을 위해 기금을 모집하고 보냈다. 국민회의 외교담당관으로서 네루는 스페인, 체코슬로바키아, 러시아, 심지어 중국 충칭(重慶)까지 방문했다.[76]

1938년 국민회의의 하리뿌라(Haripura) 회기에서 '인도 국민은 이웃 국가를 포함하여 모든 국가들과 평화롭고 우호적으로 지내기를 희망하며, 이 목적을 달성하기 위해 갈등의 모든 원인을 제거하기를 바란다. 국민으로서 자유와 독립을 위해 투쟁했기 때문에 인도 국민들은 다른 국가의 자유를 존중하기를 바라고 국제협력과 선의에 근거하여 외부와의 관계를 강화할 것이다.'며 결의안을 통과시켰다. 나아가 결의안은 다음과 같이 작성되었다.

> 인도는 제국주의 전쟁에서 특정 진영이 될 수 없고 영국 제국주의의 이익에 인력과 자원을 착취당하지 않을 것이다. 인도 국민의 동의를 구하지 않고서 인도는 어떠한 전쟁에도 참전할 수 없다. 따라서 국민회의는 인도에서 행해지는 전쟁 준비와 전쟁 분위기를 만드는 대규모 군사훈련이나 공습 예방대책을 절대 용인할 수 없다. 인도가 포함되는 어떠한 전쟁 시도에서도 인도는 저항할 것이다.[77]

몇 개월 후인 1939년 9월, 국민회의 운영위원회(Working Committee)는 성명서를 발표했다. '만약 전쟁이 현상유지, 제국주의의 소유물, 식민지, 귀속된 이익과 특권을 위한 것이라면, 인도는 그들과는 아무런 상관이 없다. 그러나 민주주의와 관련된 문제이고 민주주의에 바탕을 둔 세계질서라면 인도는 열정적으로 관심을 표한다.'[78] 국민회의는 확고부동하게 영국의 전쟁 노력을 반대하고 대부분의 국민회의 지도자들은 전쟁기간을 교도소에서 보내거나 망명 중이었다.

1942년 봄베이에서 통과된 국민회의 인도철수(Quit India) 결의안은 다음과 같이 지적하며 세계연방주의의 대의명분을 주장했다.

> ... 현대사회의 문제를 해결할 수 있는 특정한 기준이 없기 때문에 미래의 평화, 안보, 세계의 질서 있는 발전은 자유로운 국가들의 세계연방을 필요로 한다. 그러한 세계연방은 연방을 구성하는 국민의 자유를 보장하고, 한 국민이 다른 국민을 착취하지 못하도록 해야

하고, 소수들을 보호하고, 후진지역과 소외국민의 발전을 도모하고, 모든 구성원의 공공선을 위해 세계 자원을 공동으로 관리해야 할 것이다.[79]

전쟁기간 국민회의의 영국에 대한 비협조는 인도에서 분리를 희망하는 무슬림연맹(Muslim League)이 탄생하는 공간을 만들었다. 그러나 이는 영국이 인도를 영구적으로 통치하려는 그들의 의도를 재고하는데 영향력을 미쳤다. 전쟁이 종료되었을 때 인도의 독립은 불가역적이었다. 1945년, 아직 독립국가가 되지 않았지만 인도는 샌프란시스코 회담에 대표단을 파견했고 유엔헌장에 서명을 했다.

결과적으로 수년간 인도의 독립을 이끈 정당은 인도의 대외 관계의 원칙을 구체화했다. 여기에는 다른 국가와의 협력을 희망하는 표현, 반제국주의와 반식민지 투쟁에 대한 지지, 세계전역의 평화 등이 포함되었다. 국민회의는 또한 아시아의 결속을 추구하고 비군사 강대국으로서 인도를 인식하기를 바라면서 유엔헌장에 대한 인도의 지지를 확인했다. 비동맹, 빤차실(평화공존 5원칙), 다자간 군사동맹에 대한 반대 등 독립 후 인도의 수많은 독립 투쟁기간 동안 인도국민회의의 심사숙고로 거슬러 올라 갈 수 있다.

# 참고문헌


1) Salman Rushdie, *Midnight's Children: A Novel*, New York: Randon House, 1980, p.118.

2) Shashi Tharoor, 'Globalization and the Human Imagination', *World Policy Journal*, Vol.21, No.2, Summer 2004, p.88.

3) Norman Palmer, 'Review of K. Satchidananda Murty, Indian Foreign Policy', *Journal of Asian Studies*, Vol.25, No.2, February 1966, p.172.

4) 『아르따샤스뜨라』는 경제학, 『다르마샤스뜨라』는 정법(正法) 또는 도덕적 행동규범, 『니띠샤스뜨라』는 윤리에 관한 서적이다. 『아르따샤스뜨라』와 가장 유명한 저자는 까우띨랴이고 『다르마샤스뜨라』의 저자는 마누(Manu)이다.

5) K. Satchidananda Murty, *Indian Foreign Policy*, Calcutta: Scientific Book Agency, 1964, p.4.

6) Ibid., pp.4-10.

7) Ibid.

8) Ibid.

9) 1963년 5월 13일, 러크나우(Lucknow)에서 개최된 인도국민회의 제 67차 회기에서 행한 네루의 연설, *Jawaharlal Nehru's Speeches,* Volume 5, May 1963-May 1964와 *Jawaharlal Nehru's Speeches,* Volume 4, September 1957-April 1963, New Delhi: Publications Division, Ministry of Information & Broadcasting, 1966.

10) Introduction by Quincy Wright in K. Satchidananda Murty, *Indian Foreign Policy*, Calcutta: Scientific Book Agency, 1964, pp.ix-x.

11) Giri Deshingkar, 'Strategic Thinking of Kautilya and Sun Zi', *China Report,* 1996, Vol.32, No.1, p.4.

12) Nalini Kant Jha, 'Cultural and Philosophical Roots of India's Foreign

Policy', *International Studies,* Vol.26, No.45, 1989, pp.45-67.

13) *Jawaharlal Nehru's Speeches,* Volume 1, September 1946-May 1949, New Delhi: Publications Division, 1949, p.232.

14) Rashed Uz Zaman, 'Kautilya: The Indian Strategic Thinker and Indian Strategic Culture', *Comparative Strategy,* Vol.25, No.3, 2006, pp.233-35.

15) Ibid.

16) Ibid., pp.236-45.

17) Michael Liebig, 'Kautilya's Relevance for India Today', *India Quarterly,* Vol.69, No.2, 2013, Abstract.

18) J.N. Dixit, *Makers of India's Foreign Policy: Raja Ram Mohun Roy to Yashwant Sinha,* New Delhi: Harper Collins, 2004, p.55.

19) Ibid., p.38.

20) 좀 더 자세한 사항은 V.N. Khanna, *Foreign Policy of India,* New Delhi: Vikas Publishing House, 1997, p.13을 참조하라.

21) 좀 더 자세한 사항은 Nalini Kant Jha, 'Cultural and Philosophical Roots of India's Foreign Policy.' pp.46-51을 참조하라.

22) 임시총리이자 외교부 장관으로서 네루가 최초로 외교정책을 공표한 것은 1946년 9월 7일, 전인도라디오(All India Radio)를 통해서이다. Jawaharlal Nehru, *India's Foreign Policy: Select speeches, September 1946-April 1961*, New Delhi: Ministry of Publication, Government of India, 1961, p.2

23) Priya Chacko, *Indian Foreign Policy: The Politics of Postcolonial Identity from 1947 to 2004*, London: Routledge, 2012, p.2.

24) Ibid., p.1.

25) Sunil Khilnani, Rajiv Kumar, Pratap Bhanu Mehta, Prakash Menon, Nandan Nilekani, Srinath Raghavan, Shyam Saran and Siddhartha

Varadarajan, *Non Alignment 2.0: A Foreign and Strategic Policy for Indian in the Twenty-First Century*, New Delhi: Centre for Policy Research, 2012, http://www.cprindia.org/sites/default/files/Non-alignment% 202.0_l.pdf (접속일: 2016.5.20).

26) K. Satchidananda Murty, *Indian Foreign Policy*, pp.4-10.

27) Ibid., p.13.

28) Nalini Kant Jha, 'Cultural and Philosophical Roots of India's Foreign Policy,' pp.61-65.

29) 1963년 5월 13일, 러크나우에서 행한 네루의 연설, K. Satchidananda Murty, *Indian Foreign Policy*, pp.7-8.

30) 촐라왕국의 스리랑카와 동남아로의 팽창에 관한 더 자세한 사항은 George Spencer, *The Politics of Expansion: The Chola Conquest of Sri Lanka and Sri Vijaya*, Madras: New Era Publication, 1983, pp.5-6을 참조하라. 스펜서는 '장거리임에도 촐라왕국과 인도 경쟁자들이 군사원정을 실시했고, 경제적 수요를 포함하여 국정운영에 필요한 강박적인 행동도 필요했으며, 왕과 왕자에게 직위를 수여하기 위해서, 원거리에 위치한 잠재적 종속국과 그들의 군대에게 수익성 있는 일자리를 제공하기 위해서, 또한 아이젠슈텟트(S.N. Eisenstaedt)가 "자유롭게 흐르는 자원"이라고 칭한 보석과 현지에서 잘 알려지지 않은 귀중품을 법원의 처분에 따라 안전하게 획득하기 위해서' 등을 거론하며 스리랑카와 스리위자야의 원정을 '조직화된 약탈 행위'로 설명했다. 이러한 정치적 요구는 결국 농민경제에서 재분배 과정의 중요성과 연관된다. 성직자나 시인의 후원자, 종교 건축물 건립자, 작위와 전리품을 담는 그릇(dispenser)과 같은 영역에서 농민들은 통치자의 정체성을 절대적인 후견인이나 은인으로 인식하려고 하는데, 고도로 추상화의 단계에서 절대적인 후견인은 사회와 우주질서의 옹호자이다.

31) 무굴제국의 외교정책 결정과정에 대한 좀 더 자세한 사항은 N.R. Farooqi, 'Diplomacy and Diplomatic Procedure under the Mughals', *The Medieval History Journal*, Vol.7, No.1, 2004, p.73을 참조하라.

32) Lawrence James, *Raj: The Making and Unmaking of British India,* New York: St Martin's Press, 1997, p.640.

33) Philip Woodruff, *The Men Who Ruled India: The Founders,* New York: St Martin's Press, 1954, pp.15-16.

34) Rudyard Kipling, 'The White Man's Burden: The United States and the Philippine Islands', *McClure's Magazine,* February 1899.

35) Philip Woodruff, *The Men Who Ruled India: The Guardians,* New York: St Martin's Press, 1954, Epigram.

36) 1904년 7월 20일, 런던 길드홀(Guildhall)에서 행한 자유에 관한 커즌 경의 연설. John Murray, *Speecher on India: Delivered by Lord Curzon of Kedleston, Viceroy and Governor-general of India, While in England in July-August, 1904*, London, William Clowes and Sons Ltd, 1904.

37) 마한(Mahan) 대위의 인용, H. Caldwell Lipsett, *Lord Curzon in India: 1898-1903,* Berkeley: University of California, 1903, pp.223-28.

38) Olaf Caroe, *Wells of Power: The Oilfields of South-Western Asia: A Regional and Global Study,* New York: Da Capo Press, 1976, p.64.

39) K.M. Panikkar, *Asia and Western Dominance: A Survey of the Vasco da Gama Epoch of Asian History 1498-1945,* London: George Allen &c Unwin Ltd, 1953, pp.111, 122.

40) Winston Churchill, "Dominion Status', *Daily Mail,* November 1929, Winston Churchill, *India: Defending the Jewel in the Crown,* London: Dragonwyck Publications Co., 1931, 제 2장.

41) 1930년 12월 12일 런던 캐논가(Canon Street)에서 개최된 the Indian Empire Society on 'The Round Table Conference' 전 윈스턴 처칠의 연설, Winston Churchill, *India: Defending the Jewel in the Crown*, London: Dragonwyck Publications Co., 1931, 제 3장.

42) 1931년 1월 30일, 맨체스터 프리트레이드 홀(Free Trade Hall)에서 개최된 The Indian Empire Society on 'A General View' 전 윈스턴 처철의

연설, ibid., 제 5장.

43) 1930년 12월 12일, 런던 캐논가(Canon Street)에서 실시된 the Indian Empire Society on 'The Round Table Conference' 전 윈스턴 처칠의 연설, Winston Churchill, *India: Defending the Jewel in the Crown*, London: Dragonwyck Publications Co., 1930, ibid., 제 3장.

44) 1931년 1월 26일, 하원에서 행한 윈스턴 처칠의 연설 'The Landslide', ibid., 제 4장.

45) 1935년 7월, 차트웰(Chartwell)에 위치한 처칠의 관저에서 처칠과 간샴 다스 비를라(Ghanshyam Das Birla) 간 오찬회담. Arthur Herman, *Gandhi & Churchill: The Epic Rivalry that Destroyed an Empire and Forged Our Age*, New York: Bantam Books, 2008, p.401.

46) 1942년 봄, 윈스턴 처칠과 클라우드 오킨렉 장군 간 회담. ibid., p.482.

47) Elisabeth Mariko Leake, 'British India versus the British Empire: The Indian Army and an Impasse in Imperial Defense, Circa 1919-39', *Modern Asian Studies,* Vol.48, No.1, January 2014, pp.301-329; pp.319-20.

48) Ibid., pp.320-23.

49) Olaf Caroe, *Wells of Power,* pp.xviii-xix.

50) Lord Curzon에서 인용, ibid., p.64.

51) K.M. Panikkar, *The Future of South-East Asia: An Indian View, New York: The Macmillan Company*, 1943, pp.42-43.

52) K.M. Panikkar and an Englishman, *Indian Nationalism: Its Origin, History and Ideals*, London: Faith Press, 1919, pp.104-05.

53) K.M. Panikkar, *The Future of South-East Asia*, pp.45-46.

54) Ibid., pp.48–50.

55) K.M. Panikkar, 'The Defense of India and Indo-British Obligations', *International Affairs*, Vol.22, No.1, January 1946, pp.85-90.

56) K.M. Panikkar, *The Future of South-East Asia*, pp.1-3.

57) Ibid., pp.6-7.

58) Ibid., p.25.

59) Iqbal Singh, *India's Foreign Policy*, Bombay: Hind Kitab Limited, 1946, pp.54-55.

60) V.T. Krishnamachari, 'Regional Arrangements: The Indian Ocean Area', in K.M. Panikkar, Sir V.T. Krishnamachari, Rt Hon. H.V. Evatt, K. Santhanam, I.H. Baqai, G.A. Johnsons and Manuel Canyes (eds), *Regionalism and Security*, New Delhi: Indian Council of World Affairs, 1948, pp.10-12.

61) K.M. Panikkar, 'Regionalism and World Security', in ibid., pp.1-2.

62) P.N. Kirpal, 'Speculation on the International Relations of a Free and United India in the Post-war World,' *The Indian Journal of Political Science*, Vol.7, No.1-2, July-December 1945, p.401.

63) K.N.V. Sastri, 'International Relations with Reference to the East and India', *The Indian Journal of Political Science*, Vol. 7, No1-2, July-December 1945, p.385.

64) Guy Wint, British in Asia, pp.21-23, cited in K.M. Panikkar, *Asia and Western Dominance: A Survey of the Vasco da Gama Epoch of Asian History 1498-1945*, London: George Allen Sc Unwin Ltd, 1953, pp.126-27.

65) Olaf Caroe, *Wells of Power*, p.159.

66) H.N. Kunzru, 'Defense of India', *Annals of the American Academy of Political & Social Science,* Vol.233 May 1944, p.6.

67) K.M. Panikkar, 'The Defense of India and Indo-British obligations', *International Affairs*, Vol.22, No.1, January 1946, pp.85-90.

68) Olaf Caroe, *Wells of Power*, p.33.

69) J.N. Dixit, *Makers of India's Foreign Policy*, pp.19-23.

70) Paul F. Power, 'Indian Foreign Policy: The Age of Nehru', *The Review of Politics*, Vol.26, No.2, April 1964, pp.257-59.

71) Iqbal Singh, *India's Foreign Policy*, p.10.

72) Jayantanuja Bandyopadhyaya, *The Making of India's Foreign Policy: Determinants, Institutions, Processes and Personalities*, Bombay: Allied Publishers, 1970, pp.115-16.

73) Iqbal Singh, *India's Foreign Policy*, pp.15-16.

74) J.N. Dixit, 'Jawaharlal Nehru: Architect of India's Foreign Policy', in *Nehru Revisited*, Mumbai: Nehru Centre, 2003, pp.58-61.

75) Iqbal Singh, *India's Foreign Policy*, pp.23-25.

76) Taraknath Das, 'The War comes to India', *The Antioch Review*, Vol.2, No.3, Autumn 1942, p.480.

77) Iqbal Singh, *India's Foreign Policy*, pp.20-21.

78) Ibid.

79) Muchkund Dubey, 'Nehru's Vision of the International Order', in Nehru Centre, Mumbai, *Witness to History: Transition and Transformation of India, 1947-64,* New Delhi: Oxford University Press, 2011, p.60.

# 제3장

# 사상과 개인들

# 제3장 사상과 개인들

역사와 지리가 외교정책을 만들었듯이, 일부 개인들과 그들의 사상(idea)은 국가가 어떻게 이부 세상을 비리보는가에 대해 깊은 영향을 미친다. 영국 식민통치로부터 자유를 향한 인도의 긴 투쟁 가운데, 모한다스 카람찬드 간디, 수바스 찬드라 보세(Subhas Chandra Bose), 발랍바이 파텔(Vallabhbhai Patel), 차크라바르티 라자고팔라차리(Chakravarty Rajagopalachari)와 같은 일부 지도자들은 국제관계에 대한 선언을 채택했다. 그러나 당시 유행하던 사상들은 바로 자와할랄 네루의 외교정책 견해였다. 미국 국무장관 딘 애치슨(Dean Acheson)은 '볼테르가 신을 얘기했듯이 만약 네루가 존재하지 않았다면 그는 창조되었어야 했다.'라고 하면서 네루가 인도의 세계적 역할에 중요했다고 주장했다.[1] 네루의 후임자들은 세계와 접촉하는데 있어서 인도의 안정을 보장받기 위해 약간의 변화만 도모하고 네루의 전통을 유지했다.

네루는 정치가이자 학자였다. 총리로서 그를 관찰한 사회학자 에드워드 쉴스(Edward Shils)는 '기질적으로 그렇게 지적인 사람은 어느 국가에서도 거의 없다.'고 언급했다.[2] 힌두 명문가 집안 출신인 자와할랄 네루는 영국의 지배계급을 교육하는 교육기관인 해로우 학교(Harrow Public School)와 캠브리지대학(Cambridge University)에서 수학했다. 그에 따르면 그는 '아마도 인도인보다 더 영국인으로' 인도에 돌아왔고, '영국인의 시각에서 세계를 바라보았다.'[3] 그를 세계에 대한 인도 통역자로 변신시킨 것은 그의 지적 호기심이었다.

인도 외교정책의 '설립자'(founding architect)[4]로 정의된 네루는 당대 인물들 사이에서 세계 문제에 열정적인 유일한(unique) 인물로 여겨졌다. 네루는 1922년 초부터 외교정책에 대한 국민회의의 원칙을 밝혔다. 국제 문제에 대한 인도국민회의의 결의안과 성명서에는 종종 그의 견해가 반영되었다. 총리가 된 뒤 네루는 대외관계 업무에 참의할 수 있었기 때문에 총리직에 마음이 끌렸다고 언급했다.[5]

네루는 독립운동에서 그의 우월함이 알려지기 이전부터 해외로 여행을 다녔다. 어떤 경우에는 네루가 국제포럼에 대표로 참석함으로써 국민회의는 이익을 얻기도 했다. 1927년 네루는 브뤼셀 팔레드에그몬트(Palais D'Egmont)에서 개최된 제국주의 반대연맹(League Against Imperialism)에 인도국민회의를 대표하여 참석했다. 2년 뒤 인도국민회의 의장으로서 네루는 세계에서 발생하는 사건들을 인도가 무시할 수 없다고 하면서 스스로를 국제주의자로 칭했다. 그는 '우리는 어렵고 복잡한 우리만의 일이 있고, 이 일들로부터 벗어날 수 없으며 세계에 영향을 미치는 더 큰 문제 속에 우리를 피할 수 없는데, 만약 우리가 세상을 무시하면 우리는 위험에

빠질 것이다.'라고 주장했다.[6]

1930년대 그의 아내 카말라(Kamala)가 스위스 로잔느(Lausanne)의 요양원에서 사망해 네루는 유럽에서 상당한 시간을 보냈다. 이로 인해 그는 영국, 스페인, 체코슬로바키아, 폴란드, 헝가리 심지어는 미국과도 관계를 맺을 수 있었다. 이후 네루는 여전히 식민치하에 있는 국가들을 여행했다. 인도네시아(전 네덜란드 동인도회사), 모로코, 알제리(전 프랑스 북아프리카), 이집트로의 여행은 네루가 후에 그들 국가에서 권력을 쟁취하고 주요 역할을 하게 된 인물들과 긴밀한 관계를 구축할 수 있게 했다. 또한 네루는 일부는 관광이지만 터키를 방문했고 오스만 제국의 붕괴이후 세속주의를 수립한 케말주의자(Kemalist)들의 실험을 연구했다.

1938년 카이로(Cairo) 여행에서 네루는 와프드(Wafd)당의 당수이자 후에 이집트의 총리가 된 무스타파 알 나하하스 파샤(Mustafa al Nahahas Pasha, 1879-1965)를 만났다.[7] 와프드당 대표단은 후에 1938-39년 개최된 인도국민회의 연례회기에 참석했다. 1939년, 네루는 중국을 방문하여 장제스(蔣介石)를 포함한 국민당 정부 지도자들과 접촉을 시작했다.[8] 인도국민회의는 중국을 공격한 일본에 대한 대응으로 일본 제품 불매(boycott)를 조직했고, 중국의 저항을 지지하는 차원에서 코트니스(Kotnis) 박사를 필두로 의료진을 파견했다.

당시까지 총독이었던 아치발드 웨이벨(Archibald Wavell)경은 독립을 기대하며 1946년 9월 인도의 임시정부를 조직했는데, 네루는 대외업무와 영연방 관계(Commonwealth relations)의 장관직(portfolio)을 부여받기에 충분할 정도로 국제적으로 유명해졌다. 1947년 9월 7일 외교장관으로서 첫 번째 라디오에 출현하여 네루는 인도는 '한 집단들의 권력 정치로부터 멀리, 그리고 한 집단에 대한 동맹으로부터 가능한 한 멀리 떨어질 것'이라고 언급했다. 네루는 세상을 '경쟁자들, 증오 그리고 내부 갈등'으로 찢겨진 것으로 보았고, '세계의 연방국가'(commonwealth)를 향한 인도의 역할을 예견했다.[9] 1946년 12월 13일 제헌의회 연설에서, 네루는 그의 폭넓은 외교정책의 기조(contour)를 다음과 같이 제시했다. '이 오래된 땅은 세상에서 정의롭고 영광스러운 곳이고, 세계 평화와 인류의 복지를 증진하는데 완전하고 의지가 충만한 기여를 할 것이다. 우리는 우호적인 방식으로 세계에 접근한다. 우리는 모든 국가와 친구가 되고자 한다.'[10] 네루에게 있어서 이 기조는 단순히 말뿐이 아니라 심오한 신념이었다.

몇 년 간 네루는 그의 외교정책이 그 자신에 의해서 만들어진 것이 아니라고 단언했다. '정책은 인도 환경, 인도의 과거 사상, 인도의 정신적 세계관, 자유를 위한 투쟁 기간 동안의 인도인들의 마음 상태, 오늘날 인도의 환경에서부터 계승되었다.'[11]

그러나 사치다난다 머띠(Satchidananda Murty)는 인도 외교정책의 진화 경로는 반드시 필연적이지는 않았고 그 정책은 네루에 의해 '전적으로 거의 형성되었다.'고 확신했다.[12] 머띠에 따르면, 인도의 지리와 역사적 유산은 아마도 어떤 특정 환경을 형성해 왔지만 타당한 이유로서 환경과 역사를 활용한 네루의 독특한(unique) 신념이 인도의 외교정책을 형성했다.

네루의 영국 유학과 1930-40년대 영국 사회학자들과의 이념적 연대는 그의 페르소나(persona, 자신의 분신)에 중요한 영향력을 미쳤다. (시장이 아닌) 강한 국가는 인도와 같은 국가의 발전과 성장에 결정적이라는 확고한 믿음과 함께 네루의 외교정책은 페이비언 사회주의(Fabian socialism)와 자유 국제주의와 결합했다. 네루가 영국에서 수용하고 가까운 곳에서 영국 의회민주주의를 관찰한 자유의 정신은 그를 모든 형태의 전체주의 통치와 '타협하지 않는' 반대론자로 만들었다.[13] 따라서 2차 대전 당시 네루는 연합을 강조했고 1936년 무솔리니가 만나자는 것을 거절했으며 스페인에서 파시즘에 맞서는 좌파 투쟁을 지원하기 위해 50명의 지원자를 보내는 국민회의의 결정을 지지했다.

## '네루주의'(Nehruvianism)

인도인들은 종종 네루의 외교정책을 '네루와 관련된 것'(Nehruvian)이라 일컫고, 혹자는 '네루주의'(Nehruvianism)라는 정책의 배후에 있는 사상(idea)이라고 정의하기도 한다. 네루는 간디의 원칙을 언급하긴 했지만 그의 생애 동안 그의 이름표를 붙이는 것을 원치 않았다. 일부 사상에 대한 그의 특징(mark)은 매우 강해서 그 사상들은 간디나 다른 사람들이 아닌 네루에게만 연관될 수 있었다. 네루의 핵심 원칙(pillar)은 독립에 대한 열망과 강대국과의 관계에서 비동맹, 경제적 자립에 대한 강력한 신념, 세계질서와 평화 유지에서 국제제도에 대한 지지 등 인도는 언제든지 인도를 재건할 수 있는 위대한 문명이라는 것이었다. 이러한 개념들은 오늘날까지도 인도인들의 사상에 영향력을 미치고 있다.

인도 2대 대통령인 사르베팔리 라다크리슈난(Sarvepalli Radhakrishnan)의 아들인 사르베팔리 고팔(Sarvepali Gopal)이 쓴 3권 분량의 네루 전기에서 '인도는 인도의 국익과 양립하는 독자적 정책을 추구하면서 세계문제에 적극적으로 관심을 기울일 것이라고 했으며, 이러한 그의 목표는 임기동안에 사실로 입증되었다.'며 네루의 신념을 서술했다. 그러나 고팔에 따르면, '임기 시작부터 이 목표를 위한 정확도와 명료함은 부족했다. 그 목표는 애매했고 아시아 국가들과 심지어 2-3개 아시아 연방의 형성 사이에서 긴밀한 관계를 구축하려는 다소 거창한 희망이 존재했다.' 고팔의 말에 따르면 '일반적인 방향은 그의 마음속에서 명확했는데,' '신생독립국의 외교정책은 하루 밤에 이루어지지 않는다.'며 엄격한 사상을 대신한 일반화를 포기하면서 네루는 인도의 외교정책을 차곡차곡 수립했다.[14]

네루의 많은 동료들과 인도인들의 감정에 표현된 다양한 견해들로부터 영향을 받아 네루는 인도의 풍부한 역사, 전통, 자원, 위치, 인구 때문에 인도가 세계에서 주요한 역할을 할 것으로 예상했다. 1949년 3월 연설에서 네루는 '인도의 어떤 야망 때문이 아니라 환경적 요인, 지리적 요인, 역사와 기타 많은 것들 때문에 인도는 필연적으로 아시아에서 가장 중요한 역할을 해야 한다는 것을 기억하라.'고 언급했다.[15] 그의 마음속에 인도의 위대함은 피할 수 없었다. 그는 '다른 국가들이 인도의 위상을 이해하고 수용하기까지 인도는 기다릴 필요가 있다.'고 선언했다. 네루주의는 동맹을 모색하기 위해 앞 다투거나 세계의 충돌과 위기에서 이익을 도모하는 대신 '인도는 무엇이고 자유로운 인도는 반드시 무엇이 되어야 한다는 필연적인 결과'를 기다리는 것을 의미한다.[16]

인도의 불가피한 부상(浮上)이라는 관점과 결부된 사실은 세계의 이익을 위해 행사할 도덕적 의무가 인도에게 있었다는 견해였다. 한편, 고도의 도덕적 기반에 관한 주장은 감정적 호소로 이어졌고, 인도와 국부(國父)인 네루, 정치에서 도덕을 강조한 마하트마 간디로 이어졌다. 다른 수준에서는 인도를 설교자와 이타적인 국제 행위자로서 만들고자 하는 현실주의자들의 방침(rationale)도 있었다. 인도가 경제와 군사적 잠재력을 구축할 때까지, 인도 체급

보다 더 센 펀치를 날릴 수 있는 유일한 방법은 세계에서 정의롭고 도덕적인 질서를 촉진하는 작은 나라들의 챔피언(champion)이 되는 것으로 네루는 이해했다.

제국주의와 식민주의의 퇴출 옹호는 세계에서 허약하고 짓밟힌 국가들을 결집시키고 그들의 지도자가 되기 위한 전략의 일부분이다. 그 전략은 인도 고유의 반제국주의 투쟁에서부터 시작되었고 식민지가 된 국가들과 관계를 수립하는데 도움이 되었다. 도덕적 관념과 전략적 측면은 국가와 국가를 연계했다. 중동과 동남아에서 세력을 확장한 것과 함께 남아시아에서 실질적 강대국으로서 인도를 보던 영국의 과거 유산은 네루가 인도와 중국을 아시아의 신흥 강대국으로 정의한 네루의 초기 연설에서 확대되었다. 인도 지도자들은 인도가 아시아와 아프리카, 특히 새로이 식민지에서 벗어난 국가들의 자연스러운 지도국가로 보았다. 베테랑 국회의원 지바트람 바그완다스 크리발라니(Jivatram Bhagwandas Kripalani)에 따르면, 인도는 막 독립한 국가였으나 '모든 국가의 국민이 자유의 편에 서고 모든 식민지 또는 한 종족이 다른 종족을 억압하는 인종주의를 반대했기' 때문에 인도의 '위신'(prestige)은 높았다.[17]

이전 식민지의 신민(臣民)으로서, 인도 지도자들은 2차 대전 이후 반(反)식민주의를 본질적 문제로 보았다. 그들은 냉전에 휘말려드는 것을 거부했거나 그들의 세계관이 공산주의 구도로 돌입하는 것도 두려워했다. 네루는 국민들을 대상으로 한 첫 번째 방송에서 인도는 모든 종속 국가(또는 국민)의 해방과 탈식민화에 '특별히 관심이 있다.'고 선언했다.[18] 인도를 건국한 세대는 식민주의의 유산을 인도의 안보와 지역적 통합의 위협으로 간주했다. 네루는 비동맹을 '냉전의 확산을 선제적으로 억제하기 위한 계획으로 간주했고, 그의 관점에 따르면 분쟁은 인도와 같이 최근 탈식민화한 국

가들에게 피해를 입혔을 것이다.'[19]

제국주의와 식민주의의 종말을 모색한 네루의 목표는 인도와 아시아 간 긴밀한 관계를 수립하려는 그의 정책과 연관된다. 아시아의 동료들과 함께 인도의 오래된 정치, 경제, 문화적 영향력을 다시 불러일으키고자 하는 그의 열망은 인도가 독립하기 몇 개월 전인 1947년 3월 23일 뉴델리에서 개최된 제 1회 아시아 관계회담 주최국으로 증명(rationale)된다. 네루의 지도력 하 인도는 (반둥회의로 알려진 아시아아프리카회담과 같은) 지역의 이니셔티브뿐만 아니라 국제기구들(가장 중요하게 유엔)을 강력히 옹호했다.[20] 영국령 인도는 1945년과 1947년 유엔 헌장의 서명국 중 하나였고 독립 인도는 유엔 창설국가 중 하나였다.

네루의 국제문제 선언에 대한 분석은 식민통치와 영국의 유산이 그의 세계관에 미친 영향을 반영한다. 네루에게 있어서 인도의 이웃들은 단지 남아시아만이 아니라 서아시아(인도의 용어로는 중동), 중앙아시아, 동남아까지 포함한다. 네루는 원거리에 있는 국가 또는 더 넓은 아시아 이웃 국가들보다 인도와 근접한 주변부로 향하는 정책을 선택했다. 예를 들어 독립 직후, 그리고 냉전에 돌입한 그 해에 인도는 영국의 정책을 계승하여 북부지역에서 완충지대를 지속적으로 모색했다. '히말라야 방위체제를 요새화'하기 위해 인도는 네팔, 부탄과 긴밀한 관계를 구축했다.[21]

또한 네루 하 인도는 네팔, 부탄, 스리랑카와 같은 이웃 국가들이 냉전체제에서 군사동맹에 참여하는 것을 방지하고자 했고 특히 파키스탄이 서구의 군사동맹에 참여한 것을 짜증스러워 했다. 전 외교장관 J.N.딕싯(Dixit)에 따르면, 네루의 '역사 인식'과 인도의 안보에 있어서 인도 주변국이 결정적이라는 인식은 네루가 이와 같은 정책을 채택하도록 했다.[22] 네루는 규모면에서 인도와 인도 주변국의 비대칭을 인식했다고 딕싯은 주장했다. 그는 빤차실(Panchasheel) 또는 평등원칙, 불간섭, 지역적 통합의 존중 원칙을 수립함으로써 주변의 작은 국가들을 안심시키려고 했다.

전 외교관이자 작가인 S.D. 무니(Muni)는 국가안보와 관련한 문제에 대해서 네루는 영국의 제국주의자 커즌(Curzon)경으로부터 가져온 커즌주의 사고방식을 견지했다고 주장했다. 이 관점에 따르면, 네루는 '제국주의와 식민지의 허물을 벗어 버리는' 한편, 인도의 방위를 위해 '영국의 핵심적인 전략 구도'를 유지하고자 했다.[23] 주권과 독립의 측면에서 인도는 '어감의 차이'로 히말라야 3개 왕국을 대했다고 무니는 언급한다. 시킴(Sikkim)은 '보호령처럼'(1974년 인도 연방으로 흡수됨) 보였고, 부탄은 주권국가로 '진화'했고, 네팔은 항상 '완전한 주권'국가로 간주되었다.[24] 부탄(1948), 네팔(1950), 시킴(1950)과 행한 인도의 각 조약들은 위와 같은 미묘한 차이를 보였다. 무니는 수년간 미세한 변화가 있었지만 '이웃 국가들이 적대적으로 전략적 영향이나 압박을 받지 못하도록 하는 것'이 변하지 않는 정책이었다고 언급했다.[25]

무니는 국제관계 학자인 베르너 레비(Werner Levi)가 1951년 초부터 제시한 견해들을 알렸다. 인도가 주변국들과 맞닥뜨렸을 때 네루는 '국가의 생존은 외교정책의 핵심 목표'라는 웨스트팔리아(Westphalian) 체제 하 국가를 이해한 '바로 그 현실주의자'였다고 레비는 언급했다. 레비에게 있어서 하이드라바드(Hyderabad), 카슈미르(Kashmir), 아프가니스탄과 네팔에 적용한 정책들은 네루주의(Nehruvianism)적 현실주의를 전시한다. '우리가 네팔의 독립을 존중하는 만큼 네팔의 국경을 넘거나 아니면 인도 국경을 약화시키는 네팔에서 발생하는 어떠한 안보문제에 대해서 우리는 위험을 무릅쓸 수 없다.'며 인도가 네팔의 내정에 간섭하지 않은 네루의

언급을 레비는 인용했다.[26]

이웃 국가들을 넘어서 네루는 인도가 아시아와 세계에서 지도자 역할을 함으로써 세계에서 인도의 위상을 발견하고자 했다. 그는 인도가 초강대국이 되기 위해서는 군사적으로나 경제적으로 매우 허약하다고 인식했다. 인도는 모든 주요 강대국으로부터 인도의 발전을 위한 지원을 받으면서 독립을 유지할 수 있었지만 여전히 세계의 일부가 아니라는 정책을 채택해야만 했다. 강대국과 우호를 유지하지만 어떤 편에 서지 않고, 동맹이 아니라 상황에 따라 국제관계의 쟁점에 대해 입장을 채택하는 개념인 비동맹노선이 해결책으로 등장했다. 마이클 애드워즈(Michael Edwards)는 비동맹을 '우호에 따른 네루의 방어 교리'이고, 네루가 실용과 도덕적 토대 위에 호소한 정책으로 정의했다.[27] 네루는 냉전 시기에 어떤 진영에도 가입하지 않고 인도가 제 3의 진영을 창조하기 위해 이전 식민 국가들과 연계하는데 영향력을 미쳤다. 1961년 비동맹운동의 창설 회원국으로 버마, 이집트, 가나, 유고슬라비아, 인도네시아는 인도 진영에 가담했다.

네루의 임기 동안 외교부에 근무한 경험이 있는 베테랑 외교관 쿤와르 나트와르 씽(Kunwar Natwar Singh)은 네루가 비동맹을 모색하는 동안 비동맹을 운동으로 전환하고자 하는 의도가 없었는데, 이는 네루에게 비동맹은 '마음의 상태'이지 '교조나 교리'가 아니었기 때문이라고 주장했다. 나트와르 씽에 따르면 네루는 비동맹을 '평화의 힘, 군비 축소와 경제협력'을 강화하고, 최근 탈식민지화한 아시아, 아프리카, 남아메리카 국가들의 '발판을 제공하는' '도구'로 취급했다.

머띠와 같이 나트와르 씽은 네루에게 있어서 비동맹은 미국이나 소련에 대한 추종 진영이 되는 것이 아니라 '냉전 하 우리의 사고,

판단, 행동'을 유지하는 것이라고 주장했다. 비동맹으로서 인도는 국제관계의 문제가 된 쟁점들에 대해서 언급을 하면서 외국과의 복잡한 관계(entanglements)로부터는 멀리 떨어져 있을 수 있었다. 공식적으로 비동맹운동 국가들은 고유의 문제를 안고 있었던 중소규모 국가들 집단과 인도를 하나로 묶음으로써 그 이상으로 나아갈 수 있었다. 나트와르 씽에 따르면, 일부 국가들과 비교하여 네루에게 비동맹이라는 발상을 운동으로 전환하는데 '확신을 준' 인물은 네루의 가까운 동료이자 국방장관이었던 크리쉬나 메논(Krishna Menon)이었다.[28]

비동맹에 대해 네루는 '융통성이 없이 원칙만을 따르지 않았고, 비동맹이 윤리적으로 옳은 것이기 때문에 어떤 비용을 들여서라도 모든 쟁점에 대해 독립적으로 판단을 하는 정책으로 발전시키기로 결정했다.'고 사르베팔리 고팔(Sarvepalli Gopal)은 주장한다. 네루는 '인도 비동맹의 실질적인 이익을 강조했고 실용적 기준에 근거하여 비동맹의 효력을 판단했다.' 고팔에 따르면, '비동맹은 현재 현실세계에 확실히 기초하는 것이었다.' 네루는 종종 비동맹의 도덕성을 자세히 설명했는데, 특히 몇 년 후 인도를 위한 많은 요구를 함으로써 다른 정부들을 귀찮게 했다고 전해진다. 여전히 그의 정책은 이상주의만큼이나 실용적 이익이 반영된다. '그것은 결과에 의해 실험된 기술로서 많은 양의 행동 강령은 아니었다.'면서 네루는 '현명한 정책은 하나의 바구니에 모든 달걀을 담는 것'이 아니라고 판단했고 '기회주의의 관점에서 볼 때' 정직하고 독립적인 정책을 최고의 선택으로 간주했다며 고팔은 설명한다.[29]

특히 미국인들은 '중립주의'라고 표현하면서, 공산주의의 확산으로 세계가 위협받는 상황에서 비동맹은 도덕적 지위가 아니라고 주장하며 네루의 비동맹을 반대했다. 인도 고등판무관(1952-57)

을 역임한 캐나다 출신은 에스코트 리드(Escott Reid)는 네루의 비동맹을 세계의 공산주의에 도움이 되었던 이단으로 취급한 미국 동료의 견해에는 동의하지 않았다. 그는 '네루는 다른 위대한 인물들처럼 매우 감각적이고 복잡했다.'고 덧붙이며 미스터(Mr.) 네루는 매우 위대하고 똑똑한 능력을 가졌고 고도로 분명히 표현을 할 줄 알고 인간적 매력이 있는 인물이라고 썼다. 미국인들은 '미스터 네루의 난해함을 인지해야 했을 뿐만 아니라 네루가 북미 정치인들처럼 행동할 것으로 기대하지 말았어야 했다. 그의 제안을 마치 3등급 친구에게서 나온 2등급 수준의 조언쯤으로 여김으로써 네루가 소외감을 느끼지 않게 하는 것이 중요했다. 만약 서구 국가들이 아시아 지도자들과 협의하거나 가끔은 그들의 의견을 따르는 등 이들을 동등하게 대접한다면 아시아에서 민주적인 지도력은 발전될 수 있다.'고 리드는 주장했다.[30]

비동맹을 채택함으로써 네루는 소련과 소련의 공산권 연합에 찬성하며 서구 국가들에게 치우치지 않았다고 리드는 설명했다. 그는 '나는 네루가 우리 측과 소련 측 사이에서 중립적이지 않았다는 서류를 제출했다. 그는 우리 측이다.'면서 하나의 단위로서 인도는 서구를 '영국이 보호(tutelage)한' 결과로서 '절반은 존중하기를 꺼려하고 절반은 휘발성이 강한 억울함'이 있는 곳으로 간주한다고 주장했다.[31]

인도의 전략가인 K. 수브라마니얌(K. Subrahmanyam)에 의하면, 초강대국이 지배하는 세계에서 비동맹은 인도 외교정책의 균형을 맞추려는 시도였다. 수브라마니얌에게 비동맹은 '현실정치(realpolitik)와 힘의 균형(balance of power) 측면에서 전략'이었다.[32] 데브두트(Devdutt), 딕싯(Dixit), E. 말콤 하우스(E. Malcolm House)에 따르면, 인도가 긍정적인 전원합의 주도(consensus driven) 정책에 기반을 둔 '단일 목소리'를 가능하게 했기 때문에 비동맹은 인도가 '국내 안정'과 '국외 안보'를 달성하는데 도움이 되었다.[33] 비동맹노선은 또한 인도가 어떤 진영에 가담하지 않았지만 두 진영과 관계를 유지함으로 분쟁에 휘말려들지 않고 인도의 자원들을 활용하면서 두 진영으로부터 원조와 기술지원을 받을 수 있었다. 레비에 따르면 비동맹 정책의 추구는 인도가 '아시아에서 인도의 지도력을 발휘할 더 많은 자유를 유지할 수 있게' 했다.[34]

폴 파워(Paul F. Power)는 질서(order)와 전략이라는 두 개의 원칙을 통해 네루주의(Nehruvianism)를 분석하고자 시도했다. 질서에 대한 바람은 네루가 모든 국가들과 우호를 유지하고, 반식민주의와 반인종주의, 그리고 반제국주의를 옹호하고, 경제적 자립을 모색하며, 군사동맹, 군비확충과 핵무기 개발을 반대하는 것이다.[35] 비동맹은 전략적 토대를 제공했고 강대국(Power)은 그것을 '독립적' 정책이라고 부르기를 좋아했다. 머띠처럼 강대국에게 있어서 비동맹은 현재 국제상황에 대한 계산된 반응이었다. 비동맹은 냉전에 대한 '임시방편적인 대응'만이 아니었다. 이러한 열망은 1946년 9월 행한 네루의 연설에서 드러난다. 제국주의, 군사동맹, 전쟁 발발로 형성된 현재 세계체제에 맞서고 세계 평화와 번영을 향해 모두가 노력하는 진영 없는 세계를 창조한다.[36]

비동맹의 추구는 성공하지 못할 것 같았던 외교정책에 대한 국내적 동의로 인도가 강대국 중 어디와도 동맹을 맺지 않게 했다. 강성 인도 좌파들은 서구와 동맹을 반대했을 것이고, 공산주의자들과의 연대가 정당하다는 유사한 반응도 있었을 것이다. 외교정책의 양극화를 회피하는 것은 네루가 국내 문제들을 둘러싼 분열을 초래하는 정치를 다루는데 있어서 상대적 자율성을 보장했다. 네루는 대립과 갈등보다 협력과 이성(reasoning)을 선호했다. 제헌의회와 후에 총리로서 네루의 연설들은 동의에 대한 열망과 '국내 정책과 관련하여 생각이 다른' 국민들이 '외교정책에서는 다소 단일화되는 것'에 합의할 것이라는 그의 희망을 반영한다.[37]

네루는 냉전시기의 특별 전략으로서 비동맹을 전시했지만, 수브라마니얌은 네루주의 시기 이후 비동맹은 외교정책의 실행을 위한 '도덕적 행동양식'이 되었다고 지적한다.[38] 언론인 인데르 말호트라(Inder Malhotra)도 네루에게 있어서 비동맹은 정책이지 '계절마다 외쳐지는 주문(mantra)'이나 교리가 아니라는 수브라마니얌의 지적에 동의한다. 말호트라는 네루가 인도 의회에서 행한 연설을 회상하며 '그는 그 스스로 비동맹의 반대편에 설 수 없었다.'[39]

호주국립대학교 앤드류 케네디(Andrew Kennedy) 교수의 최신 저서에서 네루의 '세계 평화를 위한 도덕적 관심은 단지 공공의 목적을 달성시키는 것이 아니라 인도의 근시안적 이익을 보호하면서 세계에 대한 그의 "진정한"(genuine) 관심을 반영했다.'고 지적한다. 비동맹은 인도가 대외 관계를 다양화하고 일개 강대국에 대한 의존을 방지하는데 도움이 되었다. 또한 케네디 교수는 네루는 인도를 '그들 고유 권리로 산업국가'로 전환하고자 했으나 단기간에 다른 국가에 의존해야 한다는 사실을 알았다고 주장했다. 인도의 경제성장에 해가 될 분쟁에 인도가 개입하지 않도록 네루는 비동맹의 길을 선택했다. 케네디 교수는 이상주의자로서 네루는 비동맹을 '인도의 영향력을 최대화하는 도구로' 보았던 반면, 역시 현실주의자로서는 '비동맹이 시작된 바로 그 시점에서부터 비동맹이라는 입장이 지속되기 어려울 것이라고 예견했다.'고 주장했다.[40]

현직 또는 은퇴한 외교관들과 수년에 걸친 면담에서 모든 국가는 환경 변화에 적응할 필요가 있지만 네루주의(Nehruvianism)는 여전히 인도 외교정책의 기반이라고 한다. 나트와르 씽(Natwar

Singh)의 말을 빌리면, 네루는 '역사를 공부했고 썼으며 만들었다.'[41] 1958년 미국 정치학자가 썼듯이 국제관계에 대한 인도 사상의 '핵심 원천'과 인도 외교정책의 '고도로 감성적인 측면'은 외교정책의 행동과 관련된 네루의 '전지전능한 영향력'과 그의 선언들을 '전폭적으로 지지한 대중들' 덕분이었다.[42]

대부분의 분석가들은 네루의 위대한 유산은 1947년 이래 인도의 대외 관계를 만든 제도들과 근본적 이념 구도를 마련했다는 점에 동의한다. 그가 기초를 다진 것에 대해 칭찬을 받은 것처럼 네루는 과대하게 이상주의적이었고 강력한 도덕적 어조로 외교정책을 만들려고 했던 점에 비판받았다. 그의 후임자들 하 인도는 국제관계를 형성하는 국익의 역동적 충돌을 수용하는 대신 다른 국가들에게 설교를 하거나 심판을 보는 국가로 비춰졌다. 미국처럼 인도는 인도가 선포한 이상(ideal)이 항상 행동과 일치하지 않았기 때문에 외교정책에서 가끔씩 위선적이라는 비난을 받아 왔다.

폴 파워(Paul Power)가 '네루의 시대'라고 묘사한 기간 동안 도덕적 관심은 폭넓은 외교, 사상, 전략적 고찰을 지배했다.[43] 네루의 국제적 지명도와 유엔과 같은 기구에서 그는 반식민주의와 반인종주의를 옹호했고 아프리카와 아시아 식민국가들은 인도를 인지했다. 그러나 네루는 '네루에 대한 존중'이 세계무대의 주요 강대국으로 인도를 수용한 것과 같은 의미로서, 또한 반박의 여지없이 비동맹국가들의 지도자와 동일한 존재로 잘못 인식했다고 마이클 애드워즈(Michael Edwardes)는 주장한다. 애드워즈에 의하면 '네루는 저개발국가로서 인도의 실질적인 지위에 맞지 않는 국제적 위상(persona)을 만들었다.'[44]

국제관계에 대한 네루의 지식은 매우 방대해서 그의 동료들이나 후임자들은 그의 의견을 반대하지 못했다. '판딧지[판딧 네루]

가 가장 잘 안다.'라는 격언은 종종 그와 반대되는 입장을 견지하지 못하도록 했다. 베테랑 외교관인 카트야야니 샨카르 바즈파이(Katyayani Shankar Bajpai)는 초대 외교부 사무총장(Secretary General)을 역임한 그의 부친 기리자 샨카르 바즈파이(Girija Shankar Bajpai)가 당시 권력층에서 진실을 조언할 수 있는 몇 안 되는 조언자 중 한 명이었다고 지적했다. 라자스탄 대학교의 교수이자 정치학자인 B.M. 자인(Jain)의 말을 빌리면 '네루의 후임자들은 네루가 만든 정책들처럼 외교정책에 관한 기본적인 전제에 대해 지적인 원기 또는 정치적 용기가 부족했기 때문에' 단순히 네루의 전철을 밟았다.[45]

네루의 외교정책은 '인도의 도덕적 위신을 드높였고', G.P. 스리바스타바(G.P. Srivastava)는 세계 평화가 환상에 불과한 것이라는 에드워즈(Edwards)의 주장에 동의했다. 스리바스타바는 장관급위원회(Governor General's Executive Council)의 위원이었던 자그디쉬 프라사드(Jagdish Prasad)경이 1951년 편집장에게 쓴 서한을 인용했다. 프라사드에 따르면 '자화자찬이고', '자존심이 거만하고', 그리고 인도 외교정책은 '진실과 비폭력에 근거하므로 모든 국가들보다 우월하다는' 신념 때문에 인도는 서구에서 친구 없이 남겨졌다. 그는 다음과 같이 썼다. '우리의 외교정책과는 대조적으로 강대국들은 그들의 외교정책이 속임수와 폭력에 바탕을 둔 결과(implication)라고 듣고 싶어 하지 않는다. 우리는 세계에서 국제문제를 도덕적 기준에 따라 다루는 유일한 사람들이고 이러한 관점에 기초하여 우리의 우월성은 세계적으로 인식되고 있으며 존경을 받고 있다.'[46]

자유를 위한 투쟁 기간 동안 프라자 사회주의당(Praja Socialist Party)의 당수이자 인도국민회의의 열성당원이었던 J.B. 크리팔라니(J.B. Kriplalani)는 1959년 『포린 어페어』(*Foreign Affair*)에 기고한 글에서 네루 하 형성된 인도의 위신은 '인도의 사활적 이익을 증대시키거나 인도 국경의 긴장을 약화시키는데' 도움이 되지 못했다고 인정했다. '...인도 정부는 전체 외교업무가 국제정책의 원칙을 또렷이 밝히는 것을 포함했다고 생각했다. 그러나 국제정치는 추상적인 원칙들만을 또렷이 밝히는 것만 포함하지 않는다. 국제정치는 국제외교, 전략, 전술과 깊이 관련된다.'고 크리팔리니는 주장했다.[47] 그에 따르면 '국제관계에서 도덕과 이념적 원칙을 지나치게 강조하는 것은 항상 위험이 따른다. 각 국가의 행위에서는 실제로 모순이 발생한다.'[48]

혹자는 현실정치(realpolitik)에 근거한 홉스주의 세계관에 따라 네루의 '이성적인 주제 넘는 행동(presumption)'을 비판한 반면, 인도는 '어떤 국가에 대해서도 팽창주의나 거만한 계획을 가지지 않으므로 통합이나 영토의 보존에 인도가 어떠한 위협에도 직면하지 않을 것'이라는 네루의 단순한 믿음을 딕싯은 비판했다.[49] 인도는 강대국 진영으로부터 이격되기를 결정했기 때문에 네루는 냉전으로 인한 부정적 영향력으로부터 인도를 보호할 것이라는 입장을 유지했다.[50] 파키스탄은 미국과, 초기 중국은 소련과 동맹을 맺는 등 인도의 이웃 국가들은 냉전에 가담했고, 인도 이웃 국가에서 전쟁이 발발했다고 딕싯(Dixit)은 지적한다. 인도의 고상한(lofty) 원칙은 다른 국가들이 추구하는 냉소적인 현실주의를 단념시키기에 역부족이었다. 인도는 실질적 강대국이었으나 이웃 국가인 중국과 파키스탄은 1948년, 1962년 1965년 전쟁을 치른 보복주의자였다.

딕싯과 다른 분석가들은 네루의 정책은 1962년 인도-중국전쟁까지 꽤 성공적이었다고 믿는다. 인도는 아시아 주요 강대국, 유엔에서 반식민주의와 인종차별을 반대한 주도국으로 인식되었다. 인도는 한국과 인도차이나의 위기 이후 협상에 포함되었고 중동에서 유엔 평화유지 작전의 주도적인 국가였다. 미국과 동맹국들은 인도에게서 환멸을 느꼈고 '이간질'[51]을 했지만, 그들은 여전히 인도와 관계를 맺고 있고 경제와 기술 지원을 실시했다. 아시아 국가들과 관계를 수립하려는 네루의 열망은 1947년 아시아 관계회담(Asian Relations Conference), 1955년 반둥회담, 그리고 1961년 비동맹운동에 반영되었다. 그러나 1962년 중국과의 전쟁은 인도의 갑옷에 가늘게 새어 들어오는 빛(chink)을 노출시켰다. 비동맹과 초강대국의 지원이 부재했던 사실은 인도에 대한 중국의 공격성을 높여 버렸다.

네루의 전기 작가인 고팔(Gopal)은 인도를 대하는 중국의 태도에 관한 네루의 평가가 '순진했다'[52]고 기술했고, '중국정책에서 네루의 고도한 이상주의'가 존재했다고 언급했다. 고팔에 따르면 네루는 '신생 중국과의 우호는 아시아에서 단지 평화만을 존속시키는 것이 아니라 좀 더 인도적이고 그리고 더욱 정교한 외교로 주도권을 쥐면서 아시아와 함께 세계 문제에 새로운 장을 열기를 희망했다.' 네루의 우호적인 의도과 '힌디-치니 바이 바이(Hindi-Cheeni bhai bhai, 인도와 중국은 형제)'라는 수사를 통해 선의를 보인 인도의 진심에 대해 중국은 화답하지 않았다. 고팔은 '인도와 중국 간 기본적 도전은 아시아의 등줄기를 따라 이어지고', '중국은 그 사실을 결코 잊지 않는 것처럼 보였고 네루도 결국 그 사실을 인정하지 않을 수 없었다.'고 지적했다.[53]

## 인도 현실주의

네루의 이상주의와 그의 중국정책에 대한 비판이 타당함에도 불구하고, 그는 여전히 실용주의자이자 현실주의자였다. 1947년, 외교정책에 대한 질문을 받았을 때, 그는 인도가 인도의 정책을 승인하든지 승인하지 않든지 개의치 않고 모든 국가와 관계를 유지해야 한다고 답했다. 인도는 '독자적 방식을 추구할 만큼 강하지' 않았기 때문에 채택된 정책은 '평화 중재자(peace-maker)이자 평화를 가져오는 자(peace-bringer)'였다고 네루는 강조했다.[54] 인도는 어떠한 권력 정치에도 얽혀들지 않으려고 모색했으나 현실적으로 완전히 가능치 않다는 것을 네루는 인정했다.[55] 따라서 인도는 냉전의 양 진영 사이에서 '상호 이해를 위한 교량' 역할을 하고자 노력했다.[56]

또한 네루는 중국의 도전에 대해 완전히 눈을 감지 않았다. 1950년 영국 정치인이자 노동당 소속의 어니스트 베빈(Ernest Bevin)에게 보낸 서한에서 네루는 '오랜 고통과 일본에 대한 투쟁으로 인한 중국의 심리, 그리고 성공적인 공산주의 혁명은 씁쓸함과 의기양양함의 이해할만한 혼합물이고, 전통적으로 외국인혐오증과 오늘날 외부와의 고립이 포함된 솟구치는(vaulting) 자신감은 다른 강대국의 동기에 대한 의혹과 두려움을 더 많이 양산했다.'고 썼다. 중국 외교정책에 영향을 미친 심리적 요인에 근거하여 그는 그의 역할을 '베이징에서 더욱 균형 잡힌 그리고 협력적인 사고방식(mentality)을 이끌어 내는 것'으로 보았다.[57]

앤드류 케네디(Andrew Kennedy)는 네루의 외교정책을 현실주의와 이상주의를 조화(reconcile)하려는 시도로 묘사했다. 케네디에 따르면, 네루는 '도덕적 원칙에 기초하여 국제 규범과 제도를 바꾸려고 노력했다는 점에서 이상주의적이었다. 그러나 그러면서 그는 인도의 이익을 얻기 위해 노력했고, 그 점에서 그의 이상주의는 종종 현실주의적 면모(edge)를 가졌다.' 케네디는 우리는 외교정책에 있어서 네루의 '가장 중요한 "이상주의적" 관심사'를 유엔, 비동맹, 핵 감축 등에 초점을 맞추지만 그는 '진심으로 도덕적 대의명분(moral cause)으로 간주한 것을 실행했고 도덕적 대의명분에 대한 주창은 인도에게 도움이 된다는 확신이 있었다는 점'도 우리는 알 수 있다. 네루는 세계를 더 나은 곳으로 만들려는 이상주의자들의 열망과 동떨어져서 단순히 유엔을 지지하지 않았다. 그는 더 강한 유엔의 미래가 인도의 이익을 앞당길 것으로 전망했다.[58] 케네디의 견해에 따르면 네루는 유엔을 '도덕적으로 바람직하고, 특히 인도의 이익에 부합하는 방식으로 국제체제를 재편할 기회'로 보았다.[59] 네루는 유엔을 국제평화를 촉진하는 동시에 인도 주권의 수호자로서 간주했고 그에게 있어서 '유엔은 인도가 스스로 일어나고 그 위대한 도약을 할 기반을 제공했다.'고 말했다.

또한 네루의 현실주의는 핵무기에 대한 그의 입장에서 명백히 드러났다. 네루는 세계 평화를 향한 그의 핵심으로서 핵무기 감축을 옹호했다. 케네디에 따르면, '인도 총리는 핵무기를 반대하지만 핵전쟁의 위협을 걱정하면서도 그리고 국제협력의 가능성에 대해서도 긍정적인 그는 종종 이상주의자처럼 말했다.' 하지만 네루의 군비축소 정책은 '일정 수준의 이상주의'뿐만 아니라 '편협한 인도의 이익에 대한 그의 통찰력을 반영했다. 네루는 인도에 대한 영향과 상관없이 군비축소와 관련한 어떠한 협약에도 서명할 용의가 없었다.' 네루는 군비축소가 '인도와 같이 상대적으로 약한 국가들에게 매우 이익적이었다.'고 믿었고 '군비축소 과정이 인도의 경쟁자들, 특히 중국을 압박하게 될 것으로 기대했다.'[60] 나아가 민간의 핵에너지에 대한 네루의 찬성과 인도 핵 과학자들의 노력은 환경이 변하면 인도가 잠정적 핵보유국이 될 필요가 있다는 그의 입장을 증명했다.

머띠에 따르면, '영광스런 과거와 위대한 문명에 자존감'을 가진 인도는 산업적으로 그리고 기술적으로 후진적이고 저개발되었다는 점을 마음에 두면서도 네루의 외교정책은 '냉철하고 합리적으로 계산된 것'이었다. 따라서 인도가 경제적으로 성장하고 안보를 구축하기 위해서는 국내와 세계 평화에 있어서 민주주의가 중요했다.[61]

네루는 1947년 인도의 독립부터 1964년 그가 사망할 때까지 인도를 이끌었다. 그는 외교정책에 대한 국내적 합의를 달성하려고 시도하려고 했음에도 불구하고, 그의 세계관에 대한 지지는 결코 만장일치와는 거리가 멀었다. 그의 기본 전제나 정책의 특정 요소에 동의하지 않는 인물들이 너무 많았다. 일부는 공개적으로 그를 비난했고 일부는 사적으로 그들의 견해를 표명했다. 일부 반내사들은 인도국민회의 내에 잔존했고 당내에서 개혁을 시도했다. 다른 이들은 그들의 대안적 견해를 진전시키기 위해 독립 후 신당을 창당했다.

인도의 대외 관계를 규정하는데 있어서 네루의 주요 경쟁자는 인도의 초대 부총리이자 내무장관인 사다르 발랍바이 파텔(Sarder Vallabhbhai Patel)이었다. 파텔은 1950년 그가 사망할 때까지 네루와 서신을 교환하거나 사적으로 동의하지 않는 견해를 표명했지만 네루의 의견에 종종 동의하지 않았던 외교정책상 현실주의자였다. 인도가 권력 정치에 포함되는 것을 피할 필요가 있다는 점에는 동의했지만 파텔은 친서방이 인도에 유리하다고 생각한 인물들 중 한 명이었다. 그는 인도는 공식적으로 영연방(Commonwealth)과의 연대보다 미국과의 강한 유대가 필요하다고 주장했고 '우리는 영국보다 미국에 더 많이 의존한다.'고 단언했다.[62]

국민회의의 베테랑 의원인 차크라바르티 라자고팔라차리(Chakravarti Rajagopalachari, 혹은 대중적으로 라자지, Rajaji로 알려짐)가 1960년대에 이끈 스와탄트라(Swatantra) [사전적으로 독립] 당 또한 네루의 자유주의적 국제주의와 페이비언사회주의를 반대했다. 이 당은 영국령 인도 토후국(Indian princely state) 출신의 재계, 전직 관료들, 그리고 전직 왕실의 견해를 반영했다. 스와탄트라당 주요 정책의 핵심은 자유 시장경제 지지, 냉전시기 동안 소련이 아니라 미국과 긴밀한 관계 구축, 그리고 인도 외교정책의 근간으로서 자유주의적 국제주의가 아닌 현실주의였다. 이 정책은 지식인과 엘리트 계층에서 일부 지지가 있었지만 이 당은 대중적 기반이 부족했다. 게다가 다른 당의 지도자들은 다른 견해를 지지했다. 마하트마 간디가 '양심의 수호자'라고 언급한 라자지(Rajaji)는 평화주의자였던 반면에 또 다른 지도자인 미누 마사니(Minoo Masani)는 열렬한 반공주의자이자 친서방적이었고 전쟁을 포기할 준비가 되어 있지 않았다.

스와탄트라당은 네루주의(Nehruvianism)와 뚜렷이 대조를 이루었다. 걸프 지역의 이스라엘에서부터 일본, 호주, 뉴질랜드를 포함한 동아시아까지 비공산주의국가들과의 공동방위를 포함한 지역 내 연합(alliance)을 구축하거나 '동맹'(alignment)을 옹호했다.[63] 2014년 선거 후 나렌드라 모디(Narendra Modi) 총리의 외교정책 이니셔티브에 1950-1960년대 스와탄트라당이 주창했던 일부 사상(ideas)이 포함되어 있다는 점이 흥미롭다.

인도국민회의 내 파텔처럼 스와탄트라당은 배후에 초강대국을 두는 것이 중요하다고 믿었고, 소련 진영이 아니라 서구와의 동맹을 모색했다. 서구 민주주의국가들은 더 많은 자원을 보유한 것으로 간주되었고 미국인들은 중국에 맞서 인도를 지원할 것 같다고 보았는데, 스와탄트라당은 중국을 인도의 주요 위협으로 보았다. 그들은 1962년 인도와 중국의 충돌에서 인도를 도운 국가는 비동맹 국가들이 아닌 서방이었다고 판단했다. 군사동맹에 가담함으로써 '주권을 포기한다.'는 비난에 대해 스와탄트라당 지도부는 '경제원조와 PL480(역주: 잉여 농산물 원조) 자금이 국가를 해치지 않는다면 군사원조를 해야 할 이유는 적다.'고 대답했다.[64]

게다가 스와탄트라당은 공산주의, 특히 중국 공산주의를 서구의 식민주의나 인종주의가 아닌 세계 평화의 주요한 위협으로 보았다. 따라서 공산주의는 냉전의 양 진영에 맞서는 개도국의 세 번째 전선(front) 구축을 위한 발상이 아니었다. 스와탄트라당에게 있어서 비동맹은 인도의 국익을 달성하는데, 그리고 인도가 친구를 만드는데 있어서 양자 모두 도움이 되지 않았다. 라자고팔라차리(C. Rajagopalachari)에 따르면, '우리는 친구들에게 이렇게 순종적이었던 적이 없었고, 우리의 공허한 외교정책 덕분에 적으로부터 위협을 받았고' 따라서 '우리의 국가적 안보를 보장하지 못할 뿐만 아니라 실제로 국내 경제에 손해를 입히기 때문에 비동맹을 포기할 때가 되었다.'[65]

라자고팔라차리에 의하면, 서구 식민주의는 스와탄트라당이 때리기를 거부한 "'죽은 말"이었고, 앙골라, 로디지아(Rhodesia, 역주: 아프리카 남부의 과거 영국 식민지로서 현재 잠비아와 짐바브웨) 등은 스와탄트라당의 관심 밖에 있었다. 특히 중국과 같은 공산주의자의 식민주의는 명백한 현재의 위협이다. 인종주의는 약간의 관심사였다. 비동맹은 군사적으로나 경제적으로 자살행위이다. 제 3세력이란 개념과 "냉전"의 중재는 동맹이 수용되면 땅에 쓰러진다. 진

실은 서구 민주주의국가에 놓여 있다는 확신으로부터 더 많은 자극을 받는다.'[66]

스와탄트라당은 밋밋한 지도력과 대중 지지를 이끌 수 없는 무능으로 인해 1974년까지 서서히 쇠락해 갔다. 스와탄트라당의 선거결과도 결코 인상적이지 않았다. 그러나 (네루의 세속적 인도와 반대되는 것으로서) 힌두 민족주의 자체에 뿌리를 둔 또 다른 보수주의 운동은 오늘날 바라티야자나타당(Bharatiya Janata Party, BJP, 사전적으로 인도인민당)까지 다양한 형태를 통해 생존해 왔다. 민족의용단(Rashtriya Swayamsevak Sangh, RSS)으로부터 영향을 받아 힌두 정체성과 문화의 부활을 모색한 이념 운동인 바라티야 자나 쌍(Bharatiya Jana Sangh, BJS, 사전적으로 인도국민연합, Indian Peoples Association)은 힌두 민족주의 정치의 첫 번째 주요한 화현(化現)이었다. 자나 쌍은 1951년에 등장하여 반(反) 인도국민회의 다수당 연정인 자나타당과 합당한 1977년까지 그 당명을 유지했다. 1980년, 힌두 민족주의자들은 자나타당에서 탈당하여 바라티야자나타당(BJP)이 되었는데, 후에 BJP는 정권을 차지한 최초의 우파 정당이 되었다.

스와탄트라당처럼 자나 쌍과 그 후임자들은 중국을 위협으로 보았지만, 스와탄트라당과 달리 힌두 민족주의자들은 파키스탄도 인도의 안보에서 위협으로 보았다. 인도 우파정당에 관한 최초의 책을 쓴 미국의 정치학자 하워드 에르드만(Howard Erdman)에 따르면, 'BJS의 기본 원칙은 인도가 직접 그리고 즉시 개입될 때만 인도의 힘을 구축하고 인도를 포함시키면서 애국주의적(chauvinistic)이고 고립주의자가 되는 것이다.'[67] 자나 쌍은 인도국민회의와 충분히 차별화를 두려고 했으나 어떤 면에서는 네루주의(Nehruvianinsm)의 특정한 면모와 더 가까웠다. '자나 쌍의 기본적 본능은 "드골지지자"이며 상대적으로 고립주의자이다.'라고 에르드만은 설명하면서, 자나 쌍에게 있어서 서구 식민주의와 신식민주의는 이미 무용한 쟁점이 아니고 인종주의적 문제도 아니라고 덧붙였다. 자나 쌍은 비동맹을 수용했지만 '좀 더 부정적인 측면 있었는데', 그 중 하나는 국제 문제에서 '중재자 또는 제 3세력으로서 인도가 자유롭게 활동할 수 있도록 내버려 두는 것'이다.[68]

자나 쌍의 대표적이고 열성적인 일꾼인 아탈 비하리 바즈빠이(Atal Bihari Vajpayee)는 1977년부터 1980년까지 인도국민회의가 여당 지위를 잃었던 짧은 기간에 외교장관이 되었다. 1978년 5월 외교학교(Foreign Service School)에서 개최된 취임식에서 바즈빠이는 '인도 외교정책의 연속성과 변화'라는 제목으로 연설을 했다. 그 연설에서 바즈빠이는 인도 외교정책의 주요 목적은 '국가들 간 화합, 신뢰, 협력 정신을 고양하는 것'이라고 주장했다. 그는 인도의 '안보 개념은 군사적인 것'이 아니라 오히려 '경제, 사회, 문화적 진전을 위한 천연자원과 인적자원을 최적으로 활용하는 평화, 신뢰, 안정적인 환경을 우리 주변에서 조성하는 것'이라고 단언했다. 그는 그의 정부정책은 '국내 문제에서 엄정한 불간섭, 인도 주변국과는 협력 모색'이라고 언급했다.[69] 그 연설은 네루주의와 함께 자나 쌍의 '인도 우선주의'(India First)가 결합된 것이었다.

## 네루 이후 권력의 모색

네루주의(Nehruvian) 구도는 인도에 대한 세계적 주목을 이끌었고, V.P. 두트(V.P. Dutt)의 말을 빌리자면, '독립 직후(morrow) 허약한 군사력과 경제 중 둘 중 하나를 보유하지 않은 국가도 국제사회에서 여전히 중요한 역할을 할 수 있다.'는 사실을 확인했다.[70] 네루가 집권한 기간 동안 그의 정책에 대한 우파의 비판에도 불구하고 대부분의 인도 지식인들은 심지어 그가 사망한 후에도 그의 비전이 국민적 합의를 반영했다는 점에 동의했다. 외교정책 업무를 담당한 약 100명의 인도 지식인들을 대상으로 1960년대 초 행해진 연구에 따르면 다수(83퍼센트)는 인도 외교정책의 근간으로서 비동맹을 찬성했다.[71] 1964년 네루가 사망한 뒤, 그의 후임자들은 초대 총리의 구조적 설계를 벗어나지 않았다고 했지만 인도의 권력을 확고히 할 필요성을 느꼈다.

케네디와 같은 학자들은 네루의 '과감한 외교는 모국이 국제협력을 증진할 유일한 능력을 가졌고, 그러한 희생은 할 가치가 있다는 그의 신념을 반영했다.'고 주장했다. 인도의 외교 기량에 대한 자신감은 네루의 후임자에게 공유되지 않았으며, 케네디는 '어느 누구도 네루만큼 국제적 명성을 얻지 못했거나 네루의 야망만큼 행동하지 못했다.'고 그 이유를 설명했다. 케네디는 네루의 후임자들이 네루처럼 고통스러운 좌절을 겪지 않았다는 점을 인정하며 이는 그들이 보다 온건하고 현실적인 외교정책 목표를 추구했기 때문이라고 설명했다.[72]

최근 나렌드라 모디는 외교정책에서 네루와 닮은 열정을 보이고 있다. 2014년 총선에서 압도적 승리를 거둔 뒤 모디는 시간과 정치자본을 들여 세계를 여행했는데, 세계 지도자들과 글로벌 기업 중역에게 구애를 했고, 인도의 위상 고양과 인도의 경제와 군사력 강화를 열망했다. 이런 그의 노력이 얼마나 성공할 것인지에 대해서 우리는 좀 더 기다려야 할 것이다.

총리로서 네루 다음의 후임자는 랄 바하두르 샤스트리(Lal Bahadur Shastri)로 1964년부터 1966년까지 꽤 짧게 재직했다. 네루의 전 동료로서 샤스트리는 그의 짧은 재임 기간 동안 네루의 정책을 바꾸지 않았다. 1965년 발발한 인도와 파키스탄의 두 번째 전쟁은 샤스트리의 재임 동안 중요한 사건이었다. 대부분의 측면에서 샤스트리는 총리가 되기 전까지 외교정책의 경험이 없었음에도 불구하고 전쟁, 인도의 외교 및 국방정책을 매우 잘 다루었다. 그때까지 국내 정치는 그의 강점(forte)이었다.

인도 외교정책은 네루의 딸 인디라 간디(Indira Gandhi)가 부친이 사망한 지 2년 후인 1966년 총리가 되었을 때 크게 발전했다. 그녀는 1966년부터 1977년까지 그리고 1980년부터 1984년 암살될 때까지 총리로 재직했다. 인디라는 인도 독립투쟁의 중요 인물인 모티랄 네루(Motilal Nehru, 1861-1931)의 손녀로서, 그리고 자와할랄 네루의 딸로서 정치의 한가운데에서 성장했다. 그녀의 아버지가 총리가 된 후, 딕싯의 말을 빌리면, 인디라는 '인도 대외 관계와 국내 주요 정치발전의 참가자이자 사적 증인'이었다.[73] 그녀는 어린 시절부터 인도국민회의뿐만 아니라 민족주의운동의 모든 지도자들을 알았다.

인디라는 부친이 집권하는 동안 홀아비의 영부인이자 동료로 일했다. 그녀는 총리로 취임하기 훨씬 전부터 세계의 많은 지도자들, 정책입안자들과 교류했다. 하지만 왕조정치를 구현하는 것처럼 보이기를 싫어했던 네루는 그의 후임자로서 인디라의 천거를 꺼려했다. 그녀가 국민회의의 대표로 선출된 시점은 그녀의 부친이 총리가 된지 12년이 지나고 그리고 어느 정도 그녀가 명성을 얻은 후인 1959년이었다. 또한 네루는 그녀를 1960년부터 1964년까지 근무했던 유네스코 이사회의 인도 대표로 지명했다.

국제관계학 교수인 수르짓 만씽(Surjit Mansingh)은 인디라 간디에 관한 그의 연구에서 인디라의 유년기와 청소년기가 어떻게 국내외 정치뿐만 아니라 거버넌스에 대한 그의 세계관을 형성했는지를 분석한다. 만씽에 따르면, '그녀는 인도 국민의 의지를 구체화했다.', 또는 당시 국민회의 대표인 데브 칸타 바루아(Dev Kanta Barooah)는 '인디라는 인도이고 인도는 인디라'[74]는 짧은 아첨을 했다. 인디라가 외롭고 '불안정한' 유년기를 보낸 것처럼 인도도 '무관심하고 종종 적대적이었던' 세계 환경에 직면했다.[75] 아시아와 세계는 네루의 관심사였고 초강대국에 대한 네루의 회의론은 그를 양 진영으로부터 떨어지도록 하게 했다. 반면, 인디라는 자신의 관심으로 남아시아 지역을 선택했고, 인도의 이웃 국가에 있는 초강대국들, 특히 미국의 의도와 정책에 대한 의심은 그녀의 국제정책에 부정적 영향을 끼쳤다.

네루와 인디라에게는 또 다른 차이점이 있었다. 네루의 정책들은 역사에 대한 지식과 사회주의에 대한 공감에 의해 형성된 반면, 인디라는 어떠한 이념적 성향(predisposition)이 없었다. 둘 다 인도의 국익이라고 간주되는 것들을 추구했지만 세계에 대한 그들의 접근은 현저하게 달랐다. 네루의 세계관은 마하트마 간디의 영향과 도덕적으로 강력한 국가적 투쟁의 결과로서 도덕적 성향이었다. 반면 인디라는 현실정치의 언어를 구사했고 권력을 추구하고 세계에서 인도의 지위를 높이고자 희망했던 장소에서 도덕적 구호를 사용했다. 딕싯에 따르면, 인디라는 인도를 '이상주의자에서 무시할 수 없는 국가(force)'로 탈바꿈으로써 인도 외교정책의 방향을 '급진적'으로 바꾸었다.[76]

1966년 1월 총리가 된 이틀 뒤 방송에서 인디라는 인도 외교정책의 원칙은 '국익, 명예, 위엄'에 바탕을 둔다고 주장했다.[77] 따라서, 모든 국가와 평화와 우호적 관계를 유지하는 네루의 정책은 유지되었지만 인도의 안보와 영토 보존은 가장 중요한 문제가 되었다.[78] 더욱 강하고 더 통합된 인도는 '다른 국가들에게 맞설 수 있을 것'으로 그녀는 믿었다.[79] 그녀의 지도력 하의 인도는 네루의 충분한 관심 영역이 아니었던 안보와 국방에 대해 관심을 점점 증가시켰다.

인디라 간디 하 인도 전략가들은 인도의 작은 이웃 국가들이 친인도 외교정책을 추구하지 않는다면 인도의 안보에 부정적일 것으로 믿었다. 이는 인디라 독트린으로 연계되었다. 인디라 독트린의 핵심 원칙은 첫째, '어떤 외세도 히말라야 정상을 넘는 것을 허용하지 않는다.'이고, 둘째는 '인도는 외부의 힘이 인도를 능가한다고 인정하지 않으면 지역 내에 있는 외부의 존재나 영향력을 인도의 이익에 부합되지 않는 것으로 판단할 것.'이다.[80] 인디라 독트린은 남아시아에서 효과가 있었던 사실상 미국의 먼로(Monroe) 독트린이었다. 그것은 1971년 파키스탄에 대항하여 인도 군대의 승리를 이끈 동파키스탄 위기에 작동했고, 딕싯(Dixit)이 지적한 것처럼, 1962년 중국에 군사적 패배를 당한 뒤 '국가적 자신감을 회복한' 사건이었다.[81]

인디라는 1970년 국민회의에서 조직한 세미나에서 인디라 독트린의 윤곽을 설명했다. 부친처럼 그녀는 외교정책이 역사와 지리에 기초한다고 주장했고, 따라서 인도의 시각은 다른 국가들의 그것과 달랐다. 인디라는 경제력과 군사력이 부족했음에도 불구하고 자신의 부친이 집권했을 때 인도는 국제무대에서 이름을 떨칠 수 있었다고 언급했다. 인도가 '자유 투쟁의 최전선'에 있었고, '명망 있는 지도자들'을 보유했기 때문에 가능했다.[82] 인디라의 현실주의는 네루 하 가능했었던 능력 이상의 활동을 더 이상 인도가 하지 않는다는 것이다. 그러나 인도의 국제적 영향력(weight)을 높이기 위한 인디라의 전략은 초강대국들 중 일부와 동맹을 맺지 않는 것이었다. 인도의 경제력과 군사력의 구축은 토착적인 방식을 선호했다. 따라서 인디라 하의 인도 외교정책은 도덕적 영향력이 아닌 '권력의 모색'(a search for power)이었다.[83]

인도의 군사력과 안보를 구축하는데 있어서 핵심은 핵 개발이었다. 인디라는 군비 축소를 옹호하면서 동시에 인도의 핵 잠재력을 지속적으로 구축하려고 했던 네루의 이중정책을 고수했다. 인도 핵무기 프로그램 지속에 대한 제재의 위협과 비난에도 불구하고 1974년 첫 번째로 핵 실험을 했던 시점은 인디라 간디의 통치 시기였다. 그녀는 중국과 파키스탄처럼 인도의 적대적 이웃 국가들도 핵무기 프로그램을 추진했기 때문에 인도에게 핵 실험은 당연한 과정으로 보았다.

네루 하에서도 그랬듯이 독립적 외교정책에 대한 열망은 인디라 체제 하에서도 강하게 잔존했다. 그녀에게 독립적인 외교정책은 인도의 영토 보존이자 경제적 자립을 의미했다. 그녀가 발표한 선언들에서 지속적으로 반복되는 표현은 인도는 '정치적으로 자유로웠지만' 다른 국가들에 대한 경제와 기술적 의존은 '완전한 자유'를 누리지 못했다는 것이었다. '나의 자유에 대한 생각은 자립적인(self-reliant) 국가이다. 오늘날 완전한 자립을 누리는 국가가 없다는 것은 사실이다. 우리는 외부로부터 무엇인가를 얻어야 할 것이지만 최소한 자급자족(self-sufficiency)과 자립에 기반을 두어야 한다.'[84] 그녀의 경제정책과 안보정책은 그녀가 특별히 비동맹에 참여하는 것과 묶여 있었다.

인디라에게 비동맹은 단순히 양 진영에 '얽히는 것을 피하는 것'이 아니라 '양 진영 모두 또는 그 중 한 진영과 긴밀한 관계를 유지함에도 불구하고 독립을 유지하는 것'이었다.[85] 인디라 체제하 인도는 비동맹을 지속적으로 옹호했지만, 그녀는 비동맹의 초점을 개도국의 이익이라는 측면으로 좁혔다. 인디라 체제하 경제와 군사적 원조의 필요성이라는 현실과 뚜렷한 대조를 이루는 '자율성의 주장'이 증대되고 있었다. 미국의 직접적 원조를 줄이거나 없애는 것은 '명예의 훈장'처럼 보였다. 따라서 인디라에게 있어서 소련과 더 깊은 관계와 심지어 1971년 소련과 체결한 우호조약(동파키스탄/ 방글라데시 위기 당시 파키스탄이 미국을 배후에 두는 가운데 체결되었음)은 인도가 더 이상 비동맹을 유지하지 않는다는 것을 의미하는 것은 아니었다. 인디라가 자주 언급했듯이 인도는 어떤 진영의 일부가 되기에는 너무 큰 국가였지만 독립적인 정책을 추구할 수 있는 경제, 군사, 과학적 자원을 필요로 했다.

인디라에게 비동맹주의는 인도가 '자국의 장점에 따라 모든 국제문제를 판단할 권리와 세계 평화와 국익의 지속'을 유지함을 의미했다.[86] 네루처럼 인디라에게 비동맹은 인도가 진영의 추종자가 아니었다는 사실을 증명했듯이 '판단과 행동에 관련한 우리의 자유에 대한 주장'이었다.[87] 인디라는 비동맹을 '스스로 독립을 유지하고자 하는 어떤 국가들에게도 열려 있는 현실적이고(hard-headed) 실용적인 길'로 보았다.[88]

인디라 하 인도가 여전히 세계 평화와 번영의 필요성을 이야기하는 동안 인도가 추구한 것은 '새로운 국제경제 질서'[89]였다. 그것은 개도국의 발언이 보장되는 질서이자, 유엔안보리 상임이사국과 같은 일부 국가들이 세력 균형(balance of power)을 결정하지 못하는 질서였다.[90] 네루는 식민주의를 세계가 직면한 주요 위협으로 보았던 반면, 인디라는 인도가 맞서야만 했던 새로운 위협으로서 신식민주의를 보았다. 인디라의 입장에서 서구세계는 개도국들을 대상으로 신식민주의를 강요하려고 노력했었고 인도는 개도국들의 옹호국가로서 배후에서 투쟁해야만 했다.[91]

인디라는 이렇게 새로운 경제 질서를 창조하는데 도움이 되는 지도자 역할을 하고자 했다. 그녀는 그녀의 견해를 인도 동료들에게 퍼트렸는데 그들 중 다수는 인도가 다른 개도국을 이끌거나 지도자가 되어야 하는 것은 당연하다고 믿었다. 인디라의 연설들은 '해외 식민지'를 추구하고 '영향권'을 갈망하며 '완충지대'(cordon sanitaire)를 만들려는 초강대국 진영들을 비판한다.[92] 1972년 『포린 어페어』(*Foreign Affairs*)의 글에서 인디라는 '과거 식민지 봉건구조'의 타파, '영향권'으로부터의 이격, 인도 독립의 보장(safeguard)과 세계 평화의 유지 필요성을 언급했다.[93] 반식민주의 유산이 독립 후 오랫동안 인도 외교정책을 형성했다는 것은 식민주의와 신식민주의에 대한 지속적인 두려움, 경제적 자립에 대한 열망, 그리고 냉전 진영에 대한 혐오를 표명하는 인디라의 연설에서도 볼 수 있다.

네루처럼 인디라 또한 세계 권력 정치의 현실과 인도의 도덕적 우월성을 조화시키려고 했으나 실패했다. 만씽(Mansingh)에 따르면 인디라는 '어떻게 하면 외부 세력에 의해 국가적 이익이 침해되는 것을 충분히 예방하는지 그리고 힘의 증강에 따라 주변의 작은 국가들에게 겁주기를 피할 수 있는지'라는 질문에 몰두했다. 세계에서 인도의 적절한 지위에 동의하지 않았다는 사실은 별로 중요하지 않았다.

'인도의 1인당 낮은 국민소득으로 인해 인도가 국제정치에서 하수인(pawn)으로 취급받는 약소국이었는가?'라고 만씽은 물었다. 하지만 그 질문은 완전한 답이 없는 유일한 질문은 아니었다. '인도는 경쟁 진영들 사이의 중간 위치, 인도의 규모와 능력이라는 특징(virtue) 등으로 인도는 중견국가였는가? 남아시아에서 인도의 전략적 위치와 역사적 사실로 인해 인도는 지역 강대국이었는가? 또는 인도는 아마도 사실상 신흥 강대국이었는가?'[94] 인디라가 직면한 이들 질문 중 일부는 여전히 인도 외교정책에서 논쟁거리로 남아있다.

인디라는 '도덕성 또는 권력'이라는 논쟁에서 권력을 지지하는 쪽으로 기울었다. 그녀는 또한 외교정책의 조직적 행위에 지속적으로 영향력을 미쳤다. 인디라는 외교장관으로서 내각위원을 임명한 부친의 전통보다 샤스트리(Shastri)의 선례(lead)를 따랐다. 이후 인데르 쿠마르 구즈랄(Inder Kumar Gujral)을 제외한 모든 총리는 항상 외교장관을 임명했고, 필요하다면 짧은 기간에만 그들 자신의 장관직을 유지했다(1997-98년 동안 단기간 총리로 재직한 구즈랄은 그 자신을 네루의 틀(mould)에 있다고 보았고 총리실에서 직접적으로 외교정책을 시행하려고 노력했다). 대외업무 장관직을 수행하는 각료의 존재에도 외교정책에 대한 총리들의 영향력은 깊이 남아 있었다.

## 냉전정치의 퇴색

인디라 간디는 파키스탄을 대상으로 군사적 승리를 이끌었고 국내의 다양한 내전에 맞서 싸울 때 더욱 확고한 자세를 취했다. 냉전시기 더 강한 도덕적 기반과 함께 인도 군사력의 구축은 인도 외교정책의 주요 요소가 되었다. 1984년 인디라의 암살은 네루의 손자이자 인디라의 아들인 라지브 간디(Rajiv Gandhi)로 지도력이 이전되는 결과를 가져왔다. 라지브 간디는 정치 경험이 거의 없는 44세에 총리가 되었다. 냉전의 마지막 단계에서 네루-간디가(家)의 세 번째 총리는 인도 대외 관계에 단번에 그만의 발자취를 남겼다.

라지브는 그의 남동생이자 인디라의 추정 상속인(heir presumptive)인 산자이 간디(Sanjay Gandhi)가 사망한 뒤 1980년에 정계에 입문했다. 조종사 출신인 라지브는 곧바로 인도국민회의의 사무총장이 되었고 4년 후 모친의 측근 보좌관 중 한 명이 되었다. 라지브가 '모두가 알고 있지만 정치의 직접적인 경험이나 지식 없이 정권을 장악했지만', 그는 그의 조부와 모친으로부터 '일반적인 정보와 경험을 적절히 수용할 수 있었다.'고 딕싯은 주장한다.[95] 라지브의 총리 시절을 다룬 미국 작가 캐서린 힐리(Kathleen Healy)도 이와 유사한 사실을 지적했다. 그녀에 따르면 라지브는 '네루와 인도를 위해 살았고, 인도를 위해 고통을 받은 그의 부친인 페레오즈 간디(Feroze Gandhi)와 그의 모친 인디라 간디로부터 배우고 그들과 함께 살았다. 역사에 관한 라지브의 개인 지식은 과거에도 그랬고 지금도 살아 있는 경험이다.'[96]

총리실에 입성하기 전 라지브는 국민회의의 외교담당자로서 일했고 자주 그의 모친과 세계를 여행했다. 총리로서 외교정책에 관한 라지브의 견해는 인디라에서부터 계승된 실용주의와 조화를 추구한 네루의 이상주의적이고 도덕적인 측면을 반영했다.

스리나스 라가반(Srinath Raghavan)은 최근 그의 저작에서 라지브 하 '외교정책의 막 시작된 변화(shift)는 국내외 요소의 결합에 그 근거를 두고 있다.'고 주장했다.[97] 라지브는 '닥쳐올 국내 문제에서 외교정책의 중요성을 인식했는데,'[98] 그가 '21세기 인도 건설'[99]의 필요성을 언급했기 때문이다. 그의 모친이 암살된 후 행한 연설에서 라지브는 비동맹, 반식민주의, 유엔과 같은 다자기구에 대한 애착, 모든 국가와 우호적인 관계 구축을 열망하면서 네루주의가 포함된 외교정책의 핵심 원칙을 제시했다. 그는 '자와할랄 네루는 우리에게 외교정책을 유산으로 남겼다.'고 말하면서 '나는 그 외교정책을 추진할 것이다. 나는 유엔, 비동맹, 오래되었든 새롭든 식민주의를 반대하는 우리의 애착을 확신한다... 동구와 서구로 불리는 지역과 우리는 늘 친구였고 그들과 더 좋은 관계를 희망한다.'[100]고 덧붙였다.

1년 뒤 뉴욕에서 라지브는 인도 외교정책의 기본 원칙은 '우리 고유의 경험과 수요, 염원의 당연한 결과(logical outcome)'라고 언급했다. 평화를 통해 문제를 해결하려고 했던 것처럼 그에게 있어서 핍박받는 자들의 편에 서는 것은 여전히 중요했다. 인도는 '진영의 추종자가 아닐 것'이기 때문에 지속적인(streak) 독립은 중요했다. 네루와 같이 라지브는 미국 뉴스에 출연하여 '우리는 옳은 편에 선다.'[101]고 언급했다. 또한 그는 전통과 근대 사이에서 균형을 맞추기를 바란다고 명확히 말했다. 1985년 6월 13일 미국 의회 합동회기 전 라지브는 그의 연설에서 인도는 오래된 국가이지만 국민은 젊다고 언급했다. 그는 미래를 건설할 현대 인도의 건국자들이 세운 '확고한 기반'을 강조했다. 그는 '강하고, 독립적이면서 자립적인' 인도를 그 목표로 말했다.[102]

라지브의 실용주의는 파키스탄, 중국과의 관계를 증진시키려는 그의 열망에 반영되었다. 그의 모친이 살해된 2주 뒤 행한 연설에서 라지브는 인도가 전진하는데 필요한 첫 번째 조건은 '이웃 국가들과의 평화'라고 강조했다.[103] 1986년 남아시아지역협력(SAARC) 정상회담에서 행한 그의 취임 연설에서 라지브는 남아시아국가들과 얽힌 지리, 역사, 종교-문화, 언어민족적 관계의 중요성을 강조했다. 그는 서로간의 자원을 북돋우기 위해 상호 관계를 확대할 필요성을 제기했다. 흥미롭게도 라지브는 까우띨랴를 언급했고 주변국과의 우호를 강조한 『아르따샤스뜨라』를 명분으로 남아시아지역협력회담을 정당화했다.[104]

1988년 독재자 지아 울 하크(Zia-ul-Haq) 장군이 사망한 뒤 베나지르 부토(Benazir Bhutto)가 파키스탄의 총리로 선출되었을 때 파키스탄과 평화를 위한 라지브의 희망은 커졌다. 라지브와 베나지르는 탈(脫)분리주의 지도자였고 아대륙의 역사에서 비극적인 이야기보따리를 풀지 않았다. 두 인물 모두 그들 국가에서 대중적인 지지를 얻었고 그들의 초기 지도자들이 할 수 없었던 일을 달성할 수 있었다. 라지브는 1989년 남아시아지역협력 정상회담에 참가하기 위해 이슬라마바드를 방문했고, 인도와 파키스탄 간 신뢰구축조치(confidence building measure)에 관해 부토와 동의했다. 그러나 최종적으로 군부의 지지를 받는 대통령이 베나지르 부토를 총리직에서 축출했고 의회를 해산함으로써 부토의 임기는 단축되어 버렸다.

스리랑카는 라지브가 관계 전환을 시도한 남아시아의 또 다른 이웃 국가였다. 스리랑카에는 소수종족으로 따밀족(Tamil)이 다수인데, 다수의 싱할리스계가 이들에 대한 압력을 행사했다. 따밀어를 구사하는 인도인들로부터 동정심을 받아온 스리랑카의 따밀인들은 그들의 권리 보호를 모색했다. 일부는 스리랑카 내에서 따밀인 지역의 자율성을 보장하는 연방체제(federal system)를 바랐다. 네루부터 모든 인도 총리들은 스리랑카의 따밀 문제를 해결하려고 했지만 성공하지 못했다. 싱할리스계가 따밀인들을 공격한 뒤 따밀 강경파들이 독립을 요구함에 따라 1983년 북부 스리랑카에서 내전이 발발했다.

인도의 초기 역할은 스리랑카 정부가 따밀인들을 보호해주기를 요청하는 것이었다. 그러자 스리랑카 정부가 자프나(Jaffna)반도를 봉쇄했고, 라지브는 따밀인의 필수(vital) 저장품을 보급하기 위해 인도 공군을 활용했다. 내전이 격화됨에 따라 라지브는 따밀 게릴라와 스리랑카 군대가 정전을 합의한 1987년 인도-랑카(Lanka) 협정 후에 평화유지를 위해 인도 군대를 파견하는데 합의했다. 라지브의 다른 정책들을 칭찬했던 딕싯은 라지브의 랑카(Lanka) 정책은 인도와 스리랑카 양국 모두 인도의 주둔을 선호하지 않았던 양립할 수 없는 지점에 인도 군대를 주둔시키게 되었다고 관찰했다. '라지브는 스리랑카에서 종족 갈등의 물리적 복잡성을 이해하지 못했다고 인정해야만 한다.'고 딕싯은 썼다.[105] 따밀과 싱할리스 극단주의자들의 공격이 발생한 뒤 1990년 인도평화유지군(Indian Peacekeeping Force, IPKF)은 철수해야만 했다.

라지브는 그의 모친이 세계 평화와 지역협력이라는 위대한 목적과 냉철한(hard-nosed) 현실정치 간 균형을 맞추었던 것처럼 수많은 곤경을 겪었다. 예를 들어, 그는 인도 이웃 국가들과 관계 증진을 모색했던 것처럼 인도가 자국의 이익을 보호해야할 필요가 있다는 것도 알았다. 인도는 주변의 약소국들을 기꺼이 수용할 여지가 있었지만 이웃 국가들 또한 내심 인도의 이익을 위해 복종했다는 라지브의 관점은 파키스탄, 네팔, 스리랑카에 대한 그의 정책에 반영되었다. 인디라와 달리 그는 남아시아에 개입하는 외부 강대국에 대한 반대 목소리를 내지 않았지만 사실상 인디라 독트린을 고수했다.

식민지 지배에 맞서 투쟁한 환경보다 독립 인도에서 자란 세대를 대표하는 인물로서 라지브는 미국을 포함한 서구의 이념적 회의론에도 흔들리지 않았다. 그는 경제뿐만 아니라 외교에 있어서도 인도-미국 관계를 재수립하고 바로잡는 과정에 돌입했다. 라지브의 실용주의는 중국에 대한 그의 정책에서도 반영되었다. 그는 1962년 중국-인도 전쟁 이후 최고위급 대표단을 이끌고 네루 이후 중국을 방문한 첫 번째 총리였다. 양국 간 국경 분쟁이 해결되지 않았지만 라지브는 경제관계의 심화를 위한 정책을 마련했다.

네루와 인디라 시기에도 존재했던 것처럼 비동맹은 라지브 외교정책의 핵심 축으로 남았다. 1985년 뉴욕 외교협회(Council of Foreign Relations, 역주: 현재 영문 표기는 Council on Foreign Relations임)에서 라지브는 다음과 같이 연설을 했다. '[비동맹은] 우리 신념의 뿌리이고 우리의 신념은 세계가 다채로웠고 현재도 그렇다는 것이다. 우리가 세상을 바라보는 방식은 세계에 대한 우리 고유의 권리라는 점을 단언한다. 우리는 모두가 따라야만 하는 단 하나의 틀림없는 길이 있다고 생각하지 않는다. 독립은 비동맹의 핵심 논리이다.'[106] 독립 후 40년 간 인도 지도자들은 여전히 독립적 외교정책을 모색 중에 있고 비동맹은 지속적으로 독립을 유지하는 방식으로 간주되었다.

그의 전임자들처럼 라지브에게 비동맹은 인도의 독립에 대한 열렬한 열망뿐만 아니라 세계 평화를 위한 인도의 모색을 반영했다.[107] 네루와 인디라처럼 라지브는 비동맹을 군사동맹의 '대안'이자 세력 균형을 추구하는 것으로 보았다.[108] 하라레(Harare)에서 개최된 비동맹운동 25주년 기념 연설에서 라지브는 비동맹을 '사상(idea), 현실, 운동', 그리고 '역사를 완전히 바꾼' 주요한 힘으로 정의하면서 네루를 모방했다.[109] 네루와 인디라처럼 라지브는 '쓸모없고 위험한 대결과 지배의 추구' 대신 '평화공존'의 필요성을 강조했다.[110]

비동맹운동 회원국은 1961년 22개국에서 1986년 약 100개 국가로 증가했다. 라지브의 말을 빌리자면, 냉전 시대 양 진영 중 한 진영에 속했던 국가들조차도 이제는 '기존 정치(conventional politics)와 문명이 스스로를 찾는 교착상태에서 벗어나는 방법'으로서 비동맹을 수용했다. 라지브는 인도와 그의 비동맹 친구들이 각 진영의 압력을 '견뎌냈을' 뿐만 아니라 그들의 원칙에서 '신념을 유지했다.'고 주장했다. 라지브에 따르면, 독립과 비동맹은 인도 국내 정책과 외교정책의 배후 '추진력'(driving force)으로 보여야 했다. 그것은 인도의 경제력을 강화시키고 결국 인도에 대한 존경심을 유발하는데 도움이 될 것이다.[111]

라지브에게 비동맹은 개도국의 통합만을 의미하는 것이 아니었다. 비동맹은 경제협력과 다자주의로 가는 통로였다. 그는 '남반부 국가(Southern countries, 개발도상국가를 의미)의 상보성은 원자재, 제조 역량, 재정과 신용, 관리와 생산기술, 기술의 접목 수준 등 실효성 있는 경제협력의 가능성을 제시한다.'고 설명하면서 '협력 규모는 여전히 작지만 잠재력은 대단하다.'고 덧붙였다.[112] 라지브에 의하면, 주요 강대국들의 '협박 또는 방해 없이 경제, 사회, 문화적 발전을 자유롭게 추구할'[113] 권리를 우리가 가진다는 이유로 비동맹의 '중심사상'(leitmotif)은 '우리의 통합 권리, 자결과 독립권에 대한 확신'이었다.

총리로 재직한 5년 동안 라지브는 48회에 걸친 해외 순방을 했다. 과거 인도처럼 식민지였던 개도국을 방문하고 행한 연설에서 라지브는 역사와 고대 문명, 식민주의, 제국주의, 인종주의와 같이 공명된 주제를 다루었다. 힐리(Healy)에 따르면, 라지브는 '식민주의 하 좌절되었던 자유와 인도의 문화적 유산을 행진 중에 있는 새로운 민주주의의 미래와 연결시킨다.'[114] 그는 세계의 개도국과 인도를 나란히 일치시키면서 네루나 인디라보다 미국과 더 가까운 관계를 추구했다.

라지브는 종종 세계의 반제국주의 투쟁에서 인도의 중요한 역할을 강조했다. 그는 '우리가 독립하기 훨씬 이전부터 국제기구들에서 인종차별을 반대하는 우리의 목소리를 최초로 냈었다.'고 주장했다.[115] 또 다른 사례에서 그는 '간디지와 펀딧지가 자유를 위해 투쟁할 때 그들은 인도의 자유만을 생각한 것이 아니었다. 그들은 현

세상에서 발생하는 노예제와 차별을 우려했다. 그들의 목적은 이러한 인간들을 위해 자유를 획득하는 것이었다. 인도는 자유를 얻었고 그 이후 차츰 모든 국가들은 하나씩 자유를 얻었다.'[116]

라지브 체제 하 인도는 부유하거나 군사 강대국을 제외한 국가들을 견인하는 역할을 지속했다. 라지브는 그의 후임자들에 의해 인도의 성장에 더 많은 이익을 가져다 줄 길을 터주면서 그의 전임자들보다 경제문제에 더욱 집중했다. 라가반(Raghavan)에 따르면, 만약 인도가 성장을 모색하고 현대 경제국가가 되려면 수출입의 증대가 필요하고 최신 기술을 획득해야 하는 것으로 라지브는 이해했다. 근대화를 향한 라지브의 핵심은 '고도의 기술, 특히 정보기술의 수용과 인도 경제와 사회의 전면적인 전환이었다.' 라가반에 따르면, 라지브는 '더 위대하고 더 노련하게 세계에 편입되는 것'을 필요로 하고, 외교정책도 이 목적의 안전성을 위해 추진되어야 했다고 주장했다.[117] 라지브는 경제성장의 중요성은 국내 문제뿐만 아니라 세계에서 인도의 지위를 고양시키는 것으로 이해했다. 또한 그는 '개도국들이 더 큰 목소리를 낼 수 있는 더 평등한 세계 경제 질서'의 구축을 희망하는 그의 야망과 결부시켰다.[118]

1986년 하라레에서 개최된 비동맹운동 정상회담 연설에서 라지브는 비동맹운동 국가들 간 '분명히 실재하고 광활한 협력'으로 '대변혁을 일으키는'(revolutionizing) 국제 경제 질서의 필요성을 언급했다. 그는 정보망을 통한 기술(skill)과 과학기술(technology)의 공유 필요성과 세계 무역특혜제도(Global System of Trade Preferences)와 같은 다국적 체제의 필요성을 언급했다. 이러한 국제 경제 질서는 '남반부 국가들이 북반구 국가들과의 교섭에서 협상력'을 강화할 것으로 라지브는 믿었다.[119]

따라서 라지브는 네루주의의 유산에 새로운 국제 경제 질서를 창조하기 위해 더욱 강화된 경제와 과학기술적 연계의 필요성을 추가했다. 네루, 인디라와 달리 라지브는 시장을 신뢰했고 경제영역에서 국가(state)는 유일하고도 핵심적인 행위자로 보지 않았다. 그는 1991년 이후 추진된 경제개혁을 착수했을 뿐만 아니라 세계화의 모든 이점과 진행 중인 과학기술과 경제적 변화가 인도를 위해 안전하게 보장되기를 열망했다. 그는 개도국을 포함한 모든 국가들이 번영하기 위해서 '공정한 기회'를 보장하는 경제 질서를 모색했다.[120] 그는 남반구의 강대국을 위한 모색은 인도의 세계적 중요성(weight)을 형성하는데 도움이 된다고 생각했던 것 같다.

라지브의 어휘들 가운데, '공통된 인간성', '인간의 존엄', '평화로운 공존'은 '생존', '안보', '독립'과 조화를 이룬다. 그에게 있어서 이상적 세계는 '규모 또는 부, 또는 군사력과 상관없이 우리 모두는 다른 국가와 동등하다.'는 표현 속에 있다.[121] 인도가 선택한 길이 '유일하다는'[122](unique) 그의 언급이 있는 곳에서 그의 모친과 달리 라지브는 세계에서 인도의 '평판'(stock)은 높고, 인도의 정책은 '올바른 길로 나아가고, 세계 방방곡곡에 간디의 이념과 원칙이 닿는다.'[123]면서 가끔씩 장황한 연설을 했다. 라지브에게 있어서 인도의 세계관(Weltanschauung)은 '우리의 노력, 우리의 전통, 우리 문명의 가치에 의해 형성되었다.'[124]

라지브에게 네루의 이상주의는 그의 조부가 그랬던 것처럼 열정적으로 군비축소를 옹호한 것이다. 1986년 11월, 인도와 소련은 핵무기 자유선언(Declaration for a Nuclear-Weapon-Free)과 비폭력세계(Non-Violent World)에 서명했다. 이 선언들은 평화로운 공존, 인간 생활의 우선권, 비폭력, 정치와 경제적 독립, 군사자원의 활용이 아니라 사회경제발전을 위한 자원의 활용 등에 관한 내용들이다.[125] 실용주의자로서 라지브는 여전히 인도가 무기를 축적하거나 핵무기 개발을 원치 않았지만 국제체제는 인도가 인도 스스로를 강화하기 위해서 자원을 전용(轉用)할 수밖에 없었다고 믿었다. 이 언급은 그가 그의 모친이 총리 재직 시절인 1974년 핵무기 실험을 어떻게 정당화했는지, 그리고 왜 인도가 핵무기 보유를 포기하지 않는지를 보여준다.[126]

라지브 간디 하 외교정책은 총리가 주요 행위자로 사유화의 대상이었다. 이 행태는 그의 모친과 조부로부터 계승된 것이다. 라지브는 그가 총리로 재직한 5년 동안 5명의 외교장관과 7명의 외교각외장관(minister of state for external affairs)이 있었을 정도로 외교장관의 잦은 교체가 있었다. 초대 외교 서기(foreign secretary)에 대한 신뢰 부족으로 인해 총리와 외교 서기 간 전통적으로 행해져 온 주(週)별 회담은 중단되었고 심지어 기자회견 도중에 외교 서기를 공식적으로 경질하기도 했다. 현상 유지에 중점을 두고 그리고 그가 매우 편하게 느끼지 못했던 체제(system)에서 과감한 변화를 추진한 시도는 그가 확고한 관료주의 대신 외부 고문을 찾거나 그 스스로의 견해를 신뢰하게끔 했다.

라지브는 네루와 인디라의 것들을 조합하려고 시도한 호사가(dilettante)라는 비판이 있었으나 지식의 깊이가 얕았고 업무 추진의 지속성(steadfastness)은 떨어졌다. 스리랑카 파병과 같은 그의 즉흥적인(spur-of-the-moment) 결정은 종종 장기간의 문제를 야기했다. 그를 평가절하하는 인물들은 그가 그의 진영(office)에 집중된 관료와 정치인을 포함한 소수의 조언자 집단과 인도의 대외 정보 당국으로부터만 의견을 청취한다고 비판했다.[127] 그러나 딕싯은 그의 부족한 경험과 변화하는 세계에서 직면했음에도 불구하고 인도의 국익을 위해 성공적인 항해를 했다면서 그의 재임기간을 평가했다.[128]

## 왕조 이후

라지브 간디는 네루-간디가 이룩한 정치왕조의 마지막 총리였다. 라지브 간디가 도입한 변화는 1990년대 동안 인도의 다음 단계를 향한 길을 터놓았지만 네루 혈연과 관계없는 리더십을 계승한 정치인들이 추진했다. 국내적으로 경제문제, 냉전의 종식과 소련의 붕괴는 인도 정부가 자유화와 다소 느슨한 정부 통제를 견인한 다양한 경제적 조치를 시행하게끔 했다. 좌파들은 경제개혁이나 국제적인 재편성을 반대했지만 경제개방은 또한 인도 외교정책의 재고를 강요하게 했다. 많은 정치인들, 심지어 국민회의 내에서도 국가주도의 경제발전 모델을 선호했고 민간영역의 확대를 엄청난 부패의 전조로 여기며 반대했다. 그들은 긍정적인 발전으로서 세계의 초강대국인 미국의 출현을 예상하지 못했다. 라지브는 1984년 첫 번째 선거에서 지지를 받은 뒤 1989년까지 정치적 지지를 유지하지 못했다. 비슈와나트 프라탑 씽(Vishwanath Pratap Singh, V.P. 씽)이 주도한 국민회의 내 반대파들은 좌파중심의 자나타 달(Janata Dal)로 조직되었는데, 이 정당은 1989년 11월 총선에서 라지브가 이끄는 국민회의에 도전했다.

1989년 선거에서 국민회의는 의회 다수당이 되는데 실패했는데, V.P. 씽은 최소 의석수의 정부(minority government) 수장으로 총리가 되었다. 그는 11개월(1989년 12월-1990년 11월)만 집권했다. 씽의 임기 동안 허약한 정부로 인해 외교정책의 주요 이니셔티브를 주도하지 못했다. 씽정부 외교장관인 국민회의 출신의 인데르 쿠마르 구즈랄(Inder Kumar Gujral)은 총리로부터 많은 지도 없이 외교정책을 수행했다. V.P. 씽은 외교에 관련하여 지식이 매우 적은 총리였던 것에 반해 구즈랄은 외교에 매우 열정적이었다. 구즈랄은

1976년부터 1980년까지 모스크바 대사를 역임했다. 후에 1996년 그는 다시 외교장관이 되었고, 1997-98년 연합정부의 총리를 역임했다. 그는 보복심이 있었지만 스스로를 네루의 이상주의를 부활시킨 인물로 간주했다. 그는 인도의 이웃 국가와 상호 호혜주의를 요구하지 않고 그들에게 일방적 양보를 해야 한다는 구즈랄 독트린으로 유명하다.[129]

구즈랄 독트린에 반영된 극단적 이상주의뿐만 아니라 외교와 국방정책이 정보 수집과 같은 강성적 측면이 아닌 외교(diplomacy)만을 의미한다는 그의 주장 때문에 그를 평가절하하는 자들도 있다. 구즈랄 하 인도의 비밀 정보 수집력은 급격히 감소했고, 이로 인해 인도의 외교 잠재력도 훼손되었다. 인도 주변국뿐만 아니라 다른 지역에서도 인도의 정보 수집력은 큰 상처를 받았다. 가장 즉각적인 사례 중 하나는 피지에서 쿠데타가 발생했을 때였다. 피지에는 많은 인도인들이 거주하고 있고 인도는 쿠데타가 일어날 징조나 일어난 이후에도 사실에 대한 정보를 수집하지 못했다.

구즈랄이 사담 후세인(Sadam Hussein)과 포옹을 한 사진을 선택한 사건은 씽 정부의 외교장관으로서 구즈랄의 첫 번째 활동의 정체가 밝혀지는 결정적 순간이었다. 이 시기 인도는 이라크가 쿠웨이트를 침공한 것에 대해 미국 주도의 연합작전을 지원해야 할 것인지를 결정하지 못하고 있었다. 1990년 8월, 이라크의 쿠웨이트 침공은 거의 전 세계적 비난을 받았다. 논리적으로 그리고 합리적으로 인도는 그 침공을 맹렬이 비난했어야만 했다. 이라크와 쿠웨이트에 거주하고 있는 17만 명의 인도 노동자와 거주자들을 보호할 필요가 있었지만, 전략적으로 인도는 쿠웨이트를 지원함으로써 이익을 도모할 수 있었다.

구즈랄의 영향력 하 V.P. 씽이 이끄는 연합정부는 당황했고 무엇을 하든지 확신이 없었다. 인도는 비동맹국가가 다른 국가에 대한 침공을 무시하며 결과가 뒤따르는 분쟁에서 중립을 선택했다. 쿠웨이트의 침공 뒤 구즈랄은 사담 후세인의 행동에 대한 인도의 우려를 전달하는 대신에 사담 후세인에 대한 동정심을 발휘했다. 그렇지만 정부는 이라크와 쿠웨이트의 전쟁 중에서 체류를 희망하는 자들을 제외하고 11만 명의 인도인들을 대피시키는데 성공했다.

1991년 걸프전쟁에 대한 인도의 대응도 몇 가지 결과를 낳았다. 사담 후세인의 군대는 대패했고 쿠웨이트 왕가(王家)는 권력을 되찾았다. 사담 후세인은 인도의 경제나 정치적 관심을 높일 위치에 있지 않았지만, V.P. 씽 정부의 중립성 때문에 인도는 쿠웨이트와 아랍세계의 선의에 대한 비용을 치렀다. 사우디아라비아와 다른 걸프만 아랍 국가들은 인도인들의 고용기회를 줄였고 투자와 고용계약을 하지 않음으로써 그들의 불쾌감을 보여주었다. 이러한 문제를 해결하는데 10년 이상이 걸렸다. 1년도 채 되지 않는 기간 동안 V.P. 씽 정부의 인도외교정책은, 특히 아랍지역에서 큰 영향력을 미쳤다.

단명한 V.P. 씽 정부는 8개월 간 집권한 찬드라 셰카르(Chandra Shekhar) 총리(1990년 11월-1991년 6월)에게 정권을 이양했다. 찬드라 셰카르는 정치에 입문한지 오래 됐고 국내와 국제적 쟁점을 잘 이해했다. 허약한 연합정부의 수장이 된 뒤 그는 주요한 결정을 했다. 그 결정들 중 하나는 걸프전 동안 미군 공군기의 급유시설을 허용한 것으로서 이를 통해 V.P. 씽 정부의 실수를 다소간 만회했다.

찬드라 셰카르는 높은 수준의 발상력을 가졌던 구즈랄처럼 지적이지는 않았다. 그는 오랜 의회 경험 덕분에 세계의 쟁점을 잘 알고 있는 냉철한 정치인이었다. 비밀도 털어 놓을 수 있는 그의 절친한 친구(confidant)에 따르면, 찬드라 셰카르는 망설임 없는 정책 결정자였다. 예를 들면, 그는 내각에 결정을 묻지 않고 직권으로 미국 공군기에 대한 급유 승인을 결정했다. 비판이 있었음에도 불구하고 찬드라 셰카르는 우호국을 지원함으로써 인도가 이익을 도모한다는 믿음을 고수했다. 그는 어떤 결정을 하면 의회와 공공의 어떠한 비판이 있더라도 완강히 버텼다.[130] 이 행태는 1991년 여름 연립정부의 불안으로 인해 총선에서 그가 생존하지 못하는데 기여했다.

선거유세기간 동안 라지브 간디의 암살이라는 비극이 없었더라면 1991년 실시된 선거는 또 다른 성과를 거둘 수 있었다. 인도국민회의에 대한 연민의 물결이 쇄도하여 남부 출신의 베테랑 정치인 P.V. 나라시마 라오(P.V. Narasimha Rao)가 차기 인도총리가 되었다. 라오는 인디라 간디(1980-84)와 라지브 간디(1988-89)가 총리 재직 당시 외교장관을 역임한 능수능란한 인물이다. 이제 그는 네루와 간디 가문 출신이 아닌 향후 5년 임기(1991-96)를 이끌 첫 번째 인물로서 인도 정치의 중대한 시점에서 총리가 되었다.

딕싯(Dixit)은 라오를 '인도 외교정책에서 가장 효율적이고 창의적인 인물 중 한 명'으로 정의했다.[131] 라오는 국내적인 대격변의 시기에 총리가 되었다. 라지브 간디는 막 암살되었고, 국민회의는 핵심 인물 또는 간디와 네루 가문의 후손이 부재하여 분열에 맞닥뜨렸으며 신흥 지역정당들이 지역에 정치적 영향력을 행사하는 실세(power broker)가 됨에 따라 국내정치는 불안정했다. 또한 라오는 베를린 장벽과 소련의 붕괴로 냉전이 종식됨에 따라 세계질서에

지대한 영향을 가져올 변화와 분투했다.

이와 함께 라오가 취임했을 즈음 인도의 경제난은 최고조에 다다랐다. 소련의 붕괴로 인도는 군사장비를 지원받을 수 없게 되었다. 냉전의 종식은 세계 초강대국으로서 미국의 일극체제가 마련되는 순간이었다. 경쟁하는 두 진영으로부터 이익을 모색하려는 비동맹을 주창하고 서구를 몇 십 년 간 비판한 뒤 이제 인도는 서구 국가, 특히 미국과 새로운 관계 구축을 위한 방안을 모색해야만 했다.

어떤 면에서, 라오에게는 향후 몇 년 간 네루의 정책과 유사한 인도의 방향을 결정할 기회가 부여되었다. 그는 그의 후임자들의 정치적 소속을 개의치 않고 많은 정책들을 주도했다. 딕싯에 따르면, 라오는 탈냉전시기 인도의 외교정책에 필요한 '필수적인 균형'(required equilibrium)을 제시했다.[132] 경제개혁은 라오의 핵심전략이었다. 라오는 그의 재무장관인 만모한 씽(Manmohan Singh)을 정치적으로 지지하며 인도의 혼합 사회주의 경제를 자유시장 경제로 전환하는 시장 친화적인 재구조화를 추진했다.

1947년 초부터 네루는 강한 경제가 구축되지 않으면 안보는 소용없는 것이라고 언급했다. 그러나 그의 후임자들은 강성권력의 비경제적 요소(lever)에만 집중했다. 많은 인구로 인도는 대규모 국내 시장에 접근할 수 있는 외국인직접투자에 매력적이었다. 세계 투자의 종착지이자 근원으로서, 무역국으로서, 기술 분야의 혁신 국가로서 영향력이 있었다. 그러나 인도는 경제적 자급자족과 정부 주도의 경제를 모색하면서 세계에서 빈곤국을 선택했다. 마침내 1991년 개혁은 인도 지도자들이 그들의 경제모델을 바꾸지 않거나 인도의 경제적 기교(prowess)를 수립하는데 집중하지 않으면 인도는 세계적 전환에서 변방이 되거나 열외로 취급될 것으로 강요받는 것이다.

라오 정부 주요 외교정책의 이니셔티브 중 하나는 일본, 한국, 기타 동아시아 국가들의 경제적 성공을 참조한 '동방정책'(Look East policy)이다. 라오는 인도가 발전된 서구 국가들만 바라보지 말고 동쪽의 이웃 국가들과 경제와 안보적으로 관계를 심화하면서 이들로부터 배워야 할 필요가 있다고 공언했다. 그 때까지 인도와 동아시아 간 관계는 아시아 국가들과 형제애와 공유하는 역사를 바탕으로 하는 네루의 관점에 기반하여 정치적이었다.

1980년대 동아시아의 경제 성장 이후 인도는 이들 국가들과 다른 분야에 주안점을 둠으로써 실질적인 관계 강화를 시도하지 않았다. 인도는 창설 당시 동남아국가연합(ASEAN, 역주: 이하 아세안)의 회원 가입을 거절했는데, 후에 아세안의 성공을 예견하지 못했다. 라오는 인도의 이웃, 특히 잠무(Jammu)와 카슈미르(Kashmir)에서 이슬람 군대의 지원을 받았던 파키스탄과 관계를 수립할 수 없다는 것을 알고 있었다. 스리랑카는 내전으로 혼란에 처해 있었고 네팔과 방글라데시는 국내적으로 위기였다. 이러한 환경에서 라오는 러시아가 현실에서 사라진 미국이 주도하는 세계질서에 적응하면서 동남아로 팽창했던 인도의 유산을 내세우기로 결정했다.

동아시아 자본주의 경제권과 관계를 강화하면서 라오 정부는 쿠웨이트가 침공을 받았을 당시 V.P. 씽 정부의 태도로 인해 불편했던 걸프 지역 아랍국가와 관계를 강화했다. 걸프지역과 현존하는 인도의 문화적, 경제적 관계와 대규모 인도 이주민의 존재는 인도에게 이익을 가져다주었다. 인도 경제의 성장으로 에너지 수요가 증가함에 따라 라오는 걸프지역으로부터 안전한 에너지 공급을 모색했다. 또한 그는 아랍 걸프지역 국가들이 인도의 대규모 노동가능 인구의 지속적인 고용 통로가 되기를 원했다. 인도 외교관계에서 라오의 큰 그림(big idea)은 외교정책의 우선순위에 경제적 수요를 엮는 것이었다.

1996년 라오가 재선을 추진했으나 인도 유권자들은 그와 국민회의에 퇴짜를 놓았다. 아탈 비하리 바즈빠이(Atal Bihari Vajpayee)가 이끄는 중도우파인 인도인민당(Bharatiya Janata Party, BJP)은 신흥 세력으로 부상했지만 의회 내 다수를 차지하지 못했고 연립정부 파트너를 구하는데도 실패했다. 바즈빠이가 13개월(1998년 3월-1999년 10월) 간 연립정부를 구성하기 전 3년 동안 인도는 두 번의 선거를 통해 하라다나할리 도데고다 데베고다(Haradanahalli Doddegowda Devegowda, 1996년 6월-1997년 4월), 인데르 쿠마르 구즈랄(Inder Kumar Gujral, 1997년 4월-1998년 3월)을 총리로 하여 연합정부 구성에 성공했다. 1999년 말 바즈빠이는 BJP가 이끄는 정당연합인 국민민주동맹(National Democratic Alliance, NDA)의 수장으로서 5년 임기의 총리로 선출되었다. 바즈빠이가 외교관계를 복원하기 이전 인도의 외교정책은 불안정한 연립정부 하에서 표류했다.

바즈빠이는 1977-79년 자나타(Janata) 정부에서 외교장관을 역임했다. 그의 세계관은 그가 종신회원으로 있었던 힌두부활운동인 민족의용단(Rashtriya Swayamsevak Sangh, RSS)에서 형성되었다. 바즈빠이는 바하라티야 자나 쌍(Bharatiya Jana Sangh, BJS)이 BJP에 합당되기 전 그 곳에서 활동한 의회주의자였다. 그는 인도 내 소수종교인들에 대한 공격과 같은 집단 행동, 힌두민족주의 운동 내에서 강성 입장을 피하는 온화한 부류로 분류된다. BJP의 외교정책은 네루주의의 일부를 수용했는데, 특히 인도는 위대한 문명을 가졌고 세계에서 중요한 역할을 할뿐만 아니라 경제적 독립에 대한 믿음이 있었다. 인도의 도덕적 또는 문명적인 위대함을 포기하고 경제와 군사력을 강조한 점에서 네루주의와는 다르다.

바즈빠이는 인도의 주변국과 관계 재건, 미국과 관계 증진, 인도 동방정책의 수립, 인도의 군사적, 경제적 자원을 구축하는데 박차를 가하기를 열망하면서 권좌에 올랐다. 그러나 바즈빠이는 소수의 자문가 집단의 결정에 의존했고 주요 정책에 대해서는 자당의 지원(그리고 광폭의 힌두 민족주의 운동)이 결여되었다는 비판을 받았다. 그와 가까운 동료들을 포함하여 바즈빠이와 함께 일했던 전직 관료들은 그의 선임장관(principal secretary)이자 국가안보자문관인 브라제쉬 미쉬라(Brajesh Mishra)가 사실상 그의 핵심 자문관이자 외교정책의 실행자라고 언급했다.

BJP의 축적된 외교정책을 세계에 알리는 역할은 바즈빠이 정부에서 외교장관을 역임한 자스완트 씽(Jaswant Singh)의 몫이었다. 그의 저서 『인도 방어하기』(*Defending India*, 1999)에서 씽은 세계관의 핵심 요소들을 제시했다. 바즈빠이와 씽에게 미국은 위협이라기보다 친구이고, 중국은 (1962년까지 네루가 믿었던 것과 달리) 인도의 당연한 동맹(natural ally)이 아니며, 경제력과 군사력이 인도를 세계 강대국으로 인정하게끔 만드는 것이므로 인도는 경제력과 군사력을 키워야한다.[133] 따라서 1998년 BJP정부 하 인도를 핵무기 보유국으로 선언한 것은 놀라운 일이 아니었다. 1999년 인도와 파키스탄은 카길(Kargil)에서 네 번째 전쟁을 치러야했지만 확신에 찬 인도는 파키스탄, 중국, 미국과 관계를 증진할 수 있었다.

5년 뒤 바즈빠이와 BJP는 연립정부인 통일진보연합(United Progressive Alliance, UPA)을 이끈 국민회의의 귀환에 길을 터주며 선거에서 패배했다. 테크노크라트이자 전 국민회의 정부에서 개혁파 재무장관을 역임한 만모한 씽이 총리로 선출되었고, 2004년부터

2014년까지 두 번의 임기 동안 총리직을 수행했다. 씽은 많은 기대, 특히 인도 경제의 추가적인 개방을 유도할 경제 자유화를 설계했다. 사실 그는 실질적인 권력을 행사하는 총리가 아니지만 국민회의의 당수인 소냐 간디(Sonia Gandhi)에 의해 통제(hem) 받았다. 소냐는 국민회의를 통제했고 만모한 씽은 대중적인 정치기반이 없었다. 마침내 소냐의 경제관과 세계에서 인도의 역할이 드러났다. 그것들은 페이비언(fabian) 사회주의, 서구를 향한 의혹, 비동맹과 결합했던 초기 네루주의를 연상시켰다.

2004년 11월 5일 개최된 『힌두스탄 타임즈』(*Hindustan Times*) 리더십 이니셔티브 회담과 2005년 2월 25일 개최된 『인디아 투데이』(*India Today*) 비밀회의(Conclave)에서 행해진 연설에서 만모한 씽은 인도 분석가인 C. 라자 모한(C. Raja Mohan)이 만모한 씽 독트린이라고 묘사한 것을 제시했다. 이 독트린에 따르면 인도 외교정책의 '유일하게 중요한 목표'는 '인도의 경제발전과 인도 국민의 안녕(well-being)에 우호적인 세계환경을 창출'하는 것이다. 인도는 '세계 경제의 대통합', 특히 아시아에서의 통합을 모색했다. 주요 강대국과 인도 간 연대는 경제적 요소, 특히 에너지 안보에 의해 형성되었다. 인도는 더 거대한 지역 협력과 남아시아 내에서 더 깊은 물리적 연계를 주창했다. 전임자들과 마찬가지로 만모한도 인도를 경제발전과 여전히 다원적이고 세속적이며 자유민주주의를 추구하는 세계의 본보기로 보았다. 또한 인도는 '전환기에 있는 사회를 지원하는 세계적 책임감'을 가졌다.[134]

인도 외교관 연례 회담에서 만모한 씽은 '외교정책은 단지 우리의 이익뿐만 아니라 우리 국민들에게 매우 소중한 가치들을 정의한다. 다원적이고 세속적이며 자유민주주의의 구도 내에서 경제발전을 추구하는 인도의 실험은 세계 모든 사람들을 고무시켜왔다.'고 단언했을 때 네루의 이상주의가 뚜렷이 부각되었다.[135] 전임 총리들처럼 만모한에게 핵심적인 선조치는 인도가 경제적으로 성장할 공간을 확보하고 세계에서 그 위상을 차지하는 것이었다. 그러나 나라시마 라오와 아탈 비하리 바즈빠이의 실용주의적 접근 이후 인도의 새 총리는 완고한 정책 선택의 대안으로 특정 문제에 대해 이상주의적인 선언으로 되돌아갔다.

네루는 경제 외교정책의 중요성을 강조했지만 그 정책은 라지브 간디와 이후의 총리들부터 시작되었다. 총리로서 만모한 씽은 이 정책을 추진했는데, 특히 첫 번째 5년 임기에 집중되었다. 또한 그는 지역 제도의 창설 필요성, 남아시아 국가들 간에 연결성 확보와 경제적 연대의 심화 등 인도 이웃 국가들의 중요성을 언급했다. 그는 다양한 제안을 했지만 지역 내에서 그의 정책들을 수행하는데 있어서 10년은 충분하지 않았다.

총리로서 만모한 씽의 10년은 새로운 아이디어를 제시하지 못했고 외교정책의 이니셔티브도 성공적이지 않았다. 그 시기에 중요한 결과는 바즈빠이 총리시기에 시작하여 2005년에 협상이 끝난 미국-인도 간 민간 핵협정이었다. 그 협정은 인도의 민간과 군사 분야 핵 프로그램과 분리되어 진행되었는데, 민간 목적으로 국제원자력기구(IAEA)의 감시 하 핵을 구매할 수 있고 핵확산금지조약(NPT) 협정과 별도로 인도가 핵공급국 그룹(Nuclear Suppliers Group)의 회원이 될 가능성을 열어두었다. 만모한 씽 정부는 이 협정의 의회 동의를 구하기 위해 좌파 성향의 연립 정당의 반대를 이겨냈다.

## 모디 시기?

2014년 총선은 나렌드라 모디(Narendra Modi)를 총리로 선출함으로써 10년 간 야당이었던 BJP를 다시 여당으로 만들었다. 오로지 당내에서만 영향력을 행사한 바즈빠이와 달리 모디의 개인적 인기는 그의 정당이 선거에서 승리한 주요 요인이었다. 이 요인은 그 스스로 외교정책을 정의하는 그만의 자유를 보장했다. 여전히 진화 중이지만 모디 독트린은 그의 전임자들과 비교하여 지속성과 변화를 보인다. 국민회의, 네루와의 차별성을 바랬음에도 불구하고 모디는 인도 최초의 총리보다 더 강력한 인도를 마음속에 그렸다. 그러나 외교정책은 네루의 그것과 매우 유사하다.

네루와 몇몇 총리들처럼 모디는 외교와 안보정책이 외교부가 아닌 총리실(PMO)에서 수립되어야 한다고 확신했다. 모디는 초기 연방 내각에서 근무한 경험을 배제하고 구자라트주 정부의 수석 장관으로 부상했다. 그는 델리 관료제의 외부자이고 라지브 간디와 바즈빠이 유형의 전통적 실세이다. 아마도 유일한 핵심인물이자 결정자로서 그의 직위를 반영하듯이 모디는 장관뿐만 아니라 주요 관료들을 직접 선택했다.

구자라트 출신인 모디의 오른팔인 아미트 샤(Amit Shah)는 BJP 대표로 선출되었다. 특정 연령 이상의 선임 정당 지도층은 퇴임을 강요받았고 BJP내 잠재적 도전자들은 내각으로 포함되었다. 라지브를 모방하여 모디는 그의 세계관을 공유하는 외교관 출신의 수브라마니얌 자이샨카르(Subrahmanyam Jaishankar)를 그의 신임 외교 서기로 지명했다. 바즈빠이처럼 모디는 국내외 안보와 관련하여 전 정보국 관리 출신인 아지트 쿠마르 도발(Ajit Kumar Doval)을 국가안보자문관으로 의지했다.

모디는 외교정책을 직접 챙겼는데 경제성장과 해외에서 권력이 투영되는 양상의 본질적인 관계를 이해한 것 같다. 네루와 달리 그는 세계의 다양한 견해들을 싫어하지 않았지만 국제 포럼들에서 연설을 통해 인도만을 위한 위상을 모색하지 않았다. 그는 경제 협력과 투자를 추구했고 인도에서 제조업의 확대를 위해 세계와 인도 기업들의 협력을 희망했다. 그의 첫 번째 외교정책은 그가 총리에 취임하기 전에 있었다. 2014년 5월, 그는 그의 취임식에 모든 남아시아 정부의 수장들을 초청했다.

인도의 주변부로서 남아시아는 아마도 모든 인도 총리와 인도 행정부들에게 중요할 것이다. 취임 후 2년 간 모디는 아프가니스탄, 부탄, 네팔, 모리셔스, 미얀마, 스리랑카, 방글라데시 등 인도의 이웃 국가들을 방문하면서 그의 지역적 관심(focus)을 강조했다. 다카를 방문하는 동안 인도와 방글라데시는 1958년 네루와 당시 파키스탄 총리였던 피로즈 칸 눈(Firoz Khan Noon)이 최초로 합의한 육상 국경 협정에 서명했다.

인도 지도자들은 파키스탄의 잠재적 유산 때문에 파키스탄과 관계 증진을 갈망했다. 두 국가는 불화와 악감정의 이력이 있는데, 이러한 불화를 해결한 역사적인 발상들이 인도 정치인들을 자극했다. 모디 또한 문제가 있는 인도-파키스탄 관계의 새로운 장을 쓰기를 희망하면서 그의 임기 내에 파키스탄을 방문했다. 2015년 12월, 모디는 카불에서 델리로 돌아오는 길에 라호르(Lahore)에서 파키스탄 총리인 나와즈 샤리프(Nawaz Sharif)를 잠깐 만났다. 모디가 샤리프 총리와 악수를 하는 사진은 1999년 라호르에 버스를 타고 도착했던 바즈빠이의 방문을 떠 올리게 하는 상징적 순간이었다.

2016년 1월, 파키스탄 국경 인근 파딴코트(Pathankot)에 위치한 군사기지에 테러리스트 공격이 발생함으로써 양자 간 친밀한 관계는 끝났다. 두 번째 테러리스트의 공격은 2016년 9월 카슈미르에 소재한 우리(Uri) 군사기지에서 발생했는데, 인도는 파키스탄이 배후인 지하드 집단을 비난했고, 모디는 테러리즘에 대한 지원 중단을 약속하지 않으면 파키스탄과 대화를 중지할 것이라고 결정했다. 인도(에 이어 아프가니스탄, 방글라데시, 부탄)가 불참을 선언하자 이슬라마바드에서 개최 예정이던 2016 남아시아지역협력기구(SAARC) 정상회담은 취소됐다. 인도는 테러리즘 쟁점과 관련하여 정책 변화를 유도하여 국제적으로 파키스탄을 고립시키고자 했다. 인도 특수부대는 파키스탄이 점령한 카슈미르지역에서 통제선(Line of Control)에 걸쳐 있는 테러리스트 캠프를 목표로 하는 국부공격(surgical strike) 작전을 단행했다. 이 작전은 인도가 파키스탄 내 테러리스트 캠프를 목표로 한 첫 번째 작전은 아니었으나 인도 정부가 공식적으로 그러한 작전을 공표한 첫 번째 사건이었다.

파키스탄과의 관계가 후퇴했음에도 불구하고 모디는 인도의 전통적인 우방국들에 더 많은 국가들을 추가하면서 이들 국가들과 더욱 긴밀한 관계를 구축했다. 취임 후 31개월 만에 모디는 미국, 일본, 중국, 호주, 프랑스, 독일, 브라질을 포함하여 총 45개국을 방문했다. 전 국가안보자문관인 시브샨카르 메논(Shivshankar Menon)은 이를 두고 세계 강대국들과 인도의 '스피드 데이트'(speed dating)로 정의했다.[136] 싱가포르 외교관이자 학자인 키쇼르 마부바니(Kishore Mahbubani)는 모디의 세계관은 진정한 비동맹, 경제 성장의 강조, 인도의 '지역적 뒷마당'과의 관계 재수립을 희망한 것으로 가정했다.[137]

마부마니에 따르면, 모디의 '진정한 비동맹'은 미국, 중국, 일본,

이스라엘, 이란, 독일, 프랑스, 러시아와 같은 다양한 국가들로부터 군사장비와 투자를 보장받고 우호적 관계를 반영한다. '다양한 지도자들과 공평하게 좋은 관계를 유지하고자 하는 정치적, 심리적 확신을 가져왔다'고 마부마니는 관찰했다.[138]

프랑스 학자 크리스토프 제프레(Christophe Jaffrelot)는 바즈빠이처럼 모디의 외교정책에 대한 열정은 그가 민족주의 지도자였기 때문에 가능했다고 본다. 제프레의 견해에서 볼 때 경제적 이익과 남아시아는 모디의 두 가지 주요 외교정책에서 우선순위이다.[139] 마부마니 제프레와 같이 하쉬 판트(Harsh Pant)는 모디가 미국, 일본, 중국, 남아시아 이웃 국가들 등 다양한 국가들과 관계 강화에 초점을 맞추었다고 본다.[140] 그러나 판트는 모디가 비동맹의 해체를 모색하고 실질적인 행동을 위한 '이념적 수사'를 넘어서 움직인다고 주장한다. 그러한 효과를 내기 위해 모디 정부는 세계에서 인도의 위상이 어떠한가에 대한 상세한 전략적 평가를 인도 외교관들에게 제공했고, 또한 인도의 경제적 이익을 강화하고 추진했다.[141]

취임 후 2년 간 모디의 외교정책 활동은 독립 직후 네루의 방문을 상기시킨다. 대부분의 인도인처럼 네루는 인도의 규모와 역사에 따라 어깨에 거대한 책임을 지고 있다고 믿었다. 그는 '4억 인도인들의 자유에 대한 책임, 아시아의 가장 큰 국가로서 지도력에 대한 책임, 전 세계 인류에게 제시할 책임'을 언급했다. 네루는 언젠가 인도가 '세계에서 중요한 역할을 할 것이고, 좁디좁은 비행기 공간에서조차도 나는 인도가 그 비행기에서 위대한 역할을 하는 것을 좋아한다.'는 점에 대해 의심의 여지가 없었다.[142]

몇 년 간 인도 지도자들은 '인도는 인도의 유산과 현재 존재로 인해 주도권을 쥐고, 인도는 당면한 복잡한 문제에 직면할 때 이전에 접했던 다양한 이념들을 그냥 지나치게 하지 않고 직접 부딪히고 가치를 측정해 왔다.'는 네루의 신념으로 생존해 왔다.[143]

네루의 성격과 카리스마는 지난 50년간 인도 외교정책의 기본원칙(tenet)을 변하지 않게 했다.[144] 현재 모디는 유사한 지속적인 유산을 위해 자신만의 인기와 카리스마를 쌓기를 희망한다. 독립을 위한 희망과 의사결정의 자율성처럼 인도 외교정책의 근본적인 원칙을 정의하는데 네루는 영향력을 미쳤다. 위대한 문명으로서 인도는 언젠가 강대국이 될 것이라는 믿음은 인도가 세계에서 높은 지위를 모색할 뿐만 아니라 강대국이 쉽게 인도에게 영향력을 미치게끔 허락하지 않는다는 것도 의미한다.

# 참고문헌


1) Dean Acheson, *Present at the Creation*, New York: Norton and Co., 1969, p.336.

2) Paul F. Power, 'Indian Foreign Policy: The Age of Nehru.' *The Review of Politics*, Vol.26, No.2, April 1964, pp.261-63.

3) Sankar Ghose, *Jawaharlal Nehru: A Biography*, New Delhi: Allied Publishers, 1993, pp.8-9.

4) J.N. Dixit, 'Jawaharlal Nehru: Architect of India's Foreign Policy', in *Nehru Revisited*, Mumbai: Nehru Centre, 2003, pp.58-61.

5) A.P. Rana, 'Nehru's Foreign Policy Design and Its Relevance to a Globalizing World', in ibid., p.429.

6) Natwar Singh, 'A Brief Survey of Nehru's Foreign Policy,' in Nehru Centre, Mumbai, *Witness to History: Transition and Transformation of India, 1947-64*, New Delhi: Oxford University Press, 2011, p.126.

7) Ibid., p.128.

8) J.N. Dixit, 'Jawaharlal Nehru: Architect of India's Foreign Policy'.

9) Natwar Singh, 'A Brief Survey of Nehru's Foreign Policy,' in *Witness to History: Transition and Transformation of India, 1947-64*, New Delhi: Oxford University Press, 2011, p.129.

10) 1946년 12월 13일, 제헌의회에서 행한 자와할랄 네루의 연설, *Constituent Assembly Debates of India, Official Report,* Vol. I (9 December-23 December 1946), http://164.100.47.132/LssNew/cadebatefiles/ C13121946.html (접속일: 2014.6.10).

11) Jawaharlal Nehru, *India's Foreign Policy: Selected Speeches, September 1946-April 1961*, New Delhi: Publications Division, Government of India, 1961, p.56.

12) K. Satchidananda Murty, *Indian Foreign Policy*, Calcutta: Scientific Book Agency, 1964, pp.18-19.

13) Ibid.

14) Sarvepalli Gopal, *Jawaharlal Nehru: A Biography Volume II: 1947-1956*, New Delhi: Oxford University Press, 1975, p.43.

15) Jawaharlal Nehru, *India's Foreign Policy*, New Delhi: Publications Division, Government of India, 1961, p.22.

16) 1948년 11월 8일, 제헌의회에서 행한 자와할랄 네루의 연설, *Constituent Assembly Debates of India, Official Report,* Vol. VII (4 November 1948-8 January 1949), http://164.100.47.132/ LssNew/cadebatefiles/C08111948.html (접속일: 2014.7.29)

17) J.B. Kripalani, 'For Principled Neutrality: A New Appraisal of Indian Foreign Policy,' *Foreign Affairs*, Vol.38, No.1, October 1959, pp.46-60.

18) 1946년 9월 7일, 뉴델리에서 국민에게 행한 네루의 첫 번째 방송, Jawaharlal Nehru, *India's Foreign Policy*, p.2.

19) A.P. Rana, 'Nehru's Foreign Policy Design and Its Relevance to a Globalizing World', in *Nehru Revisited*, pp.441-42.

20) Richard Fontera, 'Anti-colonialism as a basic Indian Foreign Policy,' *The Western Political Quarterly*, Vol.13, No.2, June 1960, pp.421-32.

21) S.D. Muni, *India's Foreign Policy: The Democracy Dimension, with Special Reference to Neighbours*, New Delhi: Foundation Books/Cambridge University Press, 2009, pp.22-26.

22) J.N. Dixit, 'Jawaharlal Nehru: Architect of India's Foreign Policy', in *Nehru Revisited*, pp.69-76.

23) S.D. Muni, *India's Foreign Policy*, p.29.

24) Ibid., p.44.

25) Ibid., pp.22-26.

26) Werner Levi, 'India Debates Foreign Policy', *Far Eastern Survey,* Vol.20, No.5, March 1951, pp.39-52.

27) Michael Edwardes, 'Illusion and Reality in India's Foreign Policy', *International Affairs*, Vol.41. No.4, January 1965, pp.48-58.

28) Natwar Singh, 'A Brief Survey of Nehru's Foreign Policy,' in Nehru Centre, *Witness to History*, p.133.

29) Sarvepalli Gopal, *Jawaharlal Nehru: A Biography, Volume II: 1947-1956*, New Delhi: Oxford University Press, p.44.

30) Escott Reid, *Envoy to Nehru*, Delhi: Oxford University Press, 1981, pp.25-26.

31) Ibid., p.99.

32) K. Subrahmanyam, 'Nehru and Defense Policy', in *Nehru Revisited*, Mumbai: Nehru Centre, 2003, p.82.

33) Devdutt, 'Non alignment and India,' *The Indian Journal of Political Science*, Vol.23, No.1-4, January-December 1962, pp.380-97; J.N. Dixit, 'Jawaharlal Nehru: Architect of India's Foreign Policy,' in *Nehru Revisited*, pp.65-68; E. Malcolm House, 'India: Non- committed and non-aligned', *The Western Political Quarterly*, Vol.13, No.1, March 1960, pp.70-82.

34) Werner Levi, 'India Debates Foreign Policy,' *Far Eastern Survey*, Vol.20, No.5, March 1951, pp.39-52.

35) Paul F. Power, 'Indian Foreign Policy: The Age of Nehru,' *The Review of Politics*, Vol.26, No.2, April 1964, pp.263-64.

36) Ibid.

37) 1949년 5월 17일, 제헌의회에서 행한 자와할랄 네루의 연설, *Constituent Assembly Debates of India, Official Report,* Vol. VIII (16 May-16 June 1949), http://164.100.47.132/LssNew/ cadebatefiles/

C17051949.html (접속일: 2014.7.29).

38) K. Subrahmanyam in Foreword to Jaswant Singh, *Defending India*, New Delhi: Macmillan Press, 1999, pp.viii-x.

39) Inder Malhotra, 'Understanding Nehru's policies', in Nehru Centre Mumbai, *Witness to History: Transition and Transformation of India, 1947-64*, New Delhi: Oxford University Press, 2011, pp.115-16.

40) Andrew Kennedy, 'Nehru's Foreign Policy: Realism and Idealism Conjoined' in David Malone, C. Raja Mohan and Srinath Raghavan (eds), *The Oxford Handbook of Indian Foreign Policy*, New Delhi: Oxford University Press, 2015, pp.97-99.

41) Natwar Singh, 'A Brief Survey of Nehru's Foreign Policy,' in Nehru Centre Mumbai, *Witness to History*, pp.123-24.

42) Adda Bozeman, 'India's Foreign Policy Today. Reflection upon its sources', *World Politics*, Vol.10, No.2, January 1958, pp.256-73.

43) Paul F. Power, 'Indian Foreign Policy: The Age of Nehru', *The Review of Politics*, Vol.26, No.2, April 1964, pp.265.

44) Michael Edwardes, 'Illusion and Reality in India's Foreign Policy', *International Affairs*, Vol.41, No.4, January 1965, pp.48-58.

45) B.M. Jain, *Global Power: India's Foreign Policy, 1947-2006*, Lantham, Maryland: Lexington Books, 2008, pp.21-22.

46) Letter to the editor, *The Leader*, Allahabad, 2 December 1951. Quoted in G.P. Srivastava, 'Second Thoughts on Indian Foreign Policy,' *The Indian Journal of Political Science*, Vol.21, No.2, April-June 1960, pp.143-53.

47) J.B. Kripalani, 'For Principled Neutrality: A New Appraisal of Indian Foreign Policy,' *Foreign Affairs*, Vol.38, No.1, October 1959, pp.49-50.

48) Ibid., pp.56-60.

49) J.N. Dixit, 'Jawaharlal Nehru-Architect of India's Foreign Policy', in *Nehru Revisited*, pp.65-68.

50) Ibid.

51) Dennis Kux, *India and the United States: Estranged Democracies, 1941-91*, Washington DC: National Defense University Press, 1992.

52) Sarvepalli Gopal, Jawaharlal Nehru, p.106.

53) Ibid., p.139.

54) 1947년 7월 22일, 제헌의회에서 행한 네루의 연설, *Constituent Assembly Debates of India, Official Report*, Vol.IV (14 July-31 July 1947), http://164.100.47.132/LssNew/ cadebatefiles/C22071947.html (접속일: 2014.6.18).

55) Ibid.

56) 1949년 5월 16일, 제헌의회에서 행한 네루의 연설, *Constituent Assembly Debates of India, Official Report*, Vol.VIII (16 May-16 June 1949), http://164.100.47.132/LssNew/ cadebatefiles/C16051949. html (접속일: 2014.7.29).

57) Nehru letter to Ernest Bevin, 20 November 1950. Cited in Sarvepalli Gopal, *Jawaharlal Nehru*, p.108.

58) Andrew Kennedy, 'Nehru's Foreign Policy: Realism and Idealism Conjoined', in David Malone, C. Raja Mohan and Srinath Raghavan (eds), *The Oxford Handbook of Indian Foreign Policy*, New Delhi: Oxford University Press, 2015, pp.93-95.

59) Ibid.

60) Ibid., pp.99-100.

61) K. Satchidananda Murty, *Indian Foreign Policy*, pp.20-24.

62) Letter from Sardar Patel to Nehru, 6 May 1948, on 'who are the people who should be sent as Ambassadors', Durga Das (ed.), *Sardar Patel's*

*Correspondence, 1945-50*, Vol. IV, Ahmedabad: Navjivan Publishing House, 1972, p.370; Letter from Sardar Patel to undersecretary for India and Burma in Atlee government and British MP Arthur Henderson, 3 July 1948, ibid., p.371.

63) Howard Erdman, 'The Foreign Policy Views of the Indian Right', *Pacific Affairs*, Vol.39, No.1-2, Spring-Summer 1966, pp.5-18.

64) Ibid.

65) Ibid.

66) Ibid.

67) Ibid.

68) Ibid.

69) 1978년 5월 13-15일, 외교공무원학교(Foreign Service School) 세미나에서 행한 Atal Bihari Vajpayee 외교장관의 취임사, 'Continuity and Change in India's Foreign Policy', in Bimal Prasad, *India's Foreign Policy: Studies in Continuity and Change*, New Delhi: Vikas Publishing House, 1979, pp.1-8.

70) V.P. Dutt, *India's Foreign Policy in a Changing World*, New Delhi: Vikas Publishing House, 1999, p.1.

71) 이 연구는 Baljit Singh, 'Pundits and Panchsheela: Indian Intellectuals and Their Foreign Policy', *Background*, Vol.9, No.2, August 1965, pp.127-36.에 의해 수행되었음.

72) Andrew Kennedy, 'Nehru's Foreign Policy: Realism and Idealism Conjoined', p.101.

73) J.N. Dixit, *Makers of India's Foreign Policy: Raja Ram Mohun Roy to Yashwant Sinha*, New Delhi: Harper Collins, 2004, pp.119-23.

74) Surjit Mansingh, *India's Search for Power: Indira Gandhi's Foreign Policy, 1966-82*, New Delhi: Sage Publications, 1984, pp.1-2.

75) Ibid.

76) J.N. Dixit, *Makers of India's Foreign Policy*, p.119.

77) 1966년 1월 26일, 총리 취임 후 48시간 만에 행한 인디라 간디의 방송 연설, Indira Gandhi, *Indira Gandhi: Speeches and Writings*, New York: Harper & Row, 1975, pp.53-54.

78) Indira Gandhi, 'India and the World', *Foreign Affairs*, October 1972, pp.68-69.

79) 1970년 8월 15일, 인도독립기념일에 힌디어로 행한 인디라 간디의 연설문의 영어 번역본, Indira Gandhi, *Indira Gandhi: Selected Speeches and Writings, 1969-1972: The Years of Endeavor*, New Delhi: Publications Division, Ministry of Information and Broadcasting, Government of India, 1975, p.60.

80) Stephen Cohen, *India: Emerging Power*, Washington DC: Brookings Institution Press, 2001, pp.137-38.

81) J.N. Dixit, *Makers of India's Foreign Policy,* pp.145-47.

82) 1970년 8월 31일, 뉴델리 마발란카르 홀(Mavalankar Hall)에서 개최된 인도국민회의 세미나에서 행한 인디라 간디의 연설, 'Some Aspects of our Foreign Policy', Mavalankar Hall, New Delhi, 31 August 1970. Indira Gandhi, *Indira Gandhi: Speeches and Writings*, pp.131-33.

83) Surjit Mansingh, *India's Search for Power*, pp.1-2.

84) 1967년 마드라스 대학에서 행한 인디라 간디의 연설, Indira Gandhi, *Indira Gandhi: Speeches and Writings*, p.60.

85) Surjit Mansingh, *India's Search for Power*, pp.18-25.

86) 1971년 10월 28일, 비엔나 Austrian Society for Foreign Policy and International Relations에서 행한 인디라 간디의 연설, Indira Gandhi, *Indira Gandhi: Speeches and Writings*, p.159.

87) Indira Gandhi, 'India and the World', *Foreign Affairs*, October 1972,

pp.68-69.

88) 1970년 8월 31일, 뉴델리 마발란카르 홀(Mavalankar Hall)에서 개최된 인도국민회의 세미나에서 행한 인디라 간디의 연설, 'Some Aspects of our Foreign Policy,' Indira Gandhi, *Indira Gandhi: Speeches and Writings*, pp.131-33.

89) 1975년 4월 30일, 자메이카 킹스턴에서 개최된 Commonwealth Heads of Government Conference에서 행한 인디라 간디의 연설, Indira Gandhi, *Selected Speeches and Writings: 1972-1977*, New Delhi: Publications Division, Ministry of Information and Broadcasting, Government of India, 1984, pp.711-16.

90) 1982년 2월 22일, 뉴델리에서 Consultations among Developing Countries 회담에서 행한 인디라 간디의 연설. Indira Gandhi, *Selected Speeches and Writings: 1982-1984*, New Delhi: Publications Division, Ministry of Information and Broadcasting, Government of India,1986, p.343.

91) 1970년 8월 31일, 뉴델리 마발란카르 홀(Mavalankar Hall)에서 개최된 인도국민회의 세미나에서 행한 인디라 간디의 연설, 'Some Aspects of our Foreign Policy', Indira Gandhi, *Indira Gandhi: Speeches and Writings*, pp.131-33.

92) Indira Gandhi, 'India and the World,' *Foreign Affairs*, October 1972, pp.68-69.

93) Ibid.

94) Surjit Mansingh, *India's Search for Power*, pp.32-37.

95) J.N. Dixit, *Makers of India's Foreign Policy*, pp.187-89.

96) Kathleen Healy, *Rajiv Gandhi: The Years of Power*, New Delhi: Vikas Publishing House, 1989, p.58.

97) Srinath Raghavan, 'At the Cusp of Transformation: The Rajiv Gandhi Years, 1984-89', in David Malone, C. Raja Mohan and Srinath

Raghavan (eds), *The Oxford Handbook of Indian Foreign Policy*, pp.117-29.

98) Ibid.

99) 1984년 11월 12일, 국민을 대상으로 한 라지브 간디의 방송, Rajiv Gandhi, *Rajiv Gandhi: Selected Speeches and Writings*, Vol.1, 1984-85, New Delhi: Publications Division, Ministry of Information and Broadcasting, Government of India, 1990, p.9.

100) 1984년 11월 12일, 국민을 대상으로 한 라지브 간디의 방송, Kathleen Healy, Rajiv *Gandhi: The Years of Power*, p.60.

101) 라지브 간디와 주디 우드러프(Judy Woodruff) 간 PBS 방송에서 대화, MacNeil-Lehrer News Hour, PBS, New York, 14 June 1984. Kathleen Healy, *Rajiv Gandhi: The Years of Power*, p.60.

102) Ibid., p.6.

103) 1984년 11월 12일, Doordarshan Television에서 행한 라지브 간디의 연설, Kathleen Healy, *Rajiv Gandhi: The Years of Power*, p.27.

104) 1986년 11월 16일, 방갈루르(Bangalore)에서 개최된 남아시아지역협력기구 정상회담(SAARC Summit)에서 행한 라지브 간디의 취임 연설, Rajiv Gandhi, *Rajiv Gandhi: Selected Speeches and Writings*(January 1-December 31, 1986), New Delhi: Publications Division, Ministry of Information and Broadcasting, Government of India, 1986, p.318.

105) J.N. Dixit, *Makers of India's Foreign Policy*, pp.205-06.

106) 1985년 10월 23일, 뉴욕에서 개최된 Council on Foreign Relations에서 행한 라지비 간디의 연설, Kathleen Healy, *Rajiv Gandhi: The Years of Power*, p.42.

107) 1986년 10월 14일, 캔버라에서 로버트 호크(Robert Hawke) 호주 총리의 초청 당시 공식 연회에서 행한 라지브 간디의 연설, Rajiv Gandhi, *Rajiv Gandhi: Selected Speeches and Writings* (January 1-December

31), 1986, New Delhi: Publications Division, Ministry of Information and Broadcasting, Government of India, 1986, p.305.

108) 1986년 10월 17일, 뉴질랜드 Auckland Chamber of Commerce에서 행한 라지브 간디의 오찬 연설, Rajiv Gandhi, *Rajiv Gandhi: Selected Speeches and Writings* (January 1-December 31), 1986, New Delhi: Publications Division, Ministry of Information and Broadcasting, Government of India, 1986, pp.310-11.

109) 1986년 9월 1일, 짐바브웨 하라레에서 개최된 비동맹운동 25주년에 참석한 라지브 간디의 연설, Rajiv Gandhi, *Rajiv Gandhi: Selected Speeches and Writings*(January 1-December 31), 1986, New Delhi: Publications Division, Ministry of Information and Broadcasting, Government of India, 1986, pp.289-90.

110) 1986년 7월 4일, 모리셔스 포트 루이스(Port Louis)에서 개최된 공식 연회에서 행한 라지브 간디의 연설, Rajiv Gandhi, *Rajiv Gandhi: Selected Speeches and Writings* (January 1-December 31), 1986, New Delhi: Publications Division, Ministry of Information and Broadcasting, Government of India, 1986, p.265.

111) 1986년 9월 1일, 짐바브웨 하라레에서 개최된 비동맹운동 25주년에 참석한 라지브 간디의 연설, Rajiv Gandhi, *Rajiv Gandhi: Selected Speeches and Writings*(January 1-December 31), 1986, New Delhi: Publications Division, Ministry of Information and Broadcasting, Government of India, 1986, pp.289-90.

112) Kathleen Healy, *Rajiv Gandhi: The Years of Power*, p.57.

113) 1989년 9월 5일, 베오그라드에서 개최된 제 9창 비동맹 정상회담에서 행한 라지브 간디의 연설, Rajiv Gandhi. *Rajiv Gandhi: Selected Speeches and Writings*(January 1-December 31), 1989, New Delhi: Publications Division, Ministry of Information and Broadcasting, Government of India, 1991, pp.271-72.

114) Kathleen Healy, *Rajiv Gandhi: The Years of Power*, p.7.

115) 1986년 5월 16일, 앙골라 루안다(Luanda)에서 행한 라지브 간디의 연설, Rajiv Gandhi, *Rajiv Gandhi: Selected Speeches and Writings*(January 1-December 31), 1986, New Delhi: Publications Division, Ministry of Information and Broadcasting, Government of India, 1986, p.253.

116) 1986년 5월 25일, 아프리카의 날(Africa Day)에서 행한 라지브 간디의 연설, Rajiv Gandhi, *Rajiv Gandhi: Selected Speeches and Writings*(January 1-December 31), 1986, New Delhi: Publications Division, Ministry of Information and Broadcasting, Government of India, 1986, p.259.

117) Srinath Raghavan, 'At the Cusp of Transformation: The Rajiv Gandhi Years, 1984-89' in David Malone, C. Raja Mohan and Srinath Raghavan (eds), *The Oxford Handbook of Indian Foreign Policy*, pp.117-29.

118) 1985년 10월 23일, 뉴욕에서 개최된 Council on Foreign Relations에서 행한 라지브 간디의 연설, Kathleen Healy, *Rajiv Gandhi: The Years of Power*, pp.60-61.

119) 1986년 9월 2일, 짐바브웨 하라레에서 개최된 비동맹운동 회담에 참석한 라지브 간디의 연설, Kathleen Healy, Rajiv Gandhi: The Years of Power, p.107.

120) 1986년 5월 25일, 아프리카의 날(Africa Day)에서 행한 라지브 간디의 연설, Rajiv Gandhi, *Rajiv Gandhi: Selected Speeches and Writings*(January 1-December 31), 1986, New Delhi: Publications Division, Ministry of Information and Broadcasting, Government of India, 1986, pp.263-64.

121) 1986년 9월 2일, 짐바브웨 하라레에서 개최된 비동맹운동 정상회담 의장으로서 행한 라지브 간디의 연설, Rajiv Gandhi, *Rajiv Gandhi:*

*Selected Speeches and Writings*(January 1-December 31), 1986, New Delhi, Publications Division, Ministry of Information and Broadcasting, Government of India, 1986, pp.292-94.

122) 1986년 10월 15일, 캔버라 National Press Club에서 행한 라지브 간디의 연설, Rajiv Gandhi, *Rajiv Gandhi: Selected Speeches and Writings*(January 1-December 31), 1986, New Delhi, Publications Division, Ministry of Information and Broadcasting, Government of India, 1986, p.359.

123) 1988년 8월 15일, 뉴델리에서 개최된 독립기념일에서 행한 라지브 간디 연설의 영어본, Rajiv Gandhi, *Rajiv Gandhi, Selected Speeches and Writings* (January 1-December 31), 1988, New Delhi, Publications Division, Ministry of Information and Broadcasting, Government of India, 1989, pp.64-65.

124) 1988년 6월 7일, 본(Bonn)에서 개최된 Federation of German Industries, German Association of Industry and German Foreign Policy Association에서 행한 라지브 간디의 연설, Rajiv Gandhi, *Rajiv Gandhi: Selected Speeches and Writings* (January 1-December 31), 1988, New Delhi: Publications Division, Ministry of Information and Broadcasting, Government of India, 1989, pp.324-25.

125) 1986년 11월 27일, 뉴델리에서 개최한 미카일 고르바초브 서기장과 라지브 간디 간 Declaration for a Nuclear-Weapon-Free and Non-Violent World 서명, Rajiv Gandhi, *Rajiv Gandhi: Selected Speeches and Writings* (January 1-December 31), 1986, New Delhi: Publications Division, Ministry of Information and Broadcasting, Government of India, 1986, pp.333-34.

126) 1988년 6월 9일, 유엔 총회에서 행한 라지브 간디의 연설, Third Special Session on Disarmament, Rajiv Gandhi, *Rajiv Gandhi: Selected Speeches, and Writings* (January 1-December 31), 1988, New Delhi: Publications Division, Ministry of Information and

Broadcasting, Government of India, 1989, p.334.

127) Harish Kapur, *India's Foreign Policy, 1947-92: Shadows and Substance*, New Delhi: Sage Publications, 1994, pp.193-97.

128) J.N. Dixit, *Makers of India's Foreign Policy*, pp.205-06.

129) 1997년 1월 3일, 봄베이 센터(Bombay Centre)에서 행한 구즈랄의 연설, I.K. Gujral, *A Foreign Policy for India*, New Delhi: External Publicity Division, Ministry of External Affairs, 1998, p.7.

130) 2013년 10월, 찬드라 세카르(Chandra Shekhar)와 행한 필자의 면담.

131) J.N. Dixit, *Makers of India's Foreign Policy*, p.225.

132) Ibid., pp.245-46.

133) 더 자사한 사항은 Jaswant Singh, *Defending India*, Bangalore: Macmillan Press, 1999를 참조하라.

134) Sanjaya Baru. *The Accidental Prime Minister: The Making and Unmaking of Manmohan Singh*, New Delhi: Penguin, 2014, pp.165-66; Sanjaya Baru, 'The Singh Doctrine', *The Indian Express*, 6 November 2013, http://archive.indianexpress.com/news/the- singh-doctrine/1191321/0 (접속일: 2015.6.2); C. Raja Mohan 'Rethinking Indian Grand Strategy', in N.S. Sisodia and C. Uday Bhaskar (eds), *Emerging India: Security and Foreign Policy Perspectives*, New Delhi, Institute of Defence and Strategic Analyses, 2005, pp.38-42.

135) Shubhajit Roy, 'Secularism guides our foreign policy: PM', *The Indian Express*, New Delhi, 5 November 2013.

136) 'India's Foreign Policy under Modi: One Year In', *Asia Society*, http://asiasociety.org/video/indias-foreign-policy-under-modi-one-year-complete (접속일: 2015.6.18).

137) Kishore Mahbubani, 'One year of Narendra Modi: Bold Moves on World stage', *The Indian Express*, 29 May 2015.

138) Ibid.

139) Christophe Jaffrelot, 'A Modi doctrine?' *The Indian Express*, 20 November 2014.

140) Harsh Pant, 'Out with Non-Alignment, In with a Modi doctrine?' *The Diplomat*, 13 November 2014.

141) Indrani Bagchi, 'New Developments in MEA under Modi: Indian envoys get a strategic overview of Modi government's world vision', *The Times of India*, 23 February 2015.

142) 1947년 1월 22일, 제헌의회에서 행한 자와할랄 네루의 연설, *Constituent Assembly Debates of India, Official Report*, Vol.II (20 January-25 January 1947), http://164.100.47.132/LssNew/cadebatefiles/C20011947.html (접속일: 2014.6.10).

143) 1947년 1월 20일, 제헌의회에서 행한 비자야 락쉬미 판딧(Vijaya Lakshmi Pandit)의 연설, ibid.

144) V.N. Khanna, *Foreign Policy of India*, New Delhi: Vikas Publishing House, 1997, p.24.

# 제4장

# 원칙과 이익

# 제4장 원칙과 이익

독립 하루 전인 1947년 8월 14일, 인도 제헌의회 의장인 라젠드라 프라사드(Rajendra Prasad)는 인도가 '전쟁으로 혼란스러워진 세계의 미래를 건설하는데 중요한 역할을 할 것'이라고 선언했다. 그는 '다른 국가들이 행동하는 것을 모방하지 않고 거리를 두거나 군비확충경쟁에 참여하지 않고 최신의 그리고 가장 효과적인 파괴 장비들을 발명하는데 있어서 다른 국가들과 경쟁하지 않는 것'이 인도의 역할이라고 설명했다. 독립국가로서 이제 인도는 그 기회를 가졌는데, 프라사드는 '전쟁, 유혈사태, 죽음, 파괴의 틀림없는 대체 국가로서 세계의 앞에 서서 용기와 힘을 주어야 한다.'고 그의 열망을 드러냈다.[1] 프라사드는 1949년부터 1962년까지 인도공화국의 초대 대통령을 역임했다. 인도의 독립 바로 전날, 그가 한 선언은 인도가 세계와 관계를 맺는 가치를 반영했다.

대부분 인도인의 관점에서 보면, 의사결정의 독립성과 자율성을 보호하고자 하는 그들의 열망은 인도의 외교정책에서 가장 중요한 원칙이다. 식민지배의 경험은 인도의 집단적 특성에 지울 수 없는 흔적을 남겼다. 인도가 식민지였을 때 자유를 추구했던 것처럼 독립 후 60년 이상 외부의 압력으로부터 자유를 모색하는 것은 인도 대외 관계의 핵심이다. 영토 보존과 경제적 자급자족, 반식민주의 투쟁, 군사동맹 반대, 외세로부터 자유로운 남아시아의 추구는 인도에게 중요하다. 무엇보다 이 요소들은 인도의 국익을 정의하는 요소들이다.

독립의 길을 추구하는 것은 인도가 아시아뿐만 아니라 전 세계의 등불(beacon)이 되어야 한다는 도덕적 확신과 항상 연계되어 왔다. 인도의 정책은 평화와 국제우호의 이상에 기반을 둔 세계를 건설해야 한다는 구도 속에서 형성되어 왔다. 이러한 이상적 세계를 건설하기 위해 인도는 비동맹을 옹호했고, 유엔과 지역 기구를 통한 다자주의 협력을 장려했으며, 탈핵화를 포함한 군비축소와 탈식민지화를 지지했다.

의회 합동회기의 예산안 회기 개시 대통령 연례연설의 핵심 주제는 세계에서 인도 위상의 중요성이다. 영국 여왕의 의회 연설문을 모방한 인도 대통령 연설은 새로 선출된 행정부의 정책을 보여주는 것이기 때문에 선거 이후 최초 연설은 더욱 큰 의미를 지녔다.

제헌의회 의장으로서 첫 번째 연설에서 프라사드는 세계가 '출현한 이후 야만주의로 돌아갈 준비가 되어 있지 않다면,' 세계는 인도를 필요로 하고 환영할 것이라는 포부를 밝혔다. 그는 다음과 같이 인도를 대신하여 전 세계 국가에게 확언을 했다. '우리는 누구와도 적대적이지 않고 그 누구도 우리에게 적대적이지 않을 것이라는 점을 우호와 선린의 용어로서 우리의 역사적 전통을 고수할 것을 제안한다. 우리는 단 하나의 야망과 욕망이 있는데, 그것은 모든 인류 간 자유와 평화를 구축하는데 기여하는 것이다.'라고 인도를 대신해 전 세계 모든 국가에게 확언했다.[2] 현대 인도의 건국 세대에게 이는 단순히 진부한 이야기가 아니라 실질적인 정책 발상을 위한 기술이었다.

프라사드의 전례를 따라 의회 합동회기에서 행하는 모든 대통령의 연설은 '세계 평화와 친선, 비동맹, 공정하고 평등한 세계 질서의 구축'으로 인도 외교정책의 목표를 재차 확인시켰다. 남아시아 이웃 국가와의 관계에 대한 논의를 시작으로 각 연설들은 중앙아시아, 중국, 동아시아와 동남아, 중동과 걸프, 러시아, 유럽, 미국, 아프리카, 중남미 등 세계의 다른 지역으로 점차 확대되었다.[3] 또한 정부 수반이 외교정책을 결정하는데 있어서 독립이 인도의 대외 관계에서 가장 중요한 우선순위로 남아 있다는 것을 인도 의회 구성원에게 상기시켰다.

## 전략적 자율성

독립과 전략적 자율성의 강조는 영국 식민통치에 대한 투쟁으로 거슬러 올라간다. 영국령 인도제국 동안 인도인들은 의사결정 과정에서 배제되었고 인도인들의 자유 투쟁에 대한 주요 요구는 인도인들의 삶과 미래에 영향을 미치는 의사결정에 대한 권리였다. 영국령 인도제국은 인도인들과 별 관계가 없는 원거리의 전쟁에 그들을 강제 동원했다. 인도인들은 지방 정부와 행정에 참여했으나 식민 관료와 행정관들 손아귀에 있었던 외교 정책에는 아무 것도 하지 못했다.

'독립은 무엇으로 구성하는가?'라고 1949년 3월 제헌의회에서 네루는 수사적인 질문을 했다. 그리고 그는 '원칙적으로, 그리고 기본적으로 외교관계가 독립을 구성한다. 만약 외교관계가 당신의 손을 떠나 그 누군가가 책임을 진다면 그 만큼 당신은 독립적이지 못하다.'라고 자답했다.[4] 따라서 전쟁과 평화의 결정, 그리고 친구 또는 적으로 간주하는 일을 결정할 때 당신이 당신을 위해 자유롭게 생각할 수만 있다면 자유는 가능하다. 인도의 건국 엘리트들은 설사 그 길이 다소 외롭다 하더라도 독립 인도가 스스로 결정을 내리는 것에 대해 확고했다. 가끔 홀로 서 있거나 초강대국에 맞서는 것은 인도 지도자들로 하여금 명예 훈장으로 인식되었다.

인도의 비동맹 옹호는 다른 사람들의 지시를 받지 않고 결정을 내리고자 하는 열망과 직결된다. 초강대국과의 친선이나 적대감 때문에 인도가 특정 국가를 친구나 적으로 간주할 필요가 없다는 것이 비동맹이다. 비동맹은 또한 인도가 동맹으로 분쟁에 휘말리지 않음으로써 통합된 영토(territorial unity)를 지킬 수 있었다. 무엇보다도 비동맹은 인도가 초강대국이 될 자원이 부족할 때 다른 개도국들을 이끌 시도를 할 수 있는 발판을 마련했다. 네루는 인도가 '진영 추종국'이 아니라면 다른 국가들이 인도를 존중할 것이라고 주장했다.

냉전의 종식과 그로 인해 생겨난 진영과 함께 인도의 경제적, 군사적 역량의 확대는 인도가 수사적인 도덕성을 통해 리더십을 추구하고 비동맹을 강조할 필요성을 축소케했다. 그러나 전략적 자율성의 추구는 지속되었고, 인도가 단일 강대국이나 강대국 연합에 얽매이지 않고 세계의 주요 문제들을 다룰 수 있게 한 다양한 외교정책의 배경이 되었다.

최근 이띠 아브라함(Itty Abraham)은 그의 글에서 비동맹은 계산된 정책의 합리적 결과라는 견해를 반대했다. 아브라함에 따르면,

비동맹운동은 '1956년 브리오니(Brioni)에서 네루, 낫세르(Nasser), 티토(Tito)의 집합적 발상'에서 시작된 것이 아니다.[5] 아브라함은 비동맹운동이 '1950년대 후반과 1960년대 초반 동시대 지역 문제에서 매우 수세적이었던 지도력과 맞닥뜨린 어려운 정치적 선택이었고 세계 질서의 정교한 분석 결과'라고 주장했다.[6] 양 진영으로부터 유발되는 세계 분쟁을 우려했기 때문에 비동맹은 마찰을 줄이고 평화적 결과를 가져올 완충 장치로 여겨졌다.

도덕적이거나 설교적 성향의 외교정책을 선택한 탓에 비판을 종종 받았지만 이 정책은 확실히 다음과 같이 몇 가지 목표를 달성했다. 인도는 아시아의 리더십을 추구하고 미래에 강대국이 될 것이라고 믿었지만 군사적 또는 경제적 수단을 통해 이런 목표를 달성할 자원이 부족했다. 베르너 레비(Werner Levi)는 '국제적 사건(event)에 영향을 미칠 수 있는 효과적인 수단과 여분의 에너지가 거의 없는 국가에게 국제적 문제(trouble)로부터 이격되려는 발상은 실용적이고 현명하다.'고 언급했다.[7] 원칙에 기초한 도덕적 외교정책의 추종은 인도가 식민 통치를 받았던 개도국들의 지도국가가 되고 능력 이상의 활동을 하는데 도움이 되었다. 또한 인도의 탈(脫)식민지화, 반(反)인종주의, 군비축소라는 목표와도 관련된다.

비동맹은 인도에게 있어 정책의 도덕적 측면을 충족시켰지만 인도가 전쟁과 분쟁에 직면했을 때 다른 나라로부터 결정적인 지원을 받지 못하는 배경이 되었다. 1962년 인도-중국 전쟁동안 인도를 군사적, 경제적으로 지원한 곳은 비동맹 국가가 아니라 서방이었다. 만씽(Mansingh)의 지적대로 결국 비동맹운동은 회원국이 식민 통치를 받았다는 공통점을 제외하고 '이질적 이익을 추구하는 국가들의 집합'이었다. 이는 인도의 이익이나 필요와  항상 일치하지 않는 '집단행동의 역동성'으로 이어졌다.[8] 인도 지도자들이 세계 평화와 군비 축소를 희망했지만 다른 국가들은 그들만의 문제를 안고 있었다.

또한 비동맹은 한 국가가 경제력과 군사력으로 스스로를 방어할 수 있는 세계의 현실과 충돌했다. 인도 비동맹 정책은 이런 목표를 달성하는데 있어서 문제가 되었다. 비동맹은 소련의 공산주의보다 서구의 자본주의와 제국주의를 더 반대했다. 일부 분석가들은 소련 사회주의에 대한 네루의 공감과 미국의 자본주의에 대한 회의론과 냉소주의를 그 원인으로 지적했다. 다른 분석가들은 미국의 친(親) 파키스탄 정책과 소련이 유엔안보리에서 카슈미르 문제에 대한 거부권을 행사한 것 때문이라고 비난했다. 균형적인 행동은 두 진영 중 한 진영에 너무 의존하지 않고 양 진영으로부터 동시에 경제적, 군사적 지원을 받는 방법을 모색하는 것이었다.

냉전의 종식과 소련의 붕괴로 인도는 미국과 긴밀한 관계를 구축해야 했다. 러시아는 더 이상 과거와 같은 위상을 유지할 수 없었다. 인도 엘리트는 여전히 미국의 의도에 대해 의심하고 회의적이다. 미국의 외교정책에 대한 무모한 비판과 자율성을 유지하고 싶은 열망으로 인도는 미국의 동맹이라고 표현하는 것을 꺼리고 '전략적 파트너'라는 표현을 선호한다.

냉전시기처럼 세계가 더 이상 동맹을 맺지 않고 있는 오늘날에도 인도는 비동맹운동(Non-Aligned Movement)의 중요한 일원으로 남아있고, 강대국들로부터 인도의 독립을 보여주는 지렛대로 비동맹운동을 종종 활용한다. '비동맹운동은 우리가 지속적으로 반복해야만 하는 주문인데, 당신은 누구와 비동맹에 반대할 것인가?'라고 인더르 쿠마르 구잘(Inder Kumar Gurjal) 전 인도 총리는 말했다.[9]

수년간 비동맹을 견인한 의사결정의 자율성에 대한 열망은 인도의 영토 보존과 통합을 보장하는 목표와 연계되었다. 처음에는 무역상의 특혜를 모색했던 원거리의 강대국에 의해 조금씩 식민화된 인도는 외국의 침략으로부터 자국 영토의 수호를 적극적으로 경계해 왔다. 분리(partition)의 유산은 인도가 종교나 인종으로 다시 분열되지 않도록 통합과 화합의 필요성을 강조했다. 독립 인도는 자국의 독립, 영토 수호, 경제 구축 지원, 군사 자원의 강화와 국내의 안정과 사회적 화합을 보장할 국제적 환경을 지속적으로 추구해 왔다. 평화롭고 안정적인 세계 환경은 세상에서 인도 역사의 위상을 추구하고 발전과 진화를 위한 전제조건으로 간주된다.

인도가 군사동맹을 멀리하고 비동맹노선을 추종한 결정은 의사결정에서 있어서 독립을 보장해 줄 것이라는 견해에서 비롯된 것이다. 다른 신생 독립국들이 어느 한 쪽 강대국과 협력하여 이익을 추구하려고 했던 반면, 인도는 냉전에서 벗어나기를 선택했다. 인도는 이런 갈등에 참여할 자원이 없었고, 강대국들이 제공하는 원조와 무기가 그 가격만큼이나 가치가 있다고 여기지도 않았으며 냉전 시기 동맹은 연약한 국가를 분열시킬 것이라는 두려움을 가지고 있었다.

인도의 핵무기 정책 역시 독립적이고 인도만의 특색이 있으며 완전히 전략적 공간을 마련하고자 하는 열망으로 수립되었다. 네루는 전통 무기와 핵 등 군비 축소를 옹호했지만 핵에너지의 이점과 미래 핵무기 프로그램을 위한 자본의 필요성을 이해하고 있었다. 그의 후계자인 인디라와 라지브는 그의 정책을 계승했고 1974년 인도는 첫 번째 핵실험을 실시했다. 국제사회의 압력에도 불구하고 인도는 독자적으로 핵무기 프로그램을 개발했고 1990년대 초반에 실험 준비를 마쳤다. 인도에게 있어 핵무기는 위신, 안보, 역량의 조합이었다. 인도에게 핵 폐기는 이상적이었지만 다른 강대국들이 핵을 보유하는 한 인도는 핵병기의 저장량(nuclear arsenal)을 보유해야만 했다. 동시에 인도는 다른 국가가 군비축소를 하면 인도가 다른 국가를 위협할 대량살상 무기가 필요 없기 때문에 인도도 군비축소를 할 것이라는 입장이었다.

인도의 경제적 자립과 자급자족에 대한 열망도 열정적으로 독립을 수호하고자 하는데 뿌리를 두었다. 인도의 정책 입안자와 국민들에게는 보호무역주의가 지배적이었다. 개도국으로서 인도는 항상 대외 원조와 외국 자본을 필요로 했지만 둘 중 어느 하나도 편하지 않았다. 외국 자본에 대한 공포와 외국인들에 대한 증오는 동인도회사가 무역과 투자를 식민 지배로 전환한 것으로 거슬러 올라간다.

자급자족에 대한 열망은 또한 군사 분야로까지 확대되었는데, 인도는 대규모 전문 군대를 유지하고 국내에서 생산 가능한 무기들을 그 전문 군대가 활용하는 방안을 모색했다. 네루는 독일 철학자 칸트(Kant)의 사상과 우드로 윌슨(Woodrow Wilson) 전 미국 대통령과 관련된 국제주의를 받아들였지만, 국가는 스스로 의지해야 한다는 홉스의 견해를 지향했다.

영토 통합과 보존에 대한 우려는 인도가 다른 국가에 의존하여 단순히 무기를 구입하는 대신 인도 고유의 군사력을 구축하려는 시도로 이어졌다. 무기의 국산화 노력은 인도가 세계 시장에서 대량구매 선택을 배제할 정도로 성공적이지 않았고 인도는 여전히 세계에서 가장 많은 무기와 군사 장비의 최대 수입국 중 하나로 남아 있다. 최근까지만 해도 인도 정부는 인도 기업들의 방위산업 진출을 꺼려했고 배타적으로 공기업에만 의존했다. 인도 국영기업들이 중국 업체들의 제조 수준에 미치지 못하기 때문에 최근 민간 기업의 방위산업 분야 진출이 가능해졌다.

모디(Modi) 정부의 '메이크 인 인디아'(Make in India, 역주: 인도 정부의 제조업 활성화 정책)는 인도 국방 역량 구축의 유산을 만들어 낼 것이다. 이 정책은 외국 기업들이 인도 시장에 접근하는 대가로 그들의 기술을 공유할 것으로 기대한다. 그 가정은 인도 시장의 규모가 관료주의적 장벽과 다양한 불편함을 상쇄시킨다는 것이다. 인도 국방 수요품들을 수입하기보다 국내 제조에 초점을 맞추고 있다. 이 경우 안보의 중요성은 대외 관계의 원칙으로서 경제 민족주의와 어우러져왔다.

## 인도 예외주의

다수의 인도인들은 인도 외교정책의 역할이 인도 민족주의를 수호하기 위한 일련의 조치라고 본다. 세계에서 인도의 위상을 발견하고 다른 국가들을 안내하거나 본보기가 되어야 한다는 열망, 가장 오래된 문명국가 중 하나로 미래의 강대국이 될 것이라는 믿음은 민족주의의 영향으로 거슬러 올라갈 수 있다. 또한 인도 외교정책의 도덕적 차원은 고결하고 가치 있는 독립운동으로 거슬러 올라갈 수 있는데, 독립운동은 현대 인도인의 아버지로 알려진 마하트마 간디(Mahatma Gandhi)의 민족주의 투쟁관으로부터 영향을 받았다.

이러한 견해는 독립 후 첫 2년간 인도 제헌의회 논쟁에서 명확히 확인된다. 푸루쇼땀 다스 탄돈(Purushottam Das Tandon), 스리 크리쉬나 신하(Sri Krishna Sinha), 비자야 락쉬미 판디트(Vijaya Lakshmi Pandit), 알구라이 샤스트리(Algurai Shastri)와 같은 지도자들은 언젠가 인도가 아시아를 이끌게 될 것이고 인도가 세계 평화와 번영을 위해 공헌해야 할 것이라는 주장을 옹호했다.[10] 네루의 말을 빌리자면, 인도는 '전 세계의 수많은 사람들에게 길을 안내할 책임'이 있다.[11]

심지어 1930년대 인도국민회의 지도자로서 네루의 주요 경쟁자였던 수바스 찬드라 보세(Subhas Chandra Bose)도 아시아에서 인도의 역할과 인도의 지리적 중요성에 관해서는 네루와 견해가 유사했다. 보세와 네루에게 있어서 그 시기는 아시아가 '속박에서 벗어나고' 그리고 '인도가 국제 예양(禮讓)의 합법적 지위를 차지할' 때였다. 인도는 '달성해야 하는 목표가 있고 그것이 인도가 살아있는 이유'라고 보세는 확고하게 믿었다.[12]

독립 인도의 최초이자 유일한 총독(Governor General)인 C. 라자고팔라차리(C. Rajagopalachari)는 모든 인도 시민들의 임무와 세계 시민으로서의 자질에 대해 말했다. 그는 "총리와 나, 계몽된 인도 시민 모두는 인도와 세계 시민으로서 최대한 자격을 갖추어야 한다."라고 선언했다. 라자고팔라차리에 따르면 '세계는 인도를 선의로 주시하고 있다. 우리 문화, 철학, 인생관은 서양으로부터 고통을 받았고, 고통을 받고 있고 있는 국가를 위한 새로운 희망을 갖고 있다... 자유 국가의 시민으로서 우리는 세계 문명에서 우리의 지위와 국가로서의 임무를 깨달아야 한다. 우리는 아시아에서 우리의 위상에 맞는 의무를 이행하고 서양과 오래되고 친밀한 관계를 유지해야 한다.'[13]

인도 고대 문명의 유산은 인도 문명의 위대함이 현재 인도의 위상을 능가한다는 믿음으로 보인다. 문명국가로서의 인도는 역사적으로 지역 내뿐만 아니라 아시아와 아시아를 넘어서 강성권력(군사와 경제)과 연성권력(종교와 문화)을 소유했다. 역사적인 위대함이 명백한 운명이라는 인도의 믿음은 멀리 떨어진 국가에 의해 종속 상태에 있었던 영국 식민 지배 기간 동안에도 지속되었다. 1947년 독립 당시 인도는 제한된 경제적, 군사적 잠재력을 가진 개도국이었음에도 불구하고 인도 지도자들은 그들 자신들을 위대한 문명의 계승자이자 미래 강대국(big power)의 개척자가 될 것으로 기대했다. 나라얀(K.R. Narayanan)은 1999년 대통령 연설에서 영국이 떠난 이후로 몇 번이나 재언급하거나 언급해 왔던 점을 재표명하면서 인도는 '세계무대에서 그 규모와 중요성에 비례하여 위상, 역할, 지위'를 확보할 것이라고 선언했다.[14]

마하트마 간디와 자와할랄 네루와 같은 건국 아버지의 영향으로 보통의 인도인들 역시 인도는 특별했고 특별하고 특별할 것이라고 믿었다. 몇몇 공인(公人)들이 사용한 용어인 '인도 예외주의'(Indian Exceptionalism)는 인도와 관련된 특별한 무엇인가가 있다는 신념에 근거하는데, 그것은 폭력, 혁명 또는 전쟁 없이 인도가 독립을 달성할 수 있었다는 것이었다. 이런 확신의 또 다른 측면은 인도가 간디와 네루의 국가이기 때문에 특별하거나 또는 인도의 관용 기준으로 다양한 문화를 포용하는 인도의 능력이 인도를 독특하게(unique) 만들었다는 것이다. 인도의 담론은 종종 역경을 극복하고 곤경을 물리칠 수 있는 '인도인의 성격'(Indian character)을 말한다. 전 대통령의 말을 빌리자면, '강한 인도를 위한 목표는 강인한 성격을 갖고 있는 남성과 여성의 실제 삶을 통해서만 실현될 수 있다.'[15]

2013년 2월 프라납 무케르지(Pranab Mukherjee) 대통령은 연설에서 '우리는 많은 역경에 직면하고 그것을 극복한 자유·다원 민주주의국가로서 당당하다.'라고 언급했다. 그에 따르면, '세계는 인도의 입증할 수 있는 민주적이고 세속적 관행을 가장 큰 성과로 인정한다. 우리는 우리의 다원화가 가져다주는 혜택을 누려야 하지만 우리의 도전은 민주주의의 틀 안에서 기회를 확대하고 경제 성장을 가속화할 수 있도록 끊임없이 노력하는 것이다. 우리는 우리의 독립국가 지위(nationhood)를 규정하는 민주적 가치를 끊임없이 새롭게 하고 보호한다면 우리 앞에 놓인 큰 도전을 직시할 수 있을 것이다.'[16]

이런 선언은 단순히 국민들을 결집시키기 위한 지도자들의 '기분 좋은' 환호성은 아니다. 인도의 경우 이런 선언들은 미국의 메시아적 비전과 거의 똑같은 뿌리 깊은 사고방식을 반영한다. 그것들은 인도정책에 반복적으로 나타났다.

인도가 세계와 더 연계되고 통합되었지만 인도 예외주의는 사라지지 않았다. 사실 이것은 재외 인도인(예를 들어 다른 국가로의 이주자들) 2, 3세대들을 포함한 디아스포라에게서 여전히 생명력을 유지한다. 지난 십 년에 걸친 정치인, 공무원, 학자, 외교관들과의 면담에서 인도의 특별함과 운명적인 감각이 지속되고 있음을 확인했다. 국가의 특별함과 명백한 운명을 믿는 다른 이들과 같이 인도인들은 그들의 원칙을 고수하며 타협의 일부분으로 그 원칙을 포기하지 않는 경향이 있다. 한 인도 외교관은 저자와의 인터뷰에서 인도는 단순히 인도에게 이득이 되기 때문이 아니라 그것이 옳은 일이기 때문에 행동해야 한다고 말했다. 따라서 자기 이익을 위한 타협은 무시되며, 고상한 원칙의 허울이 유지되는 경우가 많다.

인도가 세계적인 강대국 지위를 갈망하고 있지만, 가까운 이웃 국가는 인도를 이미 강대국으로 간주한다. 인도의 바로 이웃인 남아시아는 다른 주요 강대국들의 간섭을 좋아하지 않는 인도의 뒷마당(backyard)이다. 걸프지역에서부터 동남아까지 확장된 인도의 이웃 국가들은 인도 영향권의 일부이며, 이 지역의 경제 발전은 인도의 대외 및 안보정책에 매우 중요하게 간주된다. 2013년 프라납 무케르지 대통령이 양원 합동의회에서 밝힌 바와 같이 인도는 '남아시아에서의 평화, 안정, 협력 및 경제 개발'을 모색하며 '인도의 주변국과의 관계에 우선순위'를 부여한다.[17]

남아시아는 인도 외교정책 입안자들로부터 항상 가장 큰 관심을 받아왔다. 독립 당시, 인도는 모든 이웃 국가들과dml 관계에 영향을 미친 제국주의의 오류로 잘못된 경계선 또는 국경을 물려받았다. 인도는 남아시아에서 경제 규모와 군사력에 있어서 가장 크고 영토도 가장 넓으며 인구도 가장 많다. 이 사실은 때때로 다른 국가들을 위협하기도 하고 압도하기도 한다. 또한 인도는 아프가니스탄을 제외한 남아시아지역협력체(SAARC) 회원국들과 영토나 해상 경계선을 공유하는 유일한 국가이다.

인도는 때때로 이웃 국가들과 국경 분쟁을 겪는 그 지역의 '빅브라더'(Big Brother)로 묘사되기도 한다. 인도의 몇몇 이웃 국가들은 한 때 인도제국의 일부였으며, 일부는 거대한 인도 문명 속에서 분리된 왕국이 되기도 했다. 인도는 남아시아의 지리적, 사회·문화적, 경제적 중심지이고, 전직 외교관 무니(S.D.Muni)의 말을 빌리자면 '남아시아의 다른 모든 국가에 인도가 조금씩 존재하기 때문에'[18] 지역 내에서 인도의 중심성은 보존된다. 작은 이웃 국가들이 큰 국가에 연관되는 경우가 종종 있듯이 인도의 이웃 국가들 사이에서 지배에 대한 두려움이나 분노를 키우는 것은 쉽다.

이웃 국가들의 우려에도 불구하고 인도의 어떤 정부나 지도자들은 패권주의적이거나 확장주의적 정책을 추구하지 않았다. 어떤 지도자들은 이웃 국가들과 함께 명백히 평화를 추구했으나 (예를 들어 구즈랄 독트린), 다른 지도자들은 상호 호혜적이거나 대가성에 근거한 우호를 추구했다(예를 들어 인디라 독트린). 그러나 그 누구도 다른 국가의 영토 침범을 추구하지 않았다. 그로 인해 인도의 이웃 국가들은 인도를 패권적이거나 제국주의주의자로 보지 않았다. 시간이 흐를수록 이런 관점은 인도가 남아시아를 지배하고 싶어 한다고 계속 의심해온 파키스탄을 제외한 인도의 이웃 국가들 사이에서 점차 사라져갔다. 파키스탄의 이슬람 사상은 인도의 진정한 야망이 아대륙을 가로질러 브라만 제국을 재건하는 것이라고 주장하기까지 한다.

반어적으로 이웃 국가들에 대한 인도의 시각은 고대 힌두제국에서부터 비롯된 것은 아니다. 인도 주변에 대한 현대 인도의 인식은 영국령 인도제국 시기부터 시작되었다. 비록 관점이 다르기는 했지만 영국령 인도제국 관료들의 시각처럼 각각의 인도 지도자들은 걸프 지역에서부터 동남아에 이르기까지의 지역이 인도에게 있어서 중요하다고 보아왔다. 영국인들에게, 인도는 그들이 영국 본토로부터 떨어져 있는 영토를 지배하고 통제하며 보호할 수 있는 토대인 해외 제국의 중심이었다.

독립 이후 네루는 이제 막 서구의 식민 지배에서 벗어난 거대한 대륙의 지도자로서 행동하고자 했던 아시아에 집중했다. 그는 최소한 1962년 중국과 전쟁을 치를 때까지 안보라는 용어를 고려하지 않았다. 네루의 관점에서, 북부 히말라야 세 왕국인 부탄, 네팔, 시킴과 맺은 상호 우호 및 평화 조약과 파키스탄과의 전쟁 방지협약의 제안[19]은 남아시아를 다루는데 있어서 충분했고, 그가 아시아와 세계무대에서 중요한 역할을 할 수 있게 했다.

인도 뒷마당으로서 인도 아대륙의 개념은 인디라 간디 체제 하

중심이 되었다. 그녀의 지도력 하 인접 국가에 대한 인도의 목표는 단순히 인도의 안보와 전략적 이익을 보호하는 것이 아니었다. 인도는 인도에게 영향을 주거나 영향을 줄 수 있는 이웃 국가에서 발생하는 사건에도 관심을 가졌다. 인디라 독트린(Indira Doctrine)은 잘 알려진 미국의 먼로 독트린(Monroe Doctrine)의 남아시아 버전이었다. 작가 아쇼크 카푸르(Ashok Kapur)가 언급한 것처럼 인디라부터 시작하여 인도의 지도자들은 인도가 '남아시아의 유일한 안보 관리자가 되기'를 희망했고, 주요하게 미국과 소련과 같은 외부 세력의 역할과 그리고 '파키스탄이 민족통일(irredentist) 주장을 하지 않도록 경제와 기술 지원을 하는 수준까지' 지역 정치에 영향을 미치는 국가들의 능력을 축소시키려고 했다.[20] 파키스탄이 미국을 동맹국으로 끌어들여 인도와 동등한 대우를 추구했기 때문에 인도는 항상 이 정책을 달성할 수 없었다.[21]

인디라 체제 하에서 인도는 남아시아 강대국으로 인정받기를 원했고 이를 확신시키기 위해 힘을 과시했으며 인도의 허락 없이 남아시아 지역에 대한 외부 강대국의 간섭을 원치 않았다. 인디라 독트린은 1971년 동파키스탄의 민주주의 탄압에 반대하고 파키스탄 군대에 의해 벵갈인(Bengali)들이 집단 학살되는 것을 방지하기 위해 인도가 전쟁에 나섰을 때 더욱 확실해졌다. 방글라데시의 독립을 지원한 이후 다른 국가의 영토를 침범하지 않겠다는 것을 확실히 보여주기 위해 인디라 간디는 인도 군대가 동파키스탄에서 철수하도록 했다.

남아시아에서 유일한 강대국이 되고자 했던 인도의 열망은 이웃 국가들이 경제 원조나 군사 지원을 필요로 할 때마다 실행에 옮기지 못했던 이유로 항상 성공적이지 않았다. 영향을 행사한다는 것은 다른 국가들에게 무엇을 해야 하는지 알려주는 것 뿐 아니라 경쟁국들에게 여지를 주지 않도록 해야 한다. 인도의 도움으로 독립을 달성한 방글라데시도 인도 단독으로 개발 비용을 감당할 수 없었기 때문에 미국과 중국에게 경제 지원을 요청했다. 이런 유사한 이유로 인도가 주변 국가들을 중국의 영향에서 벗어나도록 한 최근의 시도는 성공적이지 않았다.

최근에 들어 인도는 이웃 국가들과 더 좋은 관계를 구축하기 위해 경제 외교를 시도해 왔다. 인도는 비관세 장벽 철폐와 무관세 같은 같은 교역 부분의 혜택과 주로 지정학적인 동기에 따라 아프가니스탄, 방글라데시, 스리랑카, 네팔에게 무상 차관을 제공해왔다. 이러한 정책은 인도의 경제 성장으로 가능해졌다. 인도 이웃 국가들이 인도의 안보 이익을 지지하도록 유인한다면 교역, 차관 또는 투자에서 발생하는 손실은 견딜 수 있는 것으로 보인다.

## 자급자족과 다자주의

인도의 경제 성장은 인도가 국가 안보를 관리하고 국제적 영향력을 유지하기 위해 경제적 도구를 배열할 수 있게 해 주었다. 주요 국가들은 이제 인도를 그들의 주요 교역과 투자 대상국이자 그들의 제품을 위한 시장으로 본다. 그러나 인도가 외교정책을 수행하는데 경제적 영향력(clout)을 행사할 수 있었던 것은 항상 아니었다.

수년간 인도 지도자들과 정부는 경제 외교정책을 안보정책만큼이나 우선순위에 두지 않았다. 전통적으로 인도외교공무원(Indian Foreign Service)의 교육과 기능에서 경제 문제는 그들의 중요한 역할이 아닌 것으로 취급했다. 통상과 교역은 외교관이 아니라 영사의 업무였다. 1947년 초 외교부(Ministry of External Affairs)에 경제국(Economic Affairs Division)이 설치되었으나 1950년에 폐지되었다. 이후 1961년 해당국은 국장(Joint Secretary) 통제 하 경제조정국(Economic Coordination Division)으로 부활했다.[22]

경제 외교 착수에 적극적이지 않았던 사실은 인도 경제외교에서 흥미로운 현상, 즉 인도상공회의소(Federation of Indian Chambers of Commerce and Industry, FICCI), 인도연합상공회의소(Associated Chambers of Commerce of India, ASSOCHAM), 인도산업연합(Confederation of Indian Industry, CII)과 같은 기업 집단의 역할과 연계된다. 독립 이전부터 기업 집단은 경제 문제와 관련하여 인도 대외 관계에 중요한 역할을 수행했다. 수 년 동안 외교관들과 경제전문가들은 다른 국가와의 교역, 인도가 수혜한 원조 규모, 외국인 투자, 국제통화기금(IMF), 세계은행(World Bank), 아시아개발은행(Asian Development Bank)과 같은 국제 경제기구와의 관계, 인도의 비동맹국가와 개도국에 대한 원조를 포함한 경제 문제를 다루어 왔다.

인도는 또한 시간을 들여 세계경제에서 인도의 위상을 찾았다. 네루와 인디라는 외교적 장치와 비동맹, 유엔과 같은 기구에 참여함으로써 세계 경제 질서 변화에 대해 이야기했다. 현존하는 게임의 법칙에 따라 인도는 경제력을 구축하는 대신 세계 경제 구조의 변화 요구에 따라 더 가난한 국가들을 이끌 수 있다고 기대했다. 이는 반대로 세계 문제에서 인도의 위상을 높이고 인도 경제를 강하게 만들기 위한 것이다. 인도 지도자가 세계 경제의 역동성을 제대로 이해한 것은 라지브 간디(Rajiv Gandhi) 이후이다. 이제 인도 지도자들은 경제력을 강화하여 국제적 위상을 높인 중국의 부상을 잘 인식한다.

만씽(Mansingh)에 따르면 인도는 애초에 양허성 개발원조, 교역 국가의 다양화, 국제 경제 질서의 변화 등 세 가지 목표를 추구하면서 경제적 자립(self-reliance)을 달성하려고 노력했다.[23] 첫 번째 목표는 인도가 다른 국가에 의존하지 않고 인도 고유의 독립적 정책을 따르는데 도움이 되었다. 이것은 비동맹뿐만 아니라 인도가 특정 체제(system)나 진영의 일부가 되지 않게 하는 희망과 연계된다. 다자 공여국은 아무런 조건 없이 원조를 제공한다고 간주하여 인도는 세계은행, 국제통화기금, 대인도 채권국 회의(Aid India Consortium)와 같은 국제기구에 원조를 요청했다.

일부 무역 국가들을 보유함에 따라 인도는 많은 바구니에 많은 달걀을 담고자 했고, 단일 구매자 또는 공급자에 의존하지 않으려고 했다. 국제 체제가 강대국에게 우호적이고 인도와 같은 개도국을 차별한다는 믿음은 세계질서를 바꾸려는 열망으로 이어졌다. 인도는 종종 새로운 세계 경제 질서, 국제통화기금과 세계은행의 개혁, 그리고 심지어 유엔안보리의 개혁도 요구했다.

경제와 경제 외교에 대한 네루식(Nehruvian) 접근은 인도에 도움이 되지 않았다. 수밋 간굴리(Sumit Ganguly)와 만짓 파르데시(Manjeet Pardesi)는 '세계 경제로의 연계 실패는 외국인 투자 부족, 중요한 기술 부족, 혁신 결핍, 기업가 정신의 억압이라는 결과를 낳았다. 이는 또한 인도의 저명한 경제학자인 라지 크리슈나(Raj Krishna)가 비꼬며 말한 "힌두 성장"(Hindu rate of growth)으로 이어졌다.' 고 지적했다.[24]

독립 직후, 경제적 자립 또는 자급자족에 대한 강조는 외교정책이 아닌 국내 정책의 우려가 되었다. 자급자족은 인도 독립을 보장하는데 결정적인 것으로 보였고, 동인도회사의 유산에 대한 두려움은 뿌리가 매우 깊어서 대부분의 인도 지도자들은 인도가 어느 국가에도 의존하지 않기를 바랐다. 이런 열망은 항상 현실과 충돌해 왔다. 인도는 수요에 따라 모든 것을 생산하지 않으며 세계의 주요 원유 수입국 중 하나이다. 미국 에너지부 산하 에너지 정보국(Energy Information Administration, EIA) 자료에 따르면 인도는 매일 430만 배럴의 원유를 수입하며 2040년에는 매일 천만 배럴의 원유가 필요할 것이다.[25] 스톡홀름 국제평화연구소(Stockholm International Peace Research Institute)가 발간한 국제 무기거래 자료에 따르면 2010년부터 2014년까지 인도는 세계 무기 수입의 15퍼센트를 차지했는데, 이는 중국의 3배 이상이다. 이는 2005년부터 2009년 사이 인도의 세계 무기거래가 7퍼센트였던 것에 비해 증가했다.[26] 인도 역시 많은 외국인 투자와 최신 외국 기술에 대한 접근을 필요로 한다.

인도는 가끔씩 모순된 정책과 심지어 위선적인 관례로 외부의 지원의 필요와 자급자족의 딜레마를 해결했다. 예를 들어 원조와 외국인 투자는 인도의 독립성을 저해하는 것으로 묘사되었지만 후임 정부들은 원조와 외국인 투자 모두를 수용하는 것을 막지는 않았다. 실용적 절충안으로 인도인들은 그들이 얻고자 하는 어떤 것이든지 얻을 수 있었으므로 사실상 경제적 자급자족은 열망뿐이었다. 정책 영역에서 이러한 열망은 인도가 초기에 실시했던 '수입대체'와 현재 인도 총리 나렌드라 모디의 '메이크 인 인디아'(Make in India)와 같은 프로그램에 반영되었다. 그러나 실제로 예외와 조정의 원칙은 가장 큰 영향력을 행사하는데, 인도는 세계 경제에서 문호를 닫지도 않고 당장의 수요도 봉쇄하는 원칙을 추구하지도 않았다.

인도의 경제적 접근에 대한 실용성의 주요 사례는 시간이 경과하면서 달성한 농업정책을 들 수 있다. 1950년대와 1960년대 인도의 밀 생산은 국내 수요를 충족시키기에는 역부족이었다. 인도는 현지 통화로 밀 가격을 지불할 수 있도록 한 PL-480에 따라 미국산

밀을 수입했다. 인도의 외환 보유고가 부족한 상황에서 밀 구매는 외환 보유고를 더욱 감소시키기 때문에 이와 같은 방식은 유용했다. 린든 존슨(Lyndon Johnson) 미국 대통령은 밀 수확량 증대에 관한 인도의 안주(complacency)를 끝내기 위한 노력으로 PL-480에 따라 인도로 밀 수송을 늦추기로 결정했다. 미국은 '쉽투마우스'(ship to mouth)의 최종 계획으로서 밀 선박을 공개했다.

비록 존슨 대통령의 의도는 인도 정책의 긍정적인 변화를 도모하기 위함이었지만 인디라 정권의 인도는 이를 지나친 억압으로 보았다. 인도는 강대국의 고압적인 원조보다 개도국으로부터 구매하는 것이 더 좋다고 판단하여 멕시코로부터 밀을 수입하기 시작했다. 미국으로부터 수확량이 많은 종자와 기술적인 지원을 받기는 했지만 결국 인도의 밀 생산량은 늘어났다. 그러나 그런 목표는 외부의 지원을 통한 자급자족의 추구가 포함된 목적에 따라 짜맞춘(mix and match) 접근을 실시한 이후에만 달성되었다. 최근 유전자 변형 식품의 사용에 대한 인도 내 논쟁은 외국산 종자에 의존하지 않고 국내산 식품을 생산하려는 열망과 더 관련된다.

자급자족 포부의 다른 사례는 교역 문제와 관련하여 인도와 세계무역기구(WTO) 간 끊임없는 긴장 관계에서 확인할 수 있다. 인도가 세계무역기구에 가입했을 때, 인도는 무역관련 지적재산권에 관한 협정(Trade Related Intellectual Prosperity Rights, TRIPs)에서 배제되기를 바랐다. 서구 국가들은 새로운 발명에 관한 특허를 보유한 자의 허가 없이 어떤 방법으로도 특허 제품 생산을 불가능하게 하는 '상품 특허'(product patents)을 보장했다. 1970년 이후 인도는 '상품 특허'을 인정하기 시작했는데, 이것은 새로운 공정으로 다른 발명자나 생산자가 기존에 있는 특허 제품을 생산할 수 있도록 허가하는 것이다. '상품 특허'은 최종 상품의 고유성이 아닌 생산

공정에서의 고유성만을 인정했다. '제약 산업에서 분자(molecule) 결합 과정에서의 약간의 수정은 새로운 발명을 의미한다. 『뉴욕타임즈』(*New York Times*)는 많은 회사들이 가격을 낮추는 경쟁을 함으로써 동일한 약을 생산할 수 있다.'며 인도의 생산방식을 보도했다. 『뉴욕타임즈』에 따르면 영국의 식민지배 기간 동안 인도의 약값은 당시 특허법 때문에 세계에서 가장 비쌌으나 제약, 비료, 살충제에 대한 공정 특허허용은 기대 수명을 늘리고 기아를 종식시키는데 도움이 되었다. 예를 들어, 아프리카에서 에이즈 항바이러스 치료제의 연평균 가격은 종전 환자 당 15,000 달러였는데, 인도가 만든 제약 덕분에 200 달러로 낮출 수 있었다.[27]

지적재산권에 대한 세계무역기구 규정의 예외를 주장함으로써 인도는 특허권자와 다른 방식으로 서구에서 제주된 특허 제약을 생산하는 성공적인 제약 산업을 구축할 수 있었다. 인도 제약 산업이 생산과 상품 특허로부터 이익을 취할 수 있게 되자 인도는 기존 입장을 바꾸었다. 몇 년 동안 상품 특허와 생산 특허 간 차이를 주장한 이후 인도는 이제 세계무역기구의 특허 제도를 인정한다.

이와 유사한 인도의 경제 민족주의는 세계무역기구 무역협상인 도하 라운드(Doha Round)에서 목격된다. 인도는 농산품 보조금, 곡류 가격과 유통, 정부 비축과 관련한 정책의 예외를 추구했다. 세계무역기구와 협상이 난항이 된 배후에는 인도는 차별화되고 독특하며, 예외에 대한 요구를 세계가 수용할 정도로 충분히 중요하다는 신념이 있었다. 인도가 모든 국제무대에서 고집스럽게 예외를 주장하는 입장은 인도로 인해 미국과 같은 국가들이 국제협상에서 떠날 가능성에 더하여 인도가 세계 무역에서 철수할 위험성도 부각되었다. 인도에게 더 좋은 정책은 2016년 10월 2일 마하트마 간디의 생일에 맞춰 유엔기후변화협약(UN Framework Convention on Climate Change)과 관련하여 행한 것처럼 미국과 유럽이 포함될 수 있도록 쌍방타협에 기반을 두는 것이다.

자립과 자급자족은 여전히 인도 국가 담론(discourse)에 중요한 주제로 남아 있으나 독립 이후 인도는 어느 때보다 지금 세계 경제에 잘 통합되어 있다. 걸프, 동남아, 유럽, 미국, 심지어 중국과의 연계는 강력한 경제 규모(dimension)를 가지게 한다. 경제 성장은 인도 정부의 국가적 최우선 과제가 되었다. 지난 20년 동안 모든 총리들은 인도는 8~10% 대의 경제 성장을 달성해야 하고 외교정책은 이런 목표를 달성하게끔 추진할 것으로 언급했다. 2009년에서 2013년 사이 인도의 경제 성장률이 4% 이하로 하락했을 때, 이는 인도 국내뿐만 아니라 해외에서 인도의 위상과 협상력에 영향력을 미쳤다.

인도가 예외, 특히 경제 분야에서 예외를 요구하는 동안 인도는 다자간 제도들을 통해 세계적인 규범을 만들어 내는 발상을 항상 지지했다. 비판론자들은 인도가 다자간 제도들을 옹호하면서 절대적인 자율성을 강력하게 주장하는 것은 이분법적(dichotomy)이라고 본다. 그러나 인도는 다자주의를 전적으로 지지하지만 인도인들은 주요 강대국들이 세계 제도들을 재편하여 그들의 도구로 삼을 가능성을 지속적으로 확인해야 한다고 주장한다. 국제기구들이 단순히 서구 국가의 욕구를 반영하는 세계 질서는 식민시기를 회상시킨다. 어떤 면에서 인도와 미국은 비슷한 시각을 갖고 있는데, 두 국가 모두 다자간 기구의 일원이 되고 싶어 하나 양자 간 또는 지역적 합의를 선호한다. 두 국가 모두 여러 개의 다자간 기구에 가입하고 지지하지만 이 두 국가 중 누구도 그들의 자주적인 의사결정력을 침해하는 기구에 참여하기를 원치 않는다.

주권국가 간 협력을 옹호하는 국가로서 인도는 거의 모든 주요 국제 및 지역 기구에서 회원이 되고자 했다. 인도는 개도국의 집단적인 이익을 대변할 뿐만 아니라 인도의 이익을 추구하기 위해 모든 집단에서 적극적인 역할을 모색했다. 인도는 주로 아시아에서 그리고 점진적으로 전 세계에서 스스로를 가난하고 과거에 식민 지배를 받았던 국가들의 전형으로 보았다. 인도는 독립 이전인 1945년 유엔의 창설국가였으며 탈식민지의 시대를 통틀어 중요한 역할을 했다.

최근 들어 유엔에서 인도의 활동은 동시대 세계 권력의 현실이 투영되는 안전보장이사회 구성의 변화를 모색하는데 초점이 맞춰졌다. 유엔이 설립될 때, 주요 다섯 국가에게만 거부권(veto)을 부여하는 것은 타당했다. 미국, 소련, 영국, 프랑스, 중국은 동맹국(powers)의 축(Axis)을 쳐부수면서 2차 대전에서 동맹을 맺었고, 세계 안보의 핵심 중재자들로 기대되었다. 그러나 그 이후 많은 것이 변했다. 러시아는 소련과 같은 영향을 더 이상 행사하지 않으며 영국과 프랑스의 위상은 축소되었다. 브라질, 독일, 일본과 함께 인도는 4개국(G-4, 역주: 미국, 중국, 유럽, 일본)의 일원이며, 전자의 4개국은 확장된 안보리의 영구 회원국으로서 가치가 있다.

안보리의 개혁 요구와 별개로 인도는 현재 세계에서 유엔평화유지군의 임무를 위해 군대를 파견하는 주요 국가 중 하나이다. 인도는 유엔평화유지군의 일원을 제외하고 그들의 영토 밖에서 실력을 행사하기 위해 주둔하는 것을 선호하지 않는다. 수십 년 동안 18만 명의 인도 군인이 유엔평화유지군으로 근무했다. 인도는 유엔이 정한 69개의 유엔평화유지 임무 가운데 44개에 참여했으며 임무를 수행하는 동안 156명의 군인이 전사했다.[28]

이와 유사한 활동은 세계 금융기관에서도 발견된다. 인도는 1945년 창설된 이후 세계은행으로 알려진 국제부흥개발은행(International Bank of for Reconstruction and Development, IBRD)의 회원국이었다. 세계은행 이사회 25명의 이사 가운데 한 명은 인도 출신이다. 수 년 동안 인도는 댐이나 운하 건설 또는 빈곤 경감 프로그램과 같은 인프라 구축을 위한 대출을 활용하면서 세계은행 내에서 주요 채무국 중 하나가 되었다. 2006년 이후 인도는 다른 국가의 프로젝트를 위한 자금 조달에도 기여했다. 인도가 세계은행을 통해 직접 대출한 금액은 105억 달러에 달한다.[29]

또한 인도는 국제통화기금(IMF)이 창설될 때부터 회원이었다. 인도는 국제수지 위기를 극복하기 위해 1980년대 1회, 1990년대 2회 등 총 3회에 걸쳐 국제통화기금으로부터 자금을 지원받았다.[30] 인도는 국제통화기금으로부터 금융지원보다 기술지원을 더 많이 받았다. 여기에는 금융 정책과 조세 행정, 외환시장과 관세 행정에 대한 지원이 포함되었다. 유엔에서의 역할을 미루어 보았을 때, 인도는 국제통화기금에서 인도와 같은 개도국의 목소리를 반영하기 위해 통화기금할당제도(IMF quota system)에 대한 개혁도 추진했다.

더욱 최근에 인도는 두 개의 신흥 금융기관인 신개발은행(New Development Bank, 브릭스은행(BRICs Bank)이라고도 함)과 아시아인프라투자은행(Asian Infrastructure Investment Bank, AIIB)을 지지해 왔다. 인도는 두 기관의 창설 회원이다. 브릭스은행은 BRICs와 다른 개도국에 인프라 개선을 위한 투자를 제공하는 은행으로서 2013년에 설립되었다. 이 은행의 본부는 상하이에 위치하며 은행장은 인도인 K.V. 카맛(K.V. Kamath)이다.[31] 인도는 또한 터키, 호주, 오스트리아, 이스라엘, 포르투갈, 프랑스, 독일, 한국, 영국 등 창설 회원국을 포함한 57개 국가와 함께 아시아인프라투자은행에 관심을 표명했다. 인도에게 있어서 세계 금융기관으로의 편입은 경제적

이익을 추구하는 것 이외에도 세계에서 인도의 역할을 입증하는 것이다.[32]

국제금융기관(IFI)으로의 깊은 관여에도 불구하고 인도는 국제금융기관이 그들의 결정에 영향을 미치는 정치 및 전략적 요소에 대한 잠재성을 우려한다. 예를 들어, 아시아개발은행(ADB)은 인도 영토이지만 중국이 그들의 영토라고 주장하는 아루나찰 프라데시(Arunachal Pradesh)에서 인도가 요청한 금융 프로젝트를 중국의 압력으로 거절해 왔다. 인도는 브레튼우즈(Bretton Woods) 체제에서 인도와 다른 개도국을 위해 더 큰 목소리를 내고자 했고, 개도국들이 더 큰 목소리를 낼 수도 있는 브릭스은행과 아시아인프라투자은행과 같은 신흥기관 설립에도 도움을 주고 있다.

유엔부터 국제금융기관까지 다자간 제도에서 인도의 역할은 독립이후부터 일관적이었다. 인도는 다자주의를 지지했지만 세계기구의 개혁도 모색했는데, 그 기구들은 세계 주요 강대국들에 의해 크게 영향을 받았다. 미래의 주요 강대국으로서 위상을 모색하면서, 더 강력한 국가들이 국제관계에서 더 높은 공정함을 위해 그들의 일부 권력을 양보하도록 요구하면서 인도는 국제체제에서 평등을 강조함으로써 그 위상을 정립했다.

## 세계의 디아스포라, 세계의 이익

미래 강대국으로서 인도를 바라보는 한 시각은 인도의 이익이 지리적으로 주변에 국한된 것이 아니라 전 세계로 퍼져나간다는 인식의 점진적 증대이다. 아프리카, 미대륙부터 피지, 호주까지 퍼져있는 인도의 거대한 디아스포라는 세계적 영향력을 행사하는 자산이 되었지만, 다른 국가들과 달리 인도 정부는 최근에서야 세계에 퍼져있는 인도인 공동체의 잠재력을 활용하고 강력하게 연계시켰다.

홍미롭게도 인도국민회의는 1925년부터 '해외에 거주하는 인도인들의 이익을 살피고 영국 식민지(British Empire)와 해외에 거주하는 인도인들의 위상과 관련한 교육적 선전(propaganda)을 실시하는 차원에서 외국부서(foreign department)를 설치했다.[33] 1940년 국민회의는 재외 인도인부(Indian Oversea Department)를 설립했다.

20세기 초 국민회의 지도자들은 디아스포라에 대해 다음과 같이 옹호했다. '버마를 당신의 집으로 만들어라.' '스리랑카를 당신의 집으로 만들어라.' '말레이시아를 당신의 집으로 만들어라.'[34] 전 외교장관이 설명했듯이 '간디, 네루, 국민회의는 해외에 거주하는 인도인들이 인도와 그들이 거주하는 나라 모두를 집으로 원하는 것을 바라지 않았다. 버마에 산다면 버마를 당신의 집처럼 느끼고, 버마에서 거주하고 이주하며 재산을 소유하지만, 항상은 아니지만 인도에 대한 탐욕적인 시각을 가지지 마라. 당신의 충성심은 당신을 받아들인 국가로 향해야 한다. 1946-47년 국민회의가 정권을 장악했을 때 재외 인도인들에 대한 정책은 이러한 이론적인 시각에 바탕을 두었다.'[35]

인도가 독립 투쟁에서 승리하기 전까지 마하트마 간디는 남아프리카에 거주하는 인도인들과 다른 이주자들의 권리를 위해 투쟁했다. 인도 시민이 아닌 영국 여왕의 신민(臣民)인 남아프라카인의 권리를 위해 간디가 투쟁했다는 사실이 홍미롭다.[36] 혹자가 그들의 국가를 떠나 다른 사람들의 모국에 정착한다면 간디와 네루는 그들을 수용한 국가에 그들 스스로를 통합시켜야 한다고 믿었다. 재외 인도인들은 문화나 문명적인 측면에서 인도인으로 남아있지만 그 또는 그녀는 이제 인도가 아닌 그들의 새로운 국가로부터 책임감을 부여받았다.

네루는 독립 후 제헌의회에서 인도인 디아스포라 문제가 제기될 때마다 견해를 밝혔는데, 남아프리카, 버마, 스리랑카에 거주하는 인도인에 대한 논의를 이끌었다. 네루는 그의 연설에서 상인으로, 노동자로, 학생으로 해외에서 열심히 살고 삶을 잘 꾸려나가는 사람들을 칭찬했다. '그들은 자신들을 위해 그들을 받아준 국가를 위해 열심히 일했다. 그들은 자신들과 그들이 정착한 국가에게 이익을 주기 위해 노력한다. 인도는 이 점을 자랑스러워해야 한다.'[37]

인도의 초대 총리는 인도인들이 이주한 다수의 국가에서 외국인 혐오증의 위험을 인지했다. 그는 '인도는 모든 것이 풍부한 활력을 가지고 해외로 뻗어나가는 국가임에도 불구하고 우리의 인구수와 가끔씩 우리가 이주한 국가에서 차지하는 경제적 위상을 압도하는 경향이 있다. 해외에서 그러한 요소들이 없는 사람들은 자연스럽게 겁을 먹고 또한 그들 스스로가 그러한 요소들로부터 자신들을 보호하고자 한다.'고 말했다.[38] 인도 정부는 재외 인도인들의 이익을 보호하고자 희망한다고 주장한 반면, 네루의 원칙은 '우리는 재외 인도인들이 거주하는 국가에 해를 끼치는 귀속된 어떠한 이익도 보호할 수 없다.'였다.[39]

제헌의회에서 인도인 디아스포라의 시민권 쟁점 논쟁 당시 네루는 완전히 인도시민권만을 선택한 자에게 시민권을 부여할 수 있다고 언급했다. 만약 다른 시민권을 선택한다면 '그들에 대한 우리의 관심은 문화적, 인도주의적 측면이지 정치적이지 않다.'고 네루는 말했다. 네루는 제헌의회에서 재외 인도인들은 그들이 거주하는 국가에서 완전한 참정권(franchise)을 요구하므로 인도인처럼 대우할 수 없다고 말하면서 재외 인도인들의 이중시민권을 반대했다. '물론 두 요소는 같이 갈 수 없다.'라고 말하면서 '그들이 다른 국가의 국민으로서 선거권을 갖거나 또는 그들을 인도인의 참정권에서 배제(minus)되는 자들로 취급한다면, 외국인을 대하는 가장 좋은 방법을 그들에게 물어보라.'라고 덧붙였다.[40]

이러한 입장은 다른 국가에서도 널리 행해지고 있지만 인도는 이중시민권을 부여하지 않는 결정을 했다. 재외 외국인이 해외에 재산을 보유하더라도, 또한 그들이 인도에서 투표권을 행사하고 인도 여권을 발급하지 않더라도, 그들은 PIO(person of Indian Origin)이나 재외 인도인들(NRIs: Non Resident Indians)로 신분증을 발급받으면서 인도는 그들에게 평생 비자를 발급하고 인도에서 자리를 잡을 수 있도록 했다.

수년간 인도인 디아스포라들은 걸프, 영국, 북미지역에서 증가했다. 재외 인도인들은 대규모 인도인의 고용과 인도를 최대 송금국가 중의 하나로 만들면서 인도의 경제적 이익의 원천이 되었다. 뉴델리 정부는 부유하고 많은 수의 디아스포라가 가진 경제적, 전략적, 외교적 이익을 장악하는데 시간이 걸렸다. 그러나 이제 인도 정부는 디아스포라를 해외에서 인도의 영향력 확대와 명예의 또 다른 원천으로 인식한다. 2003년 인도 정부의 후원으로 재외 인도인들에 대한 첫 번째 회담(프라바시 바라티야, Pravasi Bharatiya)이 개최되었는데, 여기서 인도 출신(origin)의 10명의 저명인사가 훈장을 받았다. 또한 최근에는 재외 인도인 시민권과 같은 이중시민권의 형태 부여 방안도 논의되었다.[41]

최근에는 인도 출신 외국 시민권자들이 미국, 영국, 호주, 캐나다와 같은 국가에서 인도에 대한 정책 결정에 활발한 역할을 하고 있다. 인도인들은 언제나 세계 대사로 묘사되었고 국제적으로 인도의 이름과 명성을 유지하도록 요청받는다. 네루는 '만약에 당신이 그 국가의 국민에게 우호적이지 않고 그럴 수 없다면 인도로 돌아와서 인도의 명성을 망치지 마라.'며 말한 적 있다.[42] 2015년 선거결과로 저스틴 트뤼도(Justin Trudeau)가 총리가 된 후 국방장관을 포함하여 인도출신 여섯 명이 캐나다 연방 내각을 구성할지를 네루는 상상조차 하지 못했을 것이다. 동시에 인도 주재 캐나다와 미국 대사는 인도 출신이다.

1947년 기준, 버마 70만 명, 실론(스리랑카) 70만 명, 말라야 70만 명, 남아프리카 28만2,400명, 영국령 동아프리카(British East Africa) 18만4,100명, 모리셔스 27만1,640명(전체 인구의 64%), 피지 12만5,675명(전체 인구의 47%), 영국령 서인도제도(British West Indies) 40만6,000명, 인도네시아 3만 명, 페르시안 걸프(오만, 쿠웨이트, 바레인) 4,000명, 이란 2,500명, 이집트 1,000명, 이라크에 700명, 아프가니스탄 200명 등 영국 연방 자치령(dominion)과 식민지에는 341만215명의 인도 출신 이주자들이 있었다.[43] 2015년 기준, 걸프와 서구 국가에 2,700만 명 이상은 인도 출신이다. 매년 인도는 700억 달러의 송금을 받는데 이는 세계에서 가장 큰 규모이며 인도 국내총생산(GDP)의 3.5% 정도를 차지한다.[44]

경제적, 세계적 영향력의 확대와 동시에, 인도 정부는 재외 인도인들의 안녕(well-being)을 위해 직접적인 역할을 함으로써 인도의 권력을 행사하기를 희망했다. 예를 들어, 중동에서 폭력이 발발하는 동안(1991년 걸프 전쟁, 2003년 이라크 전쟁, 2012년 리비아 위기, 2013년 이후 시리아와 이라크 내전), 인도는 인도 출신 이주노동자들을 구하기 위해 해당 지역으로 군용 비행기와 항공모함을 보냈다. 나아가 인도 정부는 자국 출신 노동자들의 권리를 보호하고 필요시 그들을 도울 수 있도록 걸프지역 아랍 국가들과 협약을 맺었다.[45]

인도 이주노동자들에게 영향을 미친 다른 국가들의 이민정책과 비자 발급을 위한 인도 노동자들의 삶의 기준 또는 임금과 같은 쟁점들은 네루 시대에는 다른 국가에서 발생하는 국내 문제로 간주되었으나 이제는 인도 외교정책의 일부가 되었다. 이는 해외에 거주하는 인도인들은 해당 국가의 책임이지 인도의 책임이 아니라는 네루의 시각과 대비된다.

네루는 해외에서 곤경에 처한 인도인들을 도와줄 수 없고 해외에서 인도인들의 일자리를 찾아주는 것도 인도의 역할이 아니라고 주장했다. 네루는 '어떤 국가라도 그들 국민들을 위해 일자리를 보존하려는 경향이 있다. 그런 경향을 비판하는 것은 어렵다.'라고 말했다.[46] 해외에서 일하거나 영원히 거주하는 인도인들에 대한 유사한 태도는 더 이상 유효하지 않다. 오늘날 미국에서 공부하고 고용된 인도인과 인도인 회사에 대한 미국의 이민정책 영향력은 양자 회담의 중요한 쟁점 중 하나가 되었다. 인도인들의 고용 비자(H-1B와 L-1)에 대한 쟁점은 오바마 미국 전 대통령과 모디 총리간 논의에서 중요한 주제 중 하나였고 도널드 트럼프 대통령과 모디 총리가 만났을 때도 중요한 주제였다.[47] 다른 국가에서 인도의 이익 전달자들(purveyors)로서 이제 인도는 전 세계에 있는 인도계 사람들을 자랑스럽게 여긴다.

# 참고문헌


1) 1947년 8월 14일, 제헌의회 의장으로서 라젠드라 프라사다의 연설. 의회 웹사이트, http:// parliamentofindia.nic.in/ls/debates/vol5pl.htm (접속일: 2014.7.9.)

2) Ibid.

3) 더 자세한 내용은 여러 대통령들의 연설을 참조하라. 다음은 그 연설들 중 일부이다. 1986년 2월 20일, Giani Zail Singh 대통령의 뉴델리 의회연설, *Speeches of President Giani Zail Singh*, Vol II, New Delhi: Publications Division, Ministry of Information and Broadcasting, Government of India, 1992, pp.14-23; 1987년 2월 23일, Giani Zail Singh 대통령의 뉴델리 의회연설, ibid., pp.139-51; 2003년 3월 24일, A.P.J. Abdul Kalam의 의회합동회기 연설, http://www.indianembassy.ru/ index.php/en/component/content/article/113-media/statements-speeches-interviews-archives/258-24032003-the-president-of-india-dr-apj-abdul-kalam (접속일: 2014.12.31); 2004년 6월 7일, A.P.J. Abdul Kalam의 의회합동회기 연설, http://architexturez.net/doc/az-cf-21867#off-canvas (접속일: 2014.12.31).

4) 1949년 3월 8일, 자와할랄 네루의 제헌의회 연설, Jawaharlal Nehru, *Independence and After Speeches,* New Delhi: Publications Division, Ministry of Information and Broadcasting, Government of India, 1949, p.237.

5) Itty Abraham, 'From Bandung to NAM: Non-alignment and Indian Foreign Policy, 1947-65', Commonwealth & Comparative Politics, Vol. 46, No. 2, 2008, pp.195-96.

6) Ibid., p.198.

7) Werner Levi, 'Indian Neutralism Reconsidered', *Pacific Affairs,* Vol.37, No.2, Summer 1964, pp.137-47.

8) Surjit Mansingh, *India's Search for Power: Indira Gandhi's Foreign Policy, 1966-82,* New Delhi: Sage Publications, 1984, pp.14-18.

9) Sumit Ganguly and Manjeet Pardesi, 'Explaining Sixty Years of India's Foreign Policy', *India Review,* Vol.8, No.1, January-March 2009, pp.12-16.

10) 더 자세한 내용은 다음을 참조하라. 1946년 12월 13일, 제헌의회에서 Purushottam Das Tandon의 연설, *Constituent Assembly Debates of India, Official Report,* Vol.I(1946.12.9-23), http://164.100.47.132/LssNew/cadebatefiles/ C13121946.html.(접속일: 2014.6.10); 1946년 12월 13일, 제헌의회에서 Sri Krishna Sinha의 연설, ibid., 1947년 1월 20일, 제헌의회에서 Vijaylakshmi Pandit의 연설, *Constituent Assembly Debates of India, Official Report,* Vol. II (1947.1.20-25) http://164.100.47.132/ LssNew/cadebatefiles/C20011947.html (접속일: 2014.6.10); 1947년 1월 20일, 제헌의회에서 Algurai Shastri의 연설, ibid.

11) 1947년 1월 22일, 제헌의회에서 자와할랄 네루의 연설, ibid.

12) Sisir K. Bose and Sugata Bose (eds), *The Essential Writings of Netaji Subhas Chandra Bose*, New Delhi: Oxford University Press, 2004, pp.105, 205, 216-18.

13) 1948년 8월 24일, 마드라스대학교 연례 소집(annual convocation)에서 Rajagopalachari'의 연설, *Speeches of C. Rajagopalachari: Only Indian Governor General of India: June 1948-January 1950,* Coimbatore: Bharatiya Vidya Bhawan, 1950, p.64.

14) 1999sus 10월 25일, 뉴델리 의회에서 K.R. Narayanan 대통령 연설, http://www.krnarayanan.in/html/speeches/others/ oct25_1998.htm (접속일: 2014.12.31).

15) 1986년 2월 20일, Giani Zail Singh, 'Address to the Parliament', New Delhi, *Speeches of President Giani Zail Singh*, Vol II, New Delhi:

Publications Division, Ministry of Information and Broadcasting, Government of India, 1992, pp.14-23.

16) 2013년 2월 21일, Pranab Mukherjee의 의회합동회기 연설, http://pib.nic.in/newsite/PrintRelease. aspx?relid=92351 (접속일: 2014.12.31).

17) Ibid.

18) S.D. Muni, 'India and Regionalism in South Asia: A Political Perspective', in Bimal Prasad (ed.), *India's Foreign Policy: Studies in Continuity and Change,* New Delhi: Vikas Publishing House, 1979, pp.107-08.

19) 'Nehru vows to bar invasion of Nepal', *The New York Times*, 17 March 1950; Robert Trumbull, 'India, Bhutan Sign Perpetual Pact, Himalayan Kingdom Gets Subsidy', *The New York Times*, 8 August 1949; Robert Trumbull, 'India Assumes Defense of Sikkim, Strategic Principality in Himalayas', *The New York Times*, 5 December 1950.

20) Ashok Kapur, 'Strategic choices in Indian foreign policy', International Journal, Vol. 27, No. 3, Summer 1972, pp.448-50.

21) 더 자세한 내용은 Aparna Pande, *Explaining Pakistan's Foreign Policy: Escaping India,* London: Routledge, 2011을 참조하라.

22) Jayantanuja Bandyopadhyaya, *The Making of India's Foreign Policy: Determinants, Institutions, Processes and Personalities*, Bombay: Allied Publishers, 1970, p.173.

23) Surjit Mansingh, *India's Search for Power*, pp.317-25.

24) Sumit Ganguly and Manjeet Pardesi, 'Explaining Sixty Years of India's Foreign Policy', *India Review*, Vol.8, No.1, January-March, 2009, pp.9-11.

25) Anjli Raval, 'India eyes oil demand growth top spot', *Financial Times*, 22 July 2016.

26) Sushant Singh, 'SIPRI data shows India world's biggest arms importer at three times of China', *The Indian Express*, 16 March 2015.

27) Donald G. Mcneil Jr, 'India Alters Law on Drug Patents', *The New York Times*, 24 March 2005.

28) 'India and United Nations: Peacekeeping and Peacebuilding', Permanent Mission of India to the UN, New York, https://www.pminewyork.org/pages.php?id=1985 (접속일: 2016.6.11).

29) 'Country Summary: India', World Bank Group Finances, Washington DC: World Bank, https://finances.wbrldbank.org/ countries/India (접속일: 2016.6.12).

30) 'At a Glance: India and the IMF', International Monetary Fund, Washington DC: International Monetary Fund, https://www.imf. org/external/country/IND/rr/glance.htm (접속일: 2016.6.12).

31) 'Agreement on the New Development Bank', New Development Bank (NDB) BRICs website, http://ndbbrics.org/agreement.html (접속일: 2016.6.13).

32) 'What is Asian Infrastructure Investment Bank?', Asian Infrastructure Investment Bank (AIIB) website, https://www.aiib. org/en/about-aiib/index.html (접속일: 2016.6.30).

33) Jayantanuja Bandyopadhyaya, *The Making of India's Foreign Policy*, pp.115-16.

34) Y.D. Gundevia, *Outside the Archives*, Hyderabad: Sangam Books, 1984, p.46.

35) Ibid.

36) 더 자세한 사항은 Ramachandra Guha, *Gandhi before India*, New York: Knopf, 2014를 참조하라.

37) 1947년 12월 4일, 제헌의회에서 행한 네루의 연설 'The Romance of

Migration', Jawaharlal Nehru, *India's Foreign Policy: Selected Speeches*, September 1946-April 1961, New Delhi: Publications Division, Ministry of Information and Broadcasting, Government of India, 1961, p.127.

38) Ibid.

39) Ibid.

40) 1948년 3월 8일, 제헌의회에서 행한 네루의 연설 'Issue of citizenship', Jawaharlal Nehru, *India's Foreign Policy: Selected Speeches*, September 1946-April 1961, New Delhi: Publications Division, Ministry of 'Information and Broadcasting, Government of India, 1961, p.128.

41) 2003년 3월 24일, 의회 합동회기에서 행한 A.P.J. Abdul Kalam의 연설, http://www.indianembassy.ru/index. php/en/component/content/article/113-media/statements-speeches- interviews-archives/258-24032003-the-president-of-india-dr-apj-abdul-kalam (접속일: 2014.12.31).

42) 1957년 12월 17일, 하원(Lok Sabha) 외교위원회의 질의에 응답한 네루의 연설, 'Right policy for the settlers', Jawaharlal Nehru, *India's Foreign Policy: Selected Speeches*, September 1946-April 1961, New Delhi: Publications Division, Ministry of Information and, Broadcasting, Government of India, 1961, pp.129-30.

43) 수치는 Y.D. Gundevia, *Outside the Archives*, pp.48-49에서 인용.

44) 'The worldwide web: India should make more of a valuable asset abroad', *The Economist*, 23 May 2015.

45) 'India-Bahrain sign deal to protect workers', Press Trust of India, 20 June 2009.

46) 네루의 연설, 'Issue of citizenship', Jawaharlal Nehru, *India's Foreign Policy: Selected Speeches*, September 1946-April 1961, New Delhi: Publications Division, Ministry of Information and Broadcasting,

Government of India, 1961, pp.129-30.

47) 'Modi talks to Obama over H1B, LI visa concerns', Press Trust of India, 17 December 2015; Mica Rosenberg, Stephen Nellis and Emily Stephenson, 'Trump, tech tycoons talk overhaul of H1B', *Reuters*, 12 January 2017.

# 제5장

# 제도와 전략적 문화

# 제5장 제도와 전략적 문화

독립 이후 몇 년 동안 인도 지도자들은 대외 관계를 경쟁하는 이익이나 전략에 관한 것이 아닌 외교적 위상으로 보았다. 네루는 세계에서 인도의 특별한 위상에 대해 연설을 했지만 K. 수브라마니암(K. Subrahmanyam)이 지적했듯이 안보 구축에서 다른 요소 간 상호작용을 포함하는 '효율적인 국가 안보 관리를 위한 많은 양의 동반상승효과'가 완전히 부족했다.[1] 세계에서 인도 위상에 관한 목표, 역사적인 문명, 고대 철학자들의 작품, 중세 왕들의 행위뿐만 아니라 서구 식민통치자들의 정책까지 독특한 인도의 전략적 문화유산을 남기는데 실패했다.

여러 정부에서 인도 국방장관과 외교장관을 역임한 자스완트 씽(Jawsant Singh)은 인도는 중국, 오스만(Ottoman), 영국, 러시아 등 4개의 멸망한 제국들의 교차점에 위치했으나 인도의 안보적인 도전은 맥마흔라인(McMahon Line, 역주: 티베트 지역과 인도의 북동부 지역의 경계로 1914년 영국의 식민 지배 당시 만들어 짐. 이는 현재 인도와 중국의 실질적 국경선의 역할을 하지만 인도와 중국 간 분쟁의 원인이 됨), 듀랜드라인(Durand Line, 역주: 1896년 파키스탄과 아프가니스탄 간 경계로 만들어 짐), 실질 통제선(Line of Actual Control, 역주: 1996년 인도와 중국 사이에 정한 국경선), 통제선(Line of Control, 역주: 잠무 Jammu와 카슈미르 간 경계선으로 현재는 파키스탄 통제 하에 있음) 등으로 정의된다.[2] 다른 제국들의 영향을 받고 외부자들에 의해 국경선이 확정되었기 때문에 인도인들이 배타적으로 볼 수 있는 인도 영토의 경계선을 정의하거나 그것을 강요하려는 믿음, 태도, 가치관은 인도인들에게는 부족했다.

인도의 외교정책을 결정짓고 있는 대부분의 현재 제도는 영국령 인도제국 시기에 만들어졌다. 이 제도들은 서로 다른 상황에서 다양한 수준으로 작용하고 있으나 인도의 전략적 기풍(ethos)을 대변한다고 할 수 없다. 인도의 대표적인 전략 분석가인 수브라마니얌은 영국 식민시기 이전부터 전략적 문화가 부재했다며 그 이유를 제시했다. 영국 식민시기 이전에는 다양한 토후국(princely state)들이 임시변통적인 방법으로 그들의 안보에 초점을 맞추었고, 세계적 전략은 거의 강조하지 않았다. 왕자들은 인도 전체가 아니라 상호간의 위협만 보았기 때문에 아대륙의 방위에 대한 전략을 고려하지 않았다. 영국 통치기간 제국(raj)은 제국이 추구하는 이해관계를 형성했고, 인도인들 누구도 그러한 전략을 형성하는데 포함되지 않거나 참여하지 않았다.[3]

1947년 이후 인도는 스스로를 확장주의자가 아닌 현상유지자로 보았다고 수브라마니얌은 그 주장을 이어나갔다. 그러므로 인도는 심오한 전략적 계획으로 이어지는 '편집증적인 불안감'을 가지지 않았다.[4] 영국으로부터 독립 이후 초기 지도자들은 만약 인도가 다른 국가를 위협하지 않는다면 다른 국가는 인도의 안보를 위협하지 않고 놔둘 것이라고 생각했다. 또한 국내 정책 중심의 정치인들 아래에서 군부의 민간 통제는 인도의 군수산업 발전을 저해했다. 그러므로 인도의 본질은 국가안보에 관한 것이라는 전략적 사고를 독려하는 제도적인 구조가 독립 이후에 형성되지 못했다. 독립 직후에는 전략적 안보보다 국가의 위상이 인도 외교정책을 결정했다.

네루 정권 하에서 군사 및 정보기관은 정책의 전략적 수행자로 취급되었고 의사결정에 관여하지 않았다. 의사결정은 민간우위를 보장했으나 국가 안보계획에서 수직적 그리고 수평적 통합을 달성하지 못했다. 민간에 의해 운영되는 국방부는 정책 결정에서 육군, 공군, 해군의 참여를 배제했다. 최고 국방 기구인 안보내각위원회(Cabinet Committee on Security, CCS)의 대부분 제안은 필요한 공급 물자의 구매나 군인의 보수(emolument)에 관한 것이지 실질적인 전략은 아니었다.

1947년 인도 독립 당시 인도 군 장교단(officer corps)은 국가 안보 관리에 익숙하지 않았다. 영국은 영국 코카사스 후손에게만 장교 계급을 할당하면서 1920년이 되어서야 인도인 장교에게 업무를 위임하기 시작했다. 이는 독립 당시 인도 장교단의 역사는 겨우 27년 밖에 되지 않는다는 점을 의미한다. 인도는 식민제국(Raj) 시기부터 군대를 보유했으나 경험이 부족한 신진 장군(junior general)만이 있었고 그 중 일부는 최고의 야전사령관이었으나 대규모 군대를 이끌 능력이 부족했다. 오로지 3명의 장군만이 2차 대전 당시 여단(brigade)을 지휘한 경험이 있었다. 네루는 적절한 준비 없이 중진 사령관 직위에 인도인들을 임명했고 영국 장군들이 잔존하는 것을 거부했다.

이 상황은 안보와 국제관계에 대한 지식이 거의 없는 일반 관료가 국방장관에 임명되었을 때 더욱 악화되었다. 외교부 외교관들은 곧 국가안보의 모든 부분에 개입했다. 국방부의 전 고위 공직자와 인터뷰에서 수십 년 동안 국방부의 연례 보고서의 도입 부분을 국방서기(defence secretary)가 아닌 외교서기(foreign secretary)가 작성했다는 것을 알 수 있었다.[5] 국방과 국가안보에 관한 고민은 제복을 입은(uniformed) 군인이 아닌 관료의 특권으로 여겨졌다. 게다가 네루가 경제계획에 관심을 갖는 동안 국방계획은 1962년 중국과의 전쟁에서 패배한 이후 미국의 강력한 주장이 있었던 1964년 이후 본격적으로 시작되었다.[6]

수브라마니얌은 '인도 안보 구조와 과정에서 심각한 문제'는 네루 체제 하에서 시작되었는데, 네루 후임자들에게도 그 문제가 완전히 시정되지 않았다고 믿었다. 자스완트 씽 역시 그의 저서 『인도 방어하기』(*Defending India,* 1999)에서 네루를 포함하여 인도 초기 지도자들이 외교정책을 사유화하고 '전략적 사고와 정책 형성과 실행'의 제도화를 발전시키지 못한 점을 비판했다.[7] 수브라마니얌은 인도의 국가 안보와 관련된 문제는 토론하고 결정하는 정책과 같은 민주주의의 관행보다 지도자의 본능을 따라야 한다고 주장했다. 그는 '국가 안보 문제에 있어서 네루부터 아탈 비하리 바즈빠이(Atal Bihari Vajpayee)까지 모든 총리들의 독재는 전략적 문화와 전통의 부재로 인해 극렬했다.'[8]고 썼다. 어떤 면에서 오늘날까지 이는 사실로 남아있다. 국가 안보 전문가와 관료들이 참여하는 국가안보위원회(National Security Council)를 구성했음에도 불구하고 인도의 전략적 의사결정은 여전히 총리 개인에게 초점이 맞춰진다.

자스완트 씽은 네루가 인도 외교정책의 원칙을 명확하게 수립하는 대신 영국으로부터 계승한 대외 관계 체제를 단순하게 유지했다고 비판했다. 이런 비판은 네루주의(Nehruvianism)가 인도의 전략적 목표를 대변한다는 견해와 대조된다. 1998년 대통령 연설에서 인도는 '인류 문명의 선봉에서 전통적이고 역사적인 위상'을 되찾고 마하트마 간디와 네루가 만든 길을 따라야만 했다.[9] 당시는 간디가 암살당한지 반세기, 네루가 사망한지 34년이 지난 때였다. 자스완트 씽과 같은 비평가들은 인도 외교정책에서 네루의 공헌은 실질적인 전략적 결정이 아닌 호언장담(grandiloquence)이었다고 본다.

거창한 웅변술(high sounding)은 인도의 대외 관계 접근법의 현저한 특성이었다. 2003년 의회에서 대통령은 '전 세계 국가들과 우리의 문명과 역사적 연계를 강화함으로써' 인도는 세계로 나갈 수 있다고 연설을 했다. 인도의 많은 빈곤 인구수, 국내총생산을 포함한 다른 경제 지표들에서 나타나는 현대 군사력을 유지하기에는 매우 낙후된 시설 등을 무시하면서 인도 대통령은 21세기는 '인도의 세기'(India's century)이며 전략적 자율성과 독립적인 의사결정은 인도 외교정책의 전형적인 특징이라고 선언했다.[10]

시적인 표현을 사용하며 K.R.나라야난(K.R. Narayanan) 대통령은 인도 외교정책은 '독립을 위한 갈증, 국익 수호를 위한 열망, 세계 전체와 우리 주변의 환경과 협력하고 평화를 추구하는 열망'의 '연금술'이라고 묘사했다.[11] 그러나 은퇴한 관료의 말을 빌리자면 '우리 스스로 실행하지 않은 것을 다른 사람에게 설교하면서'[12] 실제로 인도의 접근법은 현상 유지이다.

수년 간 비평가들은 인도는 많은 이니셔티브(initiative)를 주도하기보다 세계가 하는 무엇이든 그것에만 일반적으로 반응했다고 비판했다. 인도의 지도자들과 외교관들은 인도가 '세계에서 모든 국가들과 우호적으로 이야기 할 수 있는 몇 안 되는 나라 중 하나'라고 자부했다.[13] 그러나 이는 새로운 방침(course)을 세우는 대신 문제를 그럭저럭 해결해 나가기 위해 고안된 정책의 반영일 뿐이었다.

## 총리들의 우월성

독립 이후 인도는 영국 식민통치 기간 동안 형성된 국가 구조를 바꾸거나 버리지 않기로 했다. 정부의 현존 제도들을 약간 수정하고 식민 정치체제를 채택하는 대신 주권 국가의 작동을 위해 업무를 조정했다. 외교정책에 대한 인도의 의사결정 또한 영국령 인도 제국(Raj) 시기에 형성된 대부분의 제도에 의존한다.

영국이 아대륙을 떠난 지 채 2년이 되지 않아 1949년 인도는 웨스트민스터(Westminster) 형태의 의회민주주의를 모델로 한 헌법을 채택했다. 성인 보편 선거권에 기초한 총선은 1951-52년에 치러졌다. 대부분의 민주주의 체제에서처럼 의회 구성원들은 그들의 유권자를 대변하고 세계적 쟁점보다 각 지역 문제에 집중했다. 총리로서 네루는 국가의 수반이었고 실질적으로 총독(viceroy)에게 모든 권한이 부여된 시기로부터 연속성을 유지했다. 그러므로 인도에서 총리실은 다른 의회민주주의 체제보다 훨씬 더 큰 영향력을 행사하기 시작했다. 외교정책의 행동 수칙에서 네루는 총리의 위상에 관한 권위에 초점을 맞추었는데, 그 위상은 오늘날까지 인도의 국제적 개입 문제에 지속성을 유지한다.

거의 모든 인도 총리가 외교정책 분야에 있어 자신의 흔적을 남기려고 했다. 일부는 그들이 원하는 정책을 만들고 실시할 만큼 강력했으며, 또 다른 일부는 그들과 함께 외교 체계를 시행하는 방법을 배워야 했다. 관료의 기능에 대한 지식이 부족한 총리조차도 관료들이 주도권(initiative)을 장악하는 방법을 빠르게 습득했다. 네루와 그의 초기 후임자들은 총리를 위해 직접적으로 일을 하는 직원들의 수를 상대적으로 작은 규모로 유지하면서 다양한 정부 부처를 통해 그들의 결정을 전달했다. 수년간 총리실은 총리의 중심성을 견고하게 유지할 수 있도록 도움을 준 관람기구로 부각되었다.

총리실 이외에도 여러 다른 기관과 사무실 또한 인도의 외교정책에 관여했다. 여기에는 외교부(외교장관, 외교서기, 외교공무원국, 외교업무)와 최근에 조직된 국가안보위원회(국가안보자문관, 전략정책집단, 국가안보자문위원회), 의회(상임위원회와 자문위원회)와 안보내각위원회(Cabinet Committee on Security)가 포함된다. 다른 부처들, 특히 국방부(Ministry of Defence), 내무부(Ministry of Home Affairs), 재무부(Ministry of Finance), 상무부(Ministry of Commerce) 역시 그들의 직무와 관련이 있는 사안에 대해서는 관여한다. 인도 군대, 정보기관, 정당, 언론, 연구기관 등 다양한 집단은 최근 인도 역사의 각기 다른 시간에서 발생한 국제 문제와 관련한 인도의 위상에 영향을 미쳤다. 그러나 공식 관료제도 외 전문 관료와 전문가의 참여에도 총리가 모든 정책의 최종 결정권자라는 사실은 불변하다.

웨스트민스터 제도는 선출된 정치인과 종신관료(permanent bureaucracy) 간 긴장감을 유발한다. 대부분의 인도 관료들은 본인들은 정책 입안자가 아니라 정책 수행자라고 주장한다. 고위 외교관에 따르면 모든 총리들은 그들만의 견해가 있고 그들이 관료들의 의견을 청취할 때 본인들이 듣고 싶은 것은 듣고, 듣기 싫은 것은 무시했다고 한다. 현실적으로 말해서 총리는 많은 사안에 대해 강한 견해를 가지고 그들의 견해들을 종신관료들에게 관철시키는 데에는 제한이 따른다. 대부분의 다른 사안에 관해서 제안들은 현재 부서에서 기안을 하고 위계질서에 따라 최종 결정을 위해 총리실로 전달된다. 저자와 인터뷰한 대부분의 외교관들은 미국, 러시아, 영국, 중국 또는 대부분의 유럽 국가 등 인도 이웃 국가나 인도에게 중요한 국가들과 관련된 사안은 종종 총리 개인에 의해 판단되었다고 했다.

중요하지 않은 사안에 대한 결정조차도 총리가 외교장관에게 어느 정도로 허락할 의지가 있는가에 따라 달려있다. 네루는 모든 정책을 지속적으로 통제하는 것을 선호하면서 외교장관을 임명하지 않았다. 이후 총리들의 경우 개인적 성향과 정치적 상황에 따라 외교장관의 자유(freedom)를 조절했다. 보통 총리가 외교장관과 잘 어울리거나 또는 총리가 사안에 관심이 없었다면 외교장관은 최종 결정권을 가진다. 특히 전략적 문제의 경우 총리가 장관의 의사결정을 용인하고 싶지 않을 때도 있지만 어떠한 총리도 신뢰할 수 없는 인물을 외교장관으로 두지 않는다.

자스완트 씽은 총리와 외교장관 간 관계를 간단한 일화로 표현했다. 총리실과 외교장관은 사우스 블록(South Block)이라는 건물에 같이 위치한다. 총리실은 외교장관 사무실과 작은 문을 통해 연결되어 있다. '만약 문이 열려있으면 둘은 가깝게 일을 하는 것이고 문이 닫혀있다면 그렇지 않다.'라고 씽은 언급했다.[14] 총리로서 네루는 또한 외교장관이었기 때문에 그 문을 자주 이용했다. 그 문은 계속 사용되었으나 외교 관료가 총리실을 방문하는 횟수나 또는 그 반대의 경우는 두 관료 사이의 협력 정도를 나타낸다.

어떤 측면에서 인도의 최고위 정치인 집단과 종신 국가관료 집단 간 상호작용은 영국의 화이트홀(Whitehall)과 다우닝스트리트

(Downing Street) 10번지와의 관계와 닮아 있다. 인도가 웨스트민스터 제도를 채택한 배경은 절대적으로 네루의 야심찬 성격으로부터 영향을 받았는데, 그는 17년 간 국가 형성을 위한 총리로 재직했다. 네루는 내각, 의회, 종신관료에게 막강한 영향력을 행사했다. 또한 그는 스스로를 가장 훌륭한 관료로 간주했다. 천성적으로 성격이 급했기 때문에 네루는 때로는 혼자서 결정을 내렸고 외교채널에 답을 보내기도 했다.

네루의 외교에 대한 열정과 관심은 그가 총리가 되었을 때 즈음 그가 국제 문제에 대해 확고한 시각을 갖고 있었다는 것을 의미한다. 인도 독립운동의 다른 지도자들은 네루만큼 국제 문제에 관심을 기울이지 않았다. 네루는 그의 일부 고위 관료들과 논의를 했지만 그의 개인적 지식과 본능에 근거하여 의사를 결정하곤 했다.

인도 외교공무원국(IFS)에 수년 간 근무했던 자반타누자 반됴파드하야(Javantanuja Bandyopadhyaya)에 따르면 네루 시대 외교부 자문관의 역할은 두 가지로 최소한에 그쳤다. 그 중 하나는 네루는 거의 조언을 필요로 하지 않았다는 것이다. 두 번째로 그리고 더욱 중요하게 인도 외교정책은 독립 초에 만들어지는 중이었고 인도의 반응이 요구되는 '세부적이고 특정한 문제들보다 국제관계의 문제와 더욱 일반적인 것을 다루었다.[15]

매일 외교문제를 처리한 네루의 행적에 대해서는 총리의 일거수일투족(routine)을 기록한 전 외교장관 예즈데자드 딘쇼 군데비아(Yezdezard Dinshaw Gundevia)의 회고록에서 자세하게 묘사된다. 네루는 그의 공관인 틴 무리티 하우스(Teen Murti House, 영국령 인도군대의 전 사령관의 저택(palatial house))의 잔디밭에서 운집한 사람들을 만나는 것으로 하루를 시작했다. 그리고 나서 그는 국무장관(Secretary General), 외교서기(foreign secretary), 커먼웰스 장관(Commonwealth secretary), 특임장관(special secretary) 등 4명의 장관을 사우스블록(South Block)에 위치한 그의 사무실에서 20분 간 만났다. 군데비아(Gundevia)에 따르면, '우리 모두는 우리가 지시나 명령을 원하는 분홍색과 노란색 전문(telegram) 다발을 들고 갔다. 네루는 전문과 그가 적절히 분류한 편지를 한 통 이상 갖고 있었다.' 네루는 질문을 했고 각 장관들은 질문을 할 수 있도록 허락받았다.[16]

그의 정치적 동료 중에서 네루는 네루의 오른팔(own right)로 많은 인물들이 잠재적 총리 후보감으로 간주했던 부총리이자 내무부장관이던 사다르 발랍바이 파텔(Sardar Vallabhbhai Patel)의 의견들을 가장 만족스러워했다. 파텔이 주로 국내 정치와 토후국(princely state)을 인도로 통합하는데 관심을 보였지만 중국과의 관계에 관한 네루의 정책에는 크게 동의하지 않았다. 파텔을 제외한 내각 구성원들은 네루의 외교정책에 거의 질문을 하지 않았고 '네루가 제일 잘 안다.'라고 말했다.

네루는 그가 개인적으로 결정을 내렸을 때도 공식적인 영사 제도를 유지했다. 다른 총리들은 의회제도 정부에서 집단적인 내각 책임제에 기초한 내각위원회를 활용했는데, 그 위원회는 결정의 책임을 공유했다. 내각위원회 구성원은 다양했으나 핵심 구성원은 정치 내각위원회, 안보 내각위원회, 경제 내각위원회, 의회 내각위원회, 내각 상임위원회(Appointment Committee of the Cabinet), 합의 내각위원회(Cabinet Committee on Accommodations) 등이다. 수년 간 정치 내각위원회는 외교문제를 다뤘으나 최근 들어 안보 내각위원회가 주요 기구로 부상했다.

네루 체제 하에서 외교 내각위원회는 총리, 국방장관, 내무장관, 재무장관으로 구성되었다. 국방 내각위원회와 경제 내각위원회도 있었지만 어떤 위원회도 정책 형성에 '특별한 영향력'을 행사하지 않았다.[17] 네루는 모든 과정을 장악했을 뿐만 아니라 이미 정책이 결정된 회의에도 참석했다. 크리쉬나 메논(Krishna Menon)에 따르면, 네루는 '협의를 모색하는 인물이 아니라' 내각회의에서 우선 쟁점을 던져놓으면 최종적으로 정책들에 대해 '모두가 동의했다.'[18] B.R. 암베드카르(B.R. Ambedkar)와 같이 네루의 첫 번째 내각에서 국민회의 소속이 아닌 장관들은 내각의 외부에서 정책결정에 결정적 역할을 하지 못했다고 느꼈기 때문에 사퇴했다. 스스로를 국민의 교육자로 보는 네루는 의사결정에 있어 참을성이 없었고 내각위원회 과정을 고된 일로 보았다.

최근에는 안보 내각위원회(Cabinet Committee on Security)가 외교와 안보정책에 관련된 핵심 의사결정기구이다. 이 위원회에는 총리, 외교장관, 국방장관, 내무장관, 재무장관이 참석한다. 이 회의에 다른 내각 장관을 초대하는 것은 총리의 특권이다. 논의될 주제에 따라 다른 장관 또한 초대될 수 있다. 각 군 총장(service chiefs)은 국방관련 주제가 논의될 때마다 참석한다. 위원회의 구성원으로서 각 부처의 서기들도 관료의 수장(bureaucratic head)으로서 참석하고 내각 서기도 관료(civil service)의 수장으로 참석한다. 의전에 따르면, 총리와 내각 장관들이 참석하지 않거나 총리가 자신의 역할을 대신할 인물을 지명하지 않으면 내각 위원회 회의는 소집되지 않는다.

1964년 네루가 사망하고 랄 바하두르 샤스트리(Lal Bahadur Shastri)가 총리가 되었을 때 외교정책에 대한 의사결정은 심각히 사유화되었다. 총리와 총리실은 외교의 핵심 정책결정기구였다. 국내 정치인들은 외교문제에 관심이 거의 없었기 때문에 샤스트리 총리는 1964년부터 1966년 사이 외교관계에 영향을 미쳤던 사르다르 스와란 씽(Sardar Swaran Singh) 외교장관에게 더 많은 재량권을 부여했다.

네루와 달리는 샤스트리 총리는 모든 것을 혼자서 해결하려는 총리가 아니었다. 그는 방대한 양의 외교소식(diplomatic cable)과 행정서류(administrative file)를 설명하기 위해 그가 신뢰하는 누군가를 필요로 했다. 따라서 영국 식민시기부터 인도관료국(Indian Civil Service)의 구성원이었던 락쉬미 칸트 자(Lakshmi Kant Jha)가 총리의 비서가 되었다. 자(Jha)는 시간이 경과함에 따라 권력과 규모가 방대해진 총리비서실(prime minister's secretariat)을 설치했다. 샤스트리 재임기간 동안 관료는 잃었던 입지(ground)를 되찾았으며, 수르짓 만씽(Surjit Mansingh)이 지적한 것처럼 샤스트리는 총리비서실을 '일종의 초월적 총리실'(super ministry)로 탈바꿈시켰다. 외교문제는 이제 비서실을 통하게 되었고 총리 재임기간 동안 그 역할을 담당했다.

인디라 간디는 총리비서실을 총리실(Prime Minister's Office, PMO)로 명칭을 바꾸고 규모뿐만 아니라 영향력과 권한을 더욱 확대시켰다. 현재 총리실은 외교부 소속의 관료들로 구성되었으며, 이들은 총리의 눈과 귀가 되어 총리실을 위임받았다. 총리실로부터 온 서한과 전화는 외교부에서 온 것보다 더 중요했다. 인디라 간디는 국민회의의 중견 지도자를 그녀의 외교장관으로 임명했지만 외교정책에 관한 통제권을 유지했다. 당시 외교장관으로는 마홈메달리 쿠림 차글라(Mahommedali Currim Chagla, 1966-67), 디네시 씽(Dinesh Singh, 1969-70), 사르다르 스와란 씽(Sardar Swaran Singh, 1970-74), 야쉐완트 라오 차반(Yashewant Rao Chavan, 1974-77), 파불라파르티 벤카타 나라시마 라오(Pamulaparti Venkata Narasimha Rao, 1980-84) 등이 있었다. 인도 외교장관들은 단순히 인디라의 결정을 이행만 했지만 총리는 소수 집단의 조언자들로부터 수집한 평가를 신뢰했다.

인디라 간디의 자문가들로 잘 알려진 인물들은 선임장관(Principal Secretary)인 파라메스와르 나라얀 학사르(Parameshwar Narayan Haksar), 정책계획위원회(Policy Planning Committee) 의장인 두르가 파라사드 다르(Durga Parasad Dhar), G. 파르따사라띠(G. Parthasarathy)와 인데르 말호트라(Inder Malhotra)와 같은 일부 언론인 등이었다. 자문과 관련하여 인디라 간디는 그녀의 견해와 일치하는 자의 의견을 선택했으나 그녀는 충성심에 편집증이 있는 것으로 잘 알려져 있다. 미세하더라도 불충의 의심을 받거나 본인의 역할보다 더 큰 전력을 탐하는 자로 인식되면 고위급 정치인이나 자문가들 누구든지 인디라와의 회의에 참석하지 못했다. '인디라 간디는 능력 있는 인간을 심부름꾼 소년처럼 사용했다.'고 수르짓 만씽(Surjit Mansingh)이 썼는데, 많은 사람들은 그가 인디라 간디에 대해 동정심을 갖고 있었던 것으로 알고 있었다. '인디라 간디는 그들의 조언에 가치를 두었을 때, 그들의 신중함을 신뢰했을 때, 그녀의 충복이 가진 충성심에 확신을 가질 때, 기구 내 지위와 관련 없이 다양한 업무를 하게 했다.'[19]

인디라 간디의 아들 라지브(Rajiv)는 1984년 그의 모친이 암살당한 후 모친의 뒤를 이어 총리가 되었을 때, 모친의 기질을 계승하여 모든 권력을 총리실로 집중시키려고 했다. 그는 전통적으로 정치인 출신이 아니었기 때문에 국내 정치에는 관심이 없었다. 그러나 라지브는 인도에서 변화가 야기되는 것을 참을 수 없었고, 외교정책을 현대 선진국과 인도의 통합을 위한 중요한 도구로서 간주했다. 견고한 관료제와 국내 상황을 확실히 신뢰하지 않았기 때문에 그는 국내 정치보다 외교를 하는 것이 더욱 쉽다는 사실을 발견했다.

라지브는 변화의 장애물로 간주했던 관료주의를 신뢰하지 않아 총리실로 권력을 집중시키도록 했다. 그는 총리실과 관련된 외교 관료의 수를 늘렸을 뿐만 아니라 그가 개인적으로 신뢰할 수 있는 관료를 찾기도 했다. 라지브는 그의 조부처럼 외교장관에 임명 가능한 사람들을 알고 있었지만 외교장관은 국민회의 출신 정치인만 임명되었다. 인디라 간디와 가까웠던 전 외교장관이었던 쿤와르 나트와르 씽(Kunwar Natwar Singh)은 외교관련 각외 장관(Minister of State for Foreign Affairs)으로 임명되었다.

라지브는 외교장관이 아니라 중요한 정책 조언자로서 나트와르 씽에게 가끔씩 의지했다. 예를 들어 1987년 라지브 간디가 스리랑카 동북부 자프나(Jaffna) 지역의 따밀인들에게 인도 공군을 통해 비상 물품을 공급한 일은 내각 장관이나 전문 관료들이 아니라 나트와르 씽의 조언 때문이라고 했다. 인도 공군은 표면상으로 인도주의적 의무를 이행하기 위해 스리랑카 영토를 침범했다. 이후 라지브는 그의 내각과 논의 없이 스리랑카에 평화유지군을 파견하기로 결정했다. 사실, 외교장관이었던 나라시마 라오(Narasimha Rao)조차도 파견이 결정된 뒤 그 소식을 들었다.[20]

인도 독립 70년 중 29년 동안 인도 총리는 외교장관도 역임했다. 외교장관을 임명했다고 하더라도 그들은 총리의 그늘 아래에서만 행동했다. 반드요파드하야(Bandyopadhaya)에 따르면, 이 행태는 외교정책에서 외교장관은 정책결정과정의 '핵심'(pivot)인 웨스트민스터 의회체제와 반대된다.[21]

외교정책 형성과 시행에 있어서 인도 총리가 더 직접적인 역할을 하는 관행으로 인해 다수의 의회민주주의에서보다 인도 외교장관은 덜 중요하게 되었다. 전 외교서기(foreign secretary)는 '내가 모신 외교장관에게 명령을 받기 위해 그에게 갔을 때 "왜 이리로 왔습니까? 저 복도로 내려가세요."라며 총리실을 가리켰다.'고 탄식했다.[22]

인도 외교정책을 형성하는데 있어서 총리들의 우월성(pre-eminence)은 수년간 지속되어왔다. 총리로서 라오는 미국과 관계를 증진시킴으로써 냉전 종식 이후 그만의 길을 개척했다. 그는 또한 인도 경제의 재건을 위해 경제개혁을 실시했고, 동아시아와 동남아와의 경제와 교역을 장려할 목적으로 '동방'(Look East)정책을 주창했다. 라오는 인디라와 라지브 체제하 외교장관을 역임한 박학다식하고 평생을 정치인으로 살았던 인물이었다. 그는 외교부 관료들을 잘 알았으며 그들은 라오가 외교부와 해외 외교사절에게 더욱 전문적인 발언을 할 것으로 기대했다. 그러나 라오는 총리실에 의사결정이 집중되도록 했다.

외교장관 경험이 있었던 또 다른 총리는 인데르 쿠마르 구즈랄(Inder Kumar Gujral)로서 그는 네루처럼 외교정책에 열정적이었고 짧은 기간 총리에 재직하면서 외교장관직도 유지했다. 구즈랄은 특히 인도의 가까운 이웃인 남아시아와 관련한 외교정책에 있어서 구즈랄 독트린(Gujral Doctrine)과 같은 유산을 남기려는 의도로 권력을 잡았다. 구즈랄은 역대 총리들과 달리 총리실을 약화시키는 것이 아니라 외부 전문가와 학자에게 과도하게 의존했다. 이는 총리와 관료 사이의 잦은 분쟁으로 이어졌다.[23]

BJP의 아탈 비하리 바즈빠이(Atal Bihari Vajpayee)는 외교정책 결정에서 협의의 원칙(semblance)을 회복했다. 그는 자나타(Janata)당 정부(1977-79)에서 외교장관을 역임했고 1996년과 1998년 매우 짧은 기간에 총리를 역임한 뒤에 1999년 초부터 5년 임기의 총리직을 완수했다. 완벽한 정치인으로서 바즈빠이는 모든 야당 지도자들을 대부분 알았고 외교관계에서 합의를 이루기 위해 그들을 만났다. 특정한 쟁점에 대해서 그는 내각, 정당, 연정의 구성원, 심지어 국민회의의 반대파들과도 논의를 거쳤다. 2003년 조지 부시(George W. Bush) 미국 대통령이 이라크에 인도군대를 파병할 것을 요청한 것이 대표적 사례이다. 이라크에 군사적으로 개입하지 않기로 한 결정은 광범위한 합의의 반영이었다. 또 다른 한편의 사례는 그는 카슈미르에서 연설을 하면서 파키스탄과 우호를 확대하기로 결정했는데, 독자적으로 행동하고 많은 협의를 하지는 않았다.

국가안보자문관(national security adviser)이 수장이 되는 BJP정부 주도의 국가안보위원회(National Security Council) 사무국이 창설된 것은 바즈빠이 체제의 주요한 제도적 변화였다. 바즈빠이는 인도 최초 국가안보자문관으로 전 대사이자 그가 신뢰하는 브라제시 미스라(Brajesh Mishra)를 임명했다. 미스라는 또한 총리의 선임장관이 되었다. 이러한 이중 역할은 그에 대한 바즈빠이의 전적인 신뢰를 의미하고, 라지브 이후 외교와 국내 정책을 전적으로 담당하는 최초의 총리실이 꾸려졌다. 전 관료에 따르면, 대사 임명과 같은 행정적인 문제에도 깊숙이 개입했다.

바즈빠이 정부 동안 두 번에 걸친 사건을 통해 그의 내각은 단지 보조적 역할에 불과하고 핵심 결정자는 총리라는 사실을 보여준다. 첫 번째 사건은 1999년 5월에 발생했다. 인도가 파키스탄과 평화회담을 하고 있는 동안 카길(Kargil) 지역 내 카슈미르 통제선을 넘어 산악지역을 장악하고 있던 파키스탄 군대가 경계를 풀고 있었던 인도군대를 포위했다. 이는 카길 위기의 서막으로서, 인도와 파키스탄이 핵전쟁을 할 것으로 알려졌다. 인도군대는 마침내 파키스탄을 격퇴했고, 세계 여론은 만장일치로 인도 편이 되었다. 파키스탄이 슬쩍 장악한 영토에서 철수를 요구한 미국을 비롯한 다른 국가와 함께 중국도 여기에 가담했다.

일부 공식보고서는 카길 위기를 있게 한 인도 정보당국의 실패(인적, 기술적 모두)를 상세히 기술했다. 위기가 발생했을 때 총리는 침범에 대항할 군사대응을 스스로 결정했고 배후에서 파키스탄의 뒤통수를 친 것에 대한 세계의 여론을 모았다. 바즈빠이는 인도의 신뢰성을 입증하기 위한 장치를 마련해 두지 않은 채 파키스탄을 과도하게 신뢰했고, 파키스탄에게 허를 찔렸다는 비난을 받을 것을 염려했다. 그래서 위기가 지속되는 동안 그는 매일 또는 하루에도 몇 번씩 소집한 안보 내각위원회를 신뢰했다. 이 회의에는 모든 기관의 장(長)과 정보당국 수장이 참석했기 때문에 이 기간 동안에는 누구도 결정들에 대한 책임을 물을 수 없었다.

바즈빠이가 집단적인 결정을 내리기 위해 필요했던 두 번째 큰 위기는 1999년 12월 카트만두에서 델리로 가는 인도항공기가 파키스탄 테러리스트들에게 납치되었을 때였다. 다시금 인도 정부는 놀랐다. 시간이 가장 중요했지만 정부는 암리차르(Amritsar)에 있는 항공기의 최초 착륙 시도부터 연속적으로 라호르(Lahore), 두바이, 그리고 최종적으로 탈레반이 통제하는 칸다하르(Kandahar)까지 신속한 결정을 할 수 없었다. 당시 바즈빠이의 보좌관이었던 칸찬 굽타(Kanchan Gupta)에 따르면, 당시 총리와 그의 보좌진들은 비행 중에 있었고 한 시간 이상 납치가 된 사실을 몰랐다.[24] 연구와 분석(Research and Analysis Wing, 역주: 인도 해외 정보기관)의 전 수장인 A.S. 둘랏(A.S. Dulat)은 그의 저서 『카슈미르: 바즈빠이의 날들』(*Kashmir: Vajpayee Years*)에서 그 사건을 '책임 공방'(blame game)

이라고 정의한 반면, 다른 사람들은 '실수'(mismanagement)로 치부했다.[25] 당시 외교장관인 자스완트 씽은 그의 저서 『위험에 처한 인도』(*India at Risk*)에서 '[납치 위기 동안] 실행계획(logistics)의 조직 실패는 여전히 나를 놀라게 만드는 관료주의적 혼란 중 한 가지'라고 썼다.[26]

테러리스트들은 인도 교도소에 수감 중인 동료 테러리스트들의 석방을 요구했고, 만약 그들의 요구가 수용되지 않으면 탑승 중인 승객 모두를 사살하겠다고 협박했다. 그들은 위협의 심각성을 보여주기 위해 승객 한 명을 사살했다. 내각은 테러리스트의 요구에 굴복하지 않기로 결심했으나 언론과 대중 여론은 정부의 최초 결정을 번복하게 만들었다. 인도는 인도인 인질들이 모두 무사히 풀려난 다음 3명의 테러리스트 지도자를 파키스탄으로 송환했다. 3명의 테러리스트들은 외교장관과 인도 정보당국 수장이 마련한 특별기로 칸다하르까지 호송을 받은 후 파키스탄으로 돌아갔다. 저돌적 행동을 통해 자유를 추구하려는 움직임이 있었음에도 불구하고 풀려난 자들은 다시 테러활동에 가담했음이 확인되었다.

바즈빠이는 그의 내각과 함께 비난을 받았지만 그가 승복함으로써 위신은 크게 손상되었다. 카길과 칸다하르 등 두 사건이 발생하는 동안 바즈빠이는 내각 전체와 그 문제를 토론했으나 최종 결정은 그만의 몫이었다. 국가안보자문관인 미스라(Mishra)는 이 어려운 결정에 참석한 유일한 인물이었던 것 같다. 미스라의 상시 참석(omnipresence)과 그에 대한 바즈빠이의 절대적인 신뢰 때문에 총리의 역할은 총리실이 크게 관심이 없던 모든 분야에까지 확대되었다.

유명 경제학자 만모한 씽(Manmohan Singh)이 총리가 되자 상황은 크게 변했다. 전직 관료로서 만모한 씽은 규정을 따르기로 유명했고 라오 총리 시절 재무장관을 역임하면서 내각 경험을 쌓았다. 다른 총리들과 달리 만모한 씽은 그의 진영들 대신 국민회의 의장인 소냐 간디(Sonia Gandhi)가 지명한 자들로 총리실을 구성했다. 10년의 총리 재직 기간 동안 실질적인 권력은 총리실이 아닌 국민회의 당대표실에 있었다. 총리는 세계에서 발생하는 사건에 대해 그만의 견해를 가졌다. 그는 파키스탄을 포함한 인도 주변국뿐만 아니라 미국과도 좋은 관계를 맺기 위해 노력했다. 연정의 요구와 함께 그가 가진 권한의 한계는 그가 이끄는 정부의 의제를 추진할 만모한 씽의 능력을 심각히 제한했다.

만모한 씽과 가까운 한 조언자는 안보 내각위원회에서 매주 그를 만났지만 총리는 위원회가 진행되는 동안 이에 대해 참견하거나 거의 언급하지 않았다고 회고했다. 안보 내각위원회 대신 중요한 결정은 소냐 간디, 만모한 씽, 국방장관인 A.K.앤서니(A.K. Antony), 재무장관인 치담바람(Chidambaram)과 소냐 간디의 충복인 아메드 파텔(Ahmed Patel) 등 국민회의의 핵심집단이 참여하는 주간 회의에서 논의되었다. 안보 내각위원회는 매주 목요일에 개최되었지만 실질 정책결정체로 기능한 핵심위원회(Core Committee)는 매주 금요일에 개최되었다. 소냐 간디가 주재하는 국가자문위원회(National Advisory Council)는 내각과 총리의 권력을 더욱 약화시킨 또 다른 형태의 '평행한 정책 구조'(parallel policy structure)였다.[27]

나렌드라 모디(Narendra Modi)는 만모한 씽이 겪은 한계(constraints)에 직면하지 않았다. 2014년 선거는 그에게 있어서 외교와 국내 정책의 급진적인 변화를 가져온 재임기간의 시작이었다. 주(state)총리로서 모디의 경험은 종신관료제가 얼마나 정치 변화를 느리게 하는지를 잘 알고 있었다. 인도 주총리 출신의 친기업 보수주의자로서 그는 델리에 기반을 둔 주 중심 제도(machinery of state)를 신뢰하지 않았고 총리실에 더욱 많은 권력을 집중시키려고 노력했다.

네루처럼 모디는 외교정책에 열정적이고, 라지브처럼 기존의 만들어진 틀에 회의적이었으며, 그의 핵심 조언자들을 활용하려고 한다. 인디라처럼 그는 그가 믿는 소규모의 조언자들이 있고 바즈빠이처럼 그는 일부 신뢰하는 인물들을 국가안보자문관으로 임명했다. 모디는 네루가 했던 것과 유사한 방식으로 총리가 장관보다 지위가 우월하다는 것을 활용하지 않고 그의 관료들이 직접 일을 처리하는 것을 선호했다. 또한 그는 전통적인 언론과 소셜미디어와 같은 현대적 수단을 활용하면서 인도 시민과 직접 관계를 맺고 있다.

### 의회의 역할

인도 의회의 역할은 다른 의회민주주의에서보다 외교정책의 형성과 실행에 있어서 상대적으로 적은 편이다. 이는 현대 인도의 건국자들이 예상했던 바가 아니다. 인도 건국 지도자들은 국제관계에 있어서 의회가 최고기관이 되기를 원했다고 독립 직후 제헌의회에서 논의된 기록이 있다. 제헌의회 구성원이었던 H.V. 카마스(H.V. Kamath)는 '나는 의회가 궁극적으로 우리의 국제관계를 결정할 것이라고 확신한다. 우리의 외교관계가 어떻게 될 것인지 우리의 외교정책이 어떻게 될 것인지에 대한 최종 발언은 행정부도 대통령도 아닌 의회다.'라고 주장했다.[28] 카마스의 발언(sentiment)은 다른 제헌의회 구성원들에 의해 공유되었고, 최종적으로 인도 헌법 246조와 253조에 국제 조약(treaty), 협약(agreement), 협정(convention)의 시행을 포함한 모든 국제문제의 입법권한을 의회에 부여하도록 했다.

그러나 정부의 모든 부처가 의회의 통제를 받는 것처럼 외교부 역시 실제 인도 외교정책의 실행은 정부 내 각 행정부에 의존한다. 의회의 감시는 토론과 논쟁을 통해서뿐만 아니라 국회의원들이 각 장관들에게 그들 부서의 활동에 대해 질의를 하는 의회 회기를 통해서도 실시된다. 외교 및 국방 의회위원회(Parliamentary Committees on External Affairs and Defence) 역시 의회의 감시기구로 활동한다.

의회는 외교부가 제출한 법안을 논의하고 승인하며, 외교부의 연례보고서를 승인하기 전 연구하고 토론하며 쟁점들에 관해 질의를 한다. 외교부 관계자들은 의회 회기 중 국회의원들이 제기한 질문에 대한 답변을 준비하는데 많은 시간이 소요된다고 말한다. 질문들은 때때로 언론 보도(예를 들어, 이라크에서 인도 인질 문제)와 관련되는 반면, 다른 경우에는 특정 국가나 특별한 국제문제에 대한 정부의 정책과 관련된다.

의회의 감시를 비판하는 자들은 거의 모든 민주주의에서 대부분의 정치인들은 국내문제에 관심이 있고 외교문제에 대한 지식은 상대적으로 없다고 지적한다. 결과적으로, 외교정책에 대한 의회 내 논쟁은 언제나 객관적인 사실에 근거하거나 현실에 대한 객관적인 평가에 근거하지는 않는다. 이는 종종 정부를 비판하는 반대파나 여당을 위한 기회가 되기도 한다.

외교정책에 대해 지식과 경험이 있는 정치인 집단의 구축을 위한 한 가지 방법은 위원회 제도를 통해서이다. 외교 문제에 대한 위원회는 자문위원회(consultative committee)와 상임위원회(standing committee) 등 두 위원회가 있다.

자문위원회는 의회에서 외교정책을 제안하기 전부터 절친한 의회 동료들과 외교정책을 논의했던 네루의 관행에서부터 시작되었다.[29] 랄 바하두르 샤스트리(Lal Bahadur Shastri)는 이 정책을 계승했다. 그러나 국회의원들은 비공식 협의체 대신에 공식적인 협의체 구성을 요구하며 반발했다. 1969년 의회 자문위원회가 설치되었다. 자문위원회는 의회 내 국회의원 소속 정당의 의석 점유(strength) 비율에 따라 모든 정당 대표(representative)들로 구성되는 것이 이상적이다. 현재 대외 업무 및 재외 인도인 업무 의회 자문위원회(Parliamentary Consultative Committee on External Affairs and Overseas Indian Affairs)는 외교 및 재외 인도인 업무 장관이 맡고 있다. 또한 2명의 국무장관(minister of state)과 각 의회 각외 장관(ministers of state for parliamentary affairs)인 2명의 직무상(ex-officio) 장관이 있다. 이외 록 사바(Lok Sabah, 하원) 소속 11명과 라즈야 사바(Rajya Sabha, 상원) 소속의 17명으로 구성된다.[30] 이 위원회는 본질적으로 자문과 조언을 한다. 이 위원회는 외교장관이 위원장을 맡고 장관들을 위한 자문 역할을 한다.

또한 상임위원회는 양원에서 비례대표로 선출한다. 현재 외교 업무 의회 상임위원회(Parliamentary Standing Committee on External Affairs)는 야당 의원이 의장을 맡고, 하원과 상원에서 각각 19명, 8명을 위원으로 구성한다.[31] 상임위원회는 담당 관료들이 사전에 증언하도록 이들을 소환할 권한을 가진다. 상임위원회는 외교부의 연례보고서를 검토하고, 예산 할당에 대한 질의를 할 수 있으며 또한 외교부의 예산에 대한 거부권을 가진다. 이 위원회는 의회에 연례보고서를 제출한다.

지지자들은 상임위원회가 작은 의회와 같고, 상임위원회를 통해 의회는 외교정책의 실행을 통제할 수 있다고 주장한다. 지지자들은 언급한 위원회들이 쟁점에 관해 상세한 토론을 할 수 있게 하고, 소수의 인물들, 정치인들, 관료들이 있는 장소에서 쟁점을 토론할 수 있게 한다고 주장한다.

위원회의 성과는 국회의원들이 외교정책에 얼마나 관심이 있는가와 그들이 외교정책의 논의에 얼마나 기여할 것인가에 달려 있다고 비평가들은 단언한다. 전직 외교관에 따르면 대부분의 국회의원들은 외교와 안보정책의 광범위한 사안에는 관심이 없고 여권, 비자, 문화 교류와 같은 문제와 인도 국내와 연관되기 때문에 인도 이웃 국가와 관련된 문제에만 관심을 가진다. 위원회가 관료들을 소환할 수 있지만 장관이나 총리를 소환할 권한은 없다.

대부분의 분석가들에 따르면, 의회의 감시는 초기처럼 강력(intense)하지 않았다. 학자들과 전직 외교관들에 따르면, 네루는 질의에 답하기 위해 항상 의회에 있었고 그가 출장으로 델리를 떠나지 않는 이상 질문할 시간을 결코 놓치지 않았다. 그러나 네루 이후 인디라를 포함한 대부분의 총리들은 그들이 가능한 한 의회에 대한 책임을 지지 않았다. 게다가 외교부를 포함한 모든 부처는 의회의 질의에 응답했지만 그들의 책임은 이전과 같지 않거나 의무를 따르지 않았다. 그러므로 의회가 외교문제에 진정으로 관심을 갖는 유일한 시기는 외교문제가 결정적일 때이다.

### '철골'(鐵骨, the Steel Frame)

인도의 총리와 내각, 의회가 인도 정부의 중요한 축을 구성하고 있지만 전문적으로 훈련된 관료들은 인도 정부의 '철골'(Steel Frame)이다. 이 비유는 1922년 데이비드 로이드 조지(David Lloyd-George) 영국 총리의 의회 연설에서 비롯되었다. 인도 관료체제와 특히 외교 업무는 영국 동인도회사로 거슬러 올라가는 영국 식민 통치의 유산이다.

1783년 동인도회사의 이사회는 오늘날 외교부의 전신이자 후에 인도 외교국(Indian Foreign Department)을 창설했다. 1843년 연방 수준에서 외교, 내무, 재무, 군사부 등 4개 핵심부서가 설치되었다. 1858년 이후 영국정부가 인도를 직접 통치했을 때, 인도 공무원국(Indian Civil Service)이 창설되었는데, 이는 1886년 이후 영국령 인도 공무원국(British Indian Civil Service)처럼 제국 공무원국(Imperial Civil Service)으로 명명되었다. 공무원국은 외교, 내무, 인도인 업무, 식민 업무 등으로 나눠졌는데, 공무원은 각자 업무로 분류되었다. 4개 국(局)의 지원자들은 통합 시험을 통해 선발되었고 영국 소재 대학에서 1년간 훈련을 받았다. 인도인의 진입이 허용된 20세기 초까지는 공무원국은 영국인들에게만 개방되었다. 인도 출신 공무원의 훈련기간은 2년이었다.

영국령 인도제국(British Raj)을 유지할 수 있었던 근간(engine)은 인도였고, 거대한 관료조직의 설립을 통해 제국을 운영했다. 국내외적으로 제국의 이익을 유지시킬 공무원과 군인들을 훈련시킬 학교가 설립되었다. 동인도회사의 군인과 민간 행정가들은 회사의 고용인이 되었고 그들의 역할을 서로 교환할 수 있었다. 동인도회사는 동일한 인물들이 내무, 외교, 군사 업무를 맡도록 했으며 인도와 관련된 영국의 정책은 이들 직원들의 보고서를 토대로 만들어졌다. 심지어 여왕이 동인도회사로부터 권한을 이양받은 이후에도 외교와 정치국의 기능은 영국령 인도제국의 외교부에 통제되었을 뿐만 아니라 국내와 제국의 문제들을 포함했다.

델리에 본부를 둔 외교부는 외교정책을 수행할 관료를 선발하는 업무와 함께 페르시아, 아프가니스탄, 티베트, 버마, 실론, 말라야(역주: 현재의 말레이시아로 당시에는 싱가포르가 포함)에 대한 정책을 형성했다. 영국령 인도제국(British Raj)의 국경지역 또한 이 부서의 관할 하에 있었다. 1937년 영국 의회 법령(Act)은 국내업무 부서와 외교업무 부서를 분리하면서 이중 책임을 종식시켰다. 1947년 독립까지 외교부는 인도 총독(Governor General of India)의 직접적인 통제 하에 있었다. 영국으로부터의 독립을 위해 투쟁한 인도인들은 제국을 옹호하는 공무원들을 호의적으로 보지 않았다.

독립할 당시 국민회의는 독립 인도가 영국의 공무원 제도를 계속 유지해야 할지 여부에 대한 각기 다른 견해를 가졌다. 네루는 대영제국의 유산인 종신 공무원 제도의 폐지를 지지했고 정무관(political appointees) 집단으로 대체하기를 희망했다. 그의 관점에서 이 제도는 더욱 민주적이고 식민주의의 잔재를 제거하는 것이었으며 더욱 애국적인 정부 계층을 만들어 내는 것이었다. 거의 2세기 이상 영국에 의해 신중하게 만들어진 영구적인 관료주의의 존치를 찬성한 인물은 역설적이게도 파텔(Patel)이었다.

1948년 4월 27일 날짜로 네루에게 보낸 서한에서 파텔은 '권위주의 통치 하에서보다 민주체제 하에서 유능하고 규율이 있으며 그리고 만족스러운 업무이고 또한 근면하고 정직한 업무의 결과로서 확실한 미래는 필수불가결하게 믿을 말한 행정이다.'라고 주장했다.[32] 파텔에 따르면 관료주의는 '반드시 정당보다 상위에 위치해야 하고', '채용이나 관료의 규율과 통제 둘 중 하나에 있어서 정치적 고려'를 최소화하는 체제가 마련되어야 한다.[33]

파텔의 견해가 우세했고 인도 건국의 아버지들은 식민기간 동안 관료에 의해 홀대를 당했던 억울함을 제기할 수 있었다. 인도는 광범위한 영국의 공무원 제도를 유지했고, 시간이 지나면서 몇 차례의 큰 변화가 있었다. 오늘날 인도의 공무원국은 중앙공무원(Central Service, 인도 외교공무원(IFS)을 포함한 43개의 직무), 일반인도공무원(All India Services, 인도행정서비스를 포함한 3개의 직무)과 각 주별 업무 등 세 영역으로 나눠진다. 총리가 되자마자 네루는 인도공무원국(ICS) 소속이자 미국주재 인도 대표(India's Agent General to the US)였던 기리자 샨카르 바즈파이(Girija Shankar Bajpai)를 영국이 남긴 공무원 제도 하에서 가장 높은 지위인 사무총장(Secretary General) 직위의 외교장관(head of external affairs)으로 임명했다. 인도 외교공무국(Indian Foreign Service)은 1946년 10월 공식적으로 설치되었다.

1947년부터 1964년까지 외교부의 가장 높은 관료 직위는 사무총장(secretary general)이었다. 1948년 부처의 구조는 상대적으로 단순했다. 사무총장은 총책임을 맡았고 외교서기(foreign secretary)는 2명의 합동서기(joint secretaries)와 2명의 부서기(deputy secretaries), 2명의 차관(undersecretaries)의 도움을 받아 유럽, 미국, 남미, 중국, 일본을 담당했다. 커먼웰스 서기(Commonwealth secretary)는 영국, 영국 식민지, 영국령, 아시아와의 관계를 담당했다.[34]

전직 외교장관이었던 군데비아(Gundevia)는 인도 초기에 외교부가 어떻게 기능을 했는지 설명한다. 그에 따르면, 사무총장은 매일 아침 10시 30분에 모든 정부 고위층과의 회의를 주재한다. 서기와 합동서기는 '정해진 순서로 들어오고 그 순서대로 앉고 회의가 끝나면 그 순서에 따라 퇴장했다. 조정회의는 밤사이에 온 전보들에 대한 논의가 주를 이루었다. 사무총장은 항상 무엇을 해야 하는지, 하지 말아야 하는지에 대해 정확한 지시를 내렸다.'[35]

1964년 네루가 사망한 후 사무총장 집무실은 폐지되었다. 그 후 외교부의 행정 수장은 외교서기(foreign secretary)였다. 후에 동부 서기(secretary East)와 서부 서기(secretary West)로 재명명된 secretary EA I(외교 1)과 secretary EA II(외교 2) 등 2명의 서기가 더 존재했다. 인도 외교정책에서 미국과 서구의 중요성이 증대되는 것을 보여주듯이 2명의 서기는 현재 개발협력 및 경제관계(Development Partnership Administration and Economic Relations, DPA & ER)와 특별 서기(special secretary, 미국)를 담당한다.

인도 외교정책에서 중요하지만 많이 알려지지 않은 사실은 인도가 다른 개도국에게 원조를 한다는 것이다. 2014-15년 외교부 예산안 지출에서 국제 기술 및 경제협력(International Technical and Economic Cooperation, ITEC) 프로그램에서 원조 금액은 전체의 64퍼센트인 23억 달러(1,437억 루피)였다.[36] 2015-16년 동안 인도의 개발원조 예산은 16억 달러로 이 중 84퍼센트는 남아시아에 할당되었다. 부탄 63퍼센트, 아프가니스탄 7퍼센트, 스리랑카 5퍼센트, 네팔 4퍼센트, 방글라데시 3퍼센트, 몰디브 2퍼센트로 할당되었다.[37] 파키스탄은 남아시아에서 인도의 원조를 받지 않는 유일한 국가이다.

외교부 안에서 여러 국가와의 관계를 관리하는 책임은 지리를 바탕으로 나눠지는데, 외교서기, 동부 서기, 서부 서기가 그것이다. 수년전부터 시작된 전통의 일부로서, 외교서기는 유엔, 유엔안보리 상임이사국(미국, 영국, 중국, 러시아, 프랑스), 인도의 남아시아 이웃 국가들과의 문제를 직접 다룬다. 서부 서기의 권한은 유럽,

남미, 북미(미국 제외), 아프리카, 걸프까지이며 동부 서기의 권한은 중국을 제외한 동아시아이다.

전통은 항상 오랫동안 고수되지 않지만 시간이 지나면서 외교 서기들은 그들의 직접적 통제 하에 더 많은 주제와 지역을 축적했다. 모디는 조직의 정점에서 정책 결정이 집중되도록 하면서 외교부의 관리에 있어서 미묘한 변화를 주도했다. 예를 들어 자이한카르(Jaihankar) 외교서기는 유엔 장관(portfolio) 직위에 개발협력 및 경제관계(Development Partnership Administration and Economic Relations, DPA & ER) 서기인 수자타 메타(Sujata Mehta)를 선출하여 유엔 안보리에서 인도의 상임이사국 지위를 획득할 수 있게끔 했다. 이는 유엔에서 단조로웠던 인도의 역할을 정치적 목적과 분리시키는 계기였고 한 분석가는 '오래된 영토는 더 이상 신성불가침이 아닐 수도 있다.'는 징후로 해석했다.[38]

수차례에 걸친 외교부 조직의 변화에도 불구하고 공무원 교육은 식민지 시절처럼 엄격하다. 반됴파드하야(Bandyopadhyaya)는 인도 외교의 경우 잘 훈련된 전문적인 외교관이 인도 국제관계에서 중요하다고 지적한다. 그는 '그러나 정치인들이 결정한 외교정책의 목표와 원칙이 합리적이라고 해도 만약에 다양한 정책의 중요 부분을 담당하는 인물들이 적절하게 선택되지 않으면 이론과 실제에서 큰 차이가 생길 것이다.'라고 썼다.[39] 1926년 이후 인도 공무원 채용은 인도외교공무원국(Indian Foreign Service)과 인도행정공무원국(Indian Administration Service)을 포함하는 인도행정공무원 시험을 시행하는 독립적인 기관인 연방공무원위원회(Union Public Service Commission, UPSC)-전 연방공무원 위원회-를 통해 실시된다.

선발되면 신입공무원들(또는 수습직원이라고도 불림)은 델리 소재의 외교원(Foreign Service Institute, FSI)에서 전문 교육을 수학하기 전 무수리(Mussourie)에 소재한 랄 바하두르 샤스트리 국립 행정원(Lal Bahadur Shastri National Academy of Administration)에서 다른 직무를 할 동료들과 함께 훈련을 받는다. 각 공무원은 의무 외국어 교육에 배정된 이후 3년 간 교육을 받는다. 뉴델리의 외교부에서 짧은 기간 근무를 한 이후 젊은 외교공무원들은 언어를 바탕으로 인도 외교에 투입된다. 3년의 교육이 끝날 때 즈음하여 공무원들은 앞으로의 업무를 지속하기 전 시험에 합격해야 한다.

영국 지배 하 인도는 대사관이 없었지만 2차 대전이 종료될 즈음 미국과 중국에 비자 발급을 포함한 영사 업무만을 담당하는 대표사무실(offices of agent general)을 설치했다. 1947년 이후, 인도의 국제적인 위상은 빠르게 고양되었고 1953년까지 인도는 60번의 사절단을 실시(open)했으며, 42개국은 델리에 외교 대표부를 두었다. 2015년 현재 인도는 해외에 162개의 대사관과 영사관을 두고 있다.[40]

퇴직 외교관들은 미국이나 다른 국가와 달리 인도에는 특정 국가에서 근무하는 외교관을 훈련하는 공식적인 체제가 부족하다고 종종 불평한다. 외교부의 훈련은 언어, 현지 관습, 역사와 같은 특정 분야를 개별 외교관의 재량에 맡기고 광범위한 틀(framework)만을 제공한다. 임기가 끝난 외교관은 다음 부임지로 가기 전에 델리로 귀임하기로 되어 있으나 의무사항은 아니다. 대부분의 외교관들은 외교업무의 규모가 상대적으로 작다는 점을 한탄하는데, 외교국은 해외 파견 동안 외교 공무원들의 재교육을 허용하지 않는다. 외교관은 델리로 복귀해야만 하고 외국에서 근무하는 기간에 (부처와 총리실뿐만 아니라 다른 부처 등) 핵심 이해 당사자와 묘안을 가져야 한다고 대부분의 외교관들은 주장한다. 반대 주장은 외교관이 근무하는 국가에 대한 이해를 부처가 세세하게 관리할 수 없고 외교관은 그들의 업무만 배우도록 허용해야만 한다는 것이다.

델리 소재 본부뿐만 아니라 약 162개 국가의 공관에 약 770명의 외교 공무원이 근무하고 있다. 국가 규모와 세계 문제 개입의 필요성이 있지만 인도의 외교업무는 상대적으로 작다. 외교부에는 외교 공무원이 아닌 통역관과 변호사를 포함한 약 400명의 규모의 지원부서도 편재한다. 이 숫자는 다른 주요 개도국과 비교해도 부족한 편이다. 중국은 6,000명의 외교관이 있으며 브라질의 외교공무원은 3,000명이다.[41]

외교서기 시브샨카르 메논(Shivshankar Menon)은 2007년 의회 위원회를 향해 '인도외교관 1명이 있을 때 브라질외교관은 4명이 있다.'라고 말했다. 그는 '인도외교관 1명이 있을 때 중국외교관은 7명이 있다.'고 덧붙이면서 '우리는 훌륭하고 매우 효율적일 수도 있지만 그것들은 효율적이거나 좋지 않다. 우리에게 부담이 되고 있다.'고 했다.[42]

상대적으로 규모가 작은 인도 외교 업무는 독립 직후 결정된 결과이다. 당시에 인도 지도자들은 외교정책보다 국내 문제에 더 많은 관심을 가졌고 외교의 실행을 위해 너무 많은 자원의 사용을 꺼려했다. 1950년대 초반 외교서기는 '해외와 국내 공무원 간 균형잡힌 비율을 유지하기 위해서 델리의 어느 누구도 부처에 고위직을 늘려야 한다는 것을 수용할 준비가 되어있지 않았다.'라고 말했다.[43] 인도의 국제적 위상을 높이기 위해 공관 수를 늘리기 원했던 네루는 외교부의 '인원이 늘어나는 것'을 지지하지 않았다.[44]

소규모 엘리트 그룹으로 시작한 인도 외교공무원국(IFS)은 최근 몇 년 동안 매년 5-10명의 인원만 채용했다. 인도 외교관의 배타성과 적은 숫자는 그들이 다른 이들보다 더 우월하다는 견해로 이어졌다. 질은 양을 대신하는 것으로 여겨졌다. 시간이 지나면서 외교 당국(foreign service)은 인력 부족을 깨달았다. 외교부가 일관되게 전략적이고 정기적으로 숫자를 늘렸다면 인도는 수요에 맞춰 50년 안에 외교관 숫자를 두 배로 늘릴 수 있었을 것이다. 시브샨카르 메논(Shivshankar Menon)은 독립 후 60년 간 의회 위원회에서 수십 년간 잘못된 인사관리로 곤경에 처해졌다고 보았다. 인도 정부는 외교부에서 근무하는 인적 자원을 1,500명까지 두 배로 늘렸고 채용율도 증가시켰다. 20년 전 8-15명이었던 '교육 외교관'(officer trainee diplomats)은 2014년 32명으로 증가했다.[45]

채용의 확대는 업무의 규모를 영구적으로 확대하기 위한 한 가지 방법일 뿐이다. 또 다른 방법은 특정 직책에 대한 특채가 있다. 인도 외교공무원국(IFS)은 일반적으로 다른 직무나 대학, 연구소에서 외교업무를 담당한 자들을 특채로 선발하는 것을 반대했다. 이들은 비외교공무원이 잘 훈련된 외교관의 부족함을 채울 수 없다고 비판한다. 그런 방식의 채용은 고도로 존경받는 전문 직업의 순수성을 오염시키는 후견 정치(patron politics)에서만 기회가 보장된다. 다른 분야의 전문가들을 외교 업무로 채용하는 것을 반대하면서 외교공무원국(IFS) 소속 공무원들은 그들의 훈련 분야를 에너지 문제부터 문화외교에 이르기까지 때때로 광범위한 기술 훈련을 선호한다.

외교부에 신선한 피를 수혈하기 위한 노력으로 모디 정부는 특채를 권장하고 있다. 2015년 의회 위원회의 선서에서 자이샨카르(Jaishankar) 외교서기관은 외교부는 정부 밖에서 채용을 함으로써 정책계획국(Policy Planning Division)의 자리를 모두 채울 것이라고 밝혔다.[46]

그러나 모디 정부는 고위 외교 관직에 다수의 외부 지원자들을 임명하지 않을 것 같다. 모든 외교 공무원의 야망은 대사가 되는 것이고 역량을 갖춘 대부분의 공무원의 경우 그 야망을 달성하기 위해 지속적으로 노력한다. 계속해서 인재를 유치하고 신입 공무원들이 언젠가는 대사가 될 것이라는 믿음을 보장하기 위해서 너무 많은 지원자를 채용하거나 또는 외교관 경험이 없는 자를 대사로 임명하는 것을 꺼린다. 다른 국가와 다르게 인도는 정치인을 대사로 보내는 숫자를 제한하는 경향이 있다. 대부분의 인도 대사는 외교관 경력이 있는 인물들이다. 최근까지 유일한 예외는 여당 정치인을 미국, 영국, 소련의 대사로 임명한 것이다. 최근 몇 년간의 변화는 외교관 자리에 '정치' 전력(position)있는 자들에 대한 개방이었다.

독립 이후 몇 십 년 동안 인도 공무원으로 채용된 자들, 특히 외교공무원국(IFS) 소속은 외교 업무에 대한 열정이나 영국의 지배를 받는 동안 공무원이었던 부모를 추종하여 공무원이 되었다. 경쟁 선발시험에서 가장 높은 순위를 차지한 자들이 외교부 소속으로 선택되었기 때문에 인도 외교공무원국(IFS)은 가장 배타적인 공무원국으로 간주된다. 미국 대사와 외교서기(foreign secretary)를 역임한 샨카르 바즈파이(Shankar Bajpai)의 부친인 기리자 샨카르 바즈파이(Girija Shankar Bajpai)는 스스로 변호사가 되기를 원했지만 외교업무에 매력을 느껴 외교공무원이 된 것으로 알려진다.[47] 외교공무원국(IFS)의 매력 중 하나는 다른 국가에서 거주할 수 있고 또한 세계의 유수 대학에서 수학할 수 있다. 전직 외교서기 시브샨카르 메논(Shivshankar Menon)은 2016년에 발간한 그의 서적 『선택: 인도 외교정책 결정의 내부에서』(*Choices: Inside the Making of India's Foreign Policy*)에서 세계를 여행할 수 있기 때문에 외교공무원이 되었다고 언급했다.[48]

1990년대 이후 일반적으로 인도 공무원의 채용, 특히 외교공무원국의 채용 자질과 관련하여 많은 것이 변했다. 민간 부문의 일자리가 더 많은 급여와 혜택을 제공하기 때문에 공무원 자리는 더 이상 사회 상류층의 계급(crème de la crème)으로서 매력은 없다. 인도인들은 다른 일을 하면서 자비로 세계로 여행을 할 수 있고, 그 기회를 잡기 위해 외교공무원국(IFS) 소속의 공무원이 될 필요가 없다. 독립 이후 애국심의 동기로 즉각 군인 또는 민간 공무원이 되었던 자들의 수도 감소해 왔다. 이 추세는 외교공무원국이 인도 전체의 관료 엘리트 내에서 그들 스스로를 최고의 엘리트로 판단하지 않게끔 했다.

고도로 경쟁력이 높은 국가고시를 통해 선발된 뒤 외교공무원국(IFS) 관료들은 그들 스스로를 인도에서 최고이며 가장 똑똑하다고 간주한다. 그들은 외교정책이 외교부의 소관이라고 보고 변덕스러운 정치인들에게 맡길 것이 아니라고 생각한다. 전문 관료들에 따르면 외교부의 기능은 정책을 점진적으로 진화시키고 형성하며 실행하는 것이다. 총리와 총리실이 중심을 잡더라도 외교정책의 실행과 일상적인 행정업무는 매일매일 외교부와 전문 관료들에게 부여되었다. 이들 공무원들은 핵심적인 제도 실행자(key institutional input providers)로서 역할을 한다.

정치 구조와 '철골'(steel frame) 간 관계는 인도의 의사결정 관찰자를 혼란스럽게 한다. 부처의 전문가들이 스스로 어떤 문제를 처리해야 하는지, 그리고 결정을 내리기 위해 어떤 단계에서 총리실로 보고해야 하는지를 어떻게 아는지 하는 질문이 종종 제기된다. 외교관은 그것이 종종 개인적 판단에 따른 결정이라고 주장한다. '의사는 언제 이런 저런 일을 해야 할지 어떻게 아는가? 그들은 경험을 통해, 그들의 선배들로부터 배운다.'라고 한 외교공무원은 말한다. 일상적인 업무는 위계구조 내에서 하급 직원에 의해 처리되며 민감한 업무는 지휘 계통(chain of command)의 관심을 필요로 한다. 질의가 중요하지 않다고 가정했으나 후에 그 질의가 결정적이게 될 때 판단상의 오류는 공무원이 쌓은 경력들을 단숨에 무너뜨린다.

일부 외교관들은 총리실과 외교부 사이의 관계가 어떤 식으로든 경쟁적이라는 것을 부정한다. 공식적으로 부서의 역할은 정치 지도자(leadership)를 보조하는 것이다. 공무원들의 업무는 주어진 환경 하에서 가장 실용적인 방법으로 그들의 견해를 제시함과 동시에 총리를 위한 다양한 선택권을 단순하게 제시하는 것이다. 실제로 외교부 정규직 공무원들은 의사결정이 총리실에 집중됨에 따라 관료주의의 역할은 실수나 홍보 실패에 대한 책임이라고 불평을 한다. 정당, 주정부, 지역 엘리트, 기업, 언론과 같은 이익집단의 증가는 이제 외교정책에 영향력을 행사하고 있는데, 주요하게 총리에게 영향을 미치는 정치 채널을 통해 실시된다. 비정치적 관료들이 공정한 선택과 결정에 더욱 적합하다고 주장하면서 외교부 공무원들은 상기 이익집단들이 자신들의 영역을 침범하는 것으로 간주한다.

1999년 이후 국가안보자문관의 임명은 외교부, 정보기관, 총리실 사이의 제도적 교량으로서 고안되었다. 이제 인도의 안보기구는 미국 모델과 비슷하다. 인도 안보기구는 국가안보자문관, 국가안보자문관이 이끄는 국가안보위원회 사무국(national security council secretariat), 외교정책에 대한 비공식적인 견해를 정부가 청취할 수 있는 국가안보자문위원회(national security advisory board)로 구성된다.

인도의 국가안보위원회는 총리, 국가안보자문관, 외교장관, 국방장관, 재무장관, 니티 아요그(NITI Aayog, 전 계획위원회 부위원장) 부위원장으로 구성된다. 국가안보위원회와 내각 안보위원회는 국가안보자문관과 니티 아요그(NITI Aayog) 부위원장이 추가되는 것을 제외하고는 동일하다. 국회안보위원회는 항상 세 건 또는 네 건의 문제를 다뤄야 하고 신속한 결정을 내려야 한다고 주장한다. 어떤 문제에 대해서도 창조적 집단사고(brainstorming)를 하거나 발표(presentation)를 할 시간이 없다. 반면에 국가안보위원회는 한 문제에 대해 동시에 매우 세밀하게 논의하게 되어 있다. 그러나 실제로 국가안보위원회는 일 년에 한 두 번 밖에 소집되지 않으며 핵무기 전쟁과 관련된 전략적 문제를 처리하는데 대부분의 시간을 할애한다.

조직적으로 국가안보위원회는 전략정책그룹(Strategic Policy Group), 국가안보자문위원회(National Security Advisory Board), 합동정보위원회(Joint Intelligence Committee) 소속의 대표 서기관들로 구성된다. 국가안보위원회 자문관은 국가안보위원회 사무국을 이끌고 있다. 1948년에 설립된 합동정보위원회(JIC)는 정보기관, 국내외 그리고 민간과 군으로부터 수집된 정보 관련 자료들을 분석한다. 합동정보위원회는 원래 외교부 소속 공무원이 수장을 맡았지만 모든 정부 부처로부터 온 보고서와 정보의 수집, 조정, 처리, 평가 역할은 거의 하지 않았다. 이 위원회는 1965년 민간인과 군인으로 재구성되었다. 국가안보위원회가 창설되었을 때, 국가안보자문관의 임명과 함께 합동정보위원회가 이 기구에 포함되었다.

인도의 국가안보위원회는 국가안보자문위원회를 내부 싱크탱크(think tank)로 활용할 수 있다는 장점이 있다. 과거 인도 체제는 국내 싱크탱크를 활용하는데 실패했고 현재 국가안보자문위원회는 국가안보위원회의 중요성을 분석하는 일을 담당한다. 지난 몇 년 동안 국가안보자문관처럼 국가안보자문위원회는 국내 안보문제에 많은 시간을 할애했다. 위원회는 중국의 위협에 대비하기 위한 국방 준비, 증대하는 미얀마의 중요성, 심지어 국가안보 교리의 작성과 관련된 보고서를 작성해 왔다. 이상적으로 싱크탱크의 보고서는 정책 토론에서 검토할 안보 내각위원회로 가는 길을 찾아야 한다. 그러나 현직 공무원은 국가안보자문위원회를 구성하는 퇴역 관료와 정부 출신이 아닌 전문가의 분석을 무시하는 경향이 있기 때문에 자문적인 기능은 의도했던 것보다 효율적이지 않다.

## 국가 안보의 조정

1947년 이후 인도가 추가의 정책 결정구조를 구축하는데 오랜 시간이 걸린 이유는 고착된 관료주의 때문이다. 예를 들어, 외교와 안보정책에 관해 총리의 자문을 두는 것은 새로운 것이 아니라 독립 이후부터 존재했다. 네루가 외교부의 사무총장(Secretary General)을 지명하는 것은 총리의 신뢰를 받고 인도체제를 잘 아는 인물을 임명하기 위한 것이었다. 네루는 좀처럼 조언을 구하지 않았고 사무총장은 영국이 만든 외교부 관료주의의 또 다른 층(層)이 되었다. 인디라 간디는 외교정책의 수립을 위해 정책계획위원회에 의장직을 신설했고 다른 총리들은 총리실 내의 자문관들에게 의존했다. 그러나 국가안보자문관이 임명되고 영국이 만들어 놓은 구조를 수정하는 데에는 수십 년이 걸렸다.

지금도 국가안보자문관은 항상 외교공무원이 되어야 하는지 아니면 공무원이 아닌 다른 인물에게 맡겨야 하는지에 대한 관료주의적인 경쟁은 지속되고 있다. 혹자는 저명한 전직 외교관을 국가안보자문관으로 임명하는 것은 총리를 대신하여 외교업무를 담당하는 업무적 특성 때문이라고 주장한다. 이런 주장의 문제점은 국가안보자문관이 외교서기의 권한을 침해하고 외교서기를 초월한 존재의 사무총장이 될 것이라는 우려가 있다.

어떤 경우에는 외교부가 국가안보자문관의 소관만이 아니다. 국내 안보도 그들 대부분의 일상 업무이다. 또한 국가안보자문관은 핵 지휘와 통제의 일원으로서 핵문제와 국방, 대내 안보와 정보 문제 등에도 포함한다. 1999년 이후 5명의 국가안보자문관이 있었는데, 그 중 3명은 외교공무원이었고 나머지 2명(현재 1명)은 정보국 경험이 있는 고위 경찰공무원이었다. 국가안보자문관으로서 전직 외교관들은 외교부 업무에 개입하는 경향이 있고 관료들은 전직 경찰이나 정보국 공무원이 경찰이나 정보 요원으로 행동하려고 한다면서 불평한다.

수 년 동안 국가안보자문관들은 내무부로부터 이격되어, 특히 정보 관련 업무를 장악하려고 시도했고, 국가안보자문관과 내무장관 사이에는 정기적으로 권력 갈등이 발생했다. 모든 관료들의 갈등처럼 그 결과는 개인의 권력에 따라 달랐다. 그 갈등의 한 부분은 매일 총리에게 일일보고(briefing)를 할 권한을 가지는 것과 연관된다. 국가안보자문관으로 임명된 전직 경찰관은 정보국(IB: 국내 정보국)과 연구와 분석(Research and Analysis Wing, R&AW: 해외 정보국)의 수장으로부터 매일 일일보고의 통제권을 가져오려고 했다. 갈등 해결에 지쳐있던 만모한 씽 총리는 정보 기관장들로부터 일일보고를 받는 관행을 중단하는 대신 국가안보자문관이 일일보고를 하라고 요청했다.[49]

국가안보자문관의 등장은 총리실과 외교부 외에 권력의 새로운 중심축을 형성했다. 국가안보자문관은 총리에게 모든 영역에 걸쳐 자문한다. 그는 외교, 안보정책뿐만 아니라 국내 문제도 다룬다. 총리의 핵심적인 외교정책 조언자로서 국가안보자문관은 고위급 회담에 참석하고 총리의 해외 방문에도 가끔 동행한다. 민간의 핵 거래(civil nuclear deal)를 두고 인도와 미국 간 회담을 시작하는 것이 국가안보자문관의 역할이다. 예를 들어 인도와 미국의 핵 거래 발상은 인도 국가안보자문관인 브라제시 미스라(Brajesh Mishra)와 미국의 콘돌리자 라이스(Condoleezza Rice) 간 대화에서부터 시작되었다.

직접적이고 끊임없는 총리와의 접촉은 국가안보자문관이 외교장관보다 현재 사안에 대해 더 많은 정보를 보유할 수 있도록 했다. 국가안보자문관실의 설치는 공무원들이 오랫동안 두려워했던 외교서기와 외교장관 모두의 권한을 침해하는 결과를 가져왔다. 그러나 국가안보자문관실의 설치는 정부 부처들 간에 더 나은 조정을 할 수 있게 했고, 의사결정과 실행을 더욱 용이하게 했다. 하지만 비평가들은 국가안보자문관의 개념은 의회민주주의보다는 대통령제에서 더욱 적절하다고 주장한다.

국가안보자문관은 행정적 권한은 없고 총리에게 조언만 할 수 있다. 비판적 관점에서 인도에서 국가안보자문관은 단순히 총리의 외교문제에 대한 영역의 확대이다.[50] 초대 국가안보자문관이었던 브라제시 미스라는 국가안보자문관이자 총리의 선임장관(principal secretary)이었기 때문에 관료주의적 구도 안에서 중요한 역할을 했다. 그러나 그의 후임자들은 그들의 집무실이 헌법이나 법률로 설치되지 않았기 때문에 총리의 권한을 들먹이기도 했다. 국가안보자문관은 의회에 책임을 지지 않으며 그 지위는 의회제도 내에서 더 많은 행정적인 특권을 원치 않는 인물들에 의해 불필요한 것으로 간주된다. '내각 서기(cabinet secretary)는 관료 출신이고 국가안보자문관은 정치인이다.'라며 은퇴한 정치인은 그 직위가 왜 만들어졌는지를 설명했다. 또한 그는 '내각 서기는 규칙에 따를 것인데, 당신은 그들이 원하는 것을 할 수 있는 정치적 지지자를 얻을 수 있다.'고 덧붙였다.[51]

자신들의 영역을 당당하게 지키는 인도 공무원의 문화는 전형적으로(classic) 서로 단절된(stovepipe) 의사결정의 결과를 낳았다. 현재 세계에서 외교정책은 기후변화에서부터 무역, 국방, 에너지 등 무수히 다양한 쟁점들을 다룬다. 이는 인도의 관료주의 용어(parlance)로서 '각 부처의 연계'(the line ministries)를 의미한다. 외교부는 내무부, 국방부, 재무부, 환경 및 산림부, 과학기술부, 원자력위원회, 상무부와 반드시 상의해야 할 업무가 많아졌다. 일반적으로 외교부는 그들의 영역과 관련된 국제문제가 발생할 때마다 정책의 주도권을 장악해야 한다. 정책 제안은 장관 간 협의 이후 승인을 얻기 위해 총리실이나 안보 내각위원회로 보내진다.

가끔씩 특정 국가와의 대외 관계에 있어서 외교부보다 다른 부처가 더 핵심적인 역할을 담당한다. 일본이 대 인도 최대 공여국이기 때문에 재무부는 항상 일본과 대화를 한다. 잠재적인 민간 핵거래로 원자력부는 일본과 꽤 긴밀한 관계를 가진다. 유사하게 대규모 디아스포라와 에너지의 확대로 인해 에너지와 재외인도 관련 부처는 걸프지역 아랍 국가들과 중요한 행위자가 된다.

국방부는 대외 및 안보정책의 형성에서 항상 핵심 부처이다. 국방부는 러시아, 프랑스, 이스라엘, 심지어 미국과 같이 인도가 무기를 구매하는 국가와 긴밀한 관계 구축에 결정적 역할을 한다. 유엔평화유지임무의 일환으로 일부 국가에 파견된 인도 군대는 유엔과 평화유지임무를 수용한 국가들 사이에서 국방부와 외교부 간 조정을 필요로 한다.

인도가 2,500억 달러를 들여 군 장비를 구매하거나 구축하는 계획을 가지고 있기 때문에 외교정책에서 국방부의 역할은 증대될 것 같다. 이는 국방부와 외교부 간 약간의 긴장을 유발시킨다. 외교관들은 미국과 같은 국가들과 관계를 강화하는 도구로서 무기 구매를 주창하지만, 국방부 관료들은 국내에서 무기체계의 구축을 선호한다. 국방부의 정책은 운송하는데 오래 걸리는 더 고가의(costlier) 무기를 생산할 때조차도 인도 국내 공기업들을 지원하도록 유도했다. 국방 분야에서조차도 '메이크 인 인디아'(Make in India)를 강조하는 모디정부의 정책은 종종 외교관과 국가안보 전문가들이 비난하는 현지화 정책으로 반영된다.

인도에서 국방부의 설치는 고위 외교공무원보다 유동적이지 않다. 미국 또는 영국과 달리 민간 출신이 이끄는 국방부는 민간관료들의 본부(service headquarters)보다 더 중요한 역할을 한다. 외교 및 안보 의사결정에서 국방부의 역할이 확대되었다는 것을 의미하지만 군복을 입은 관료(uniformed officers)가 아닌 민간관료들이 그 영향력을 향유한다. 국방부 내 민간관료와 외교부 내 외교관들조차도 군복을 입은 관료들보다 더 많은 전략적 쟁점들을 언급한다고 국방부 본부는 항상 불평을 해 왔다. 미국체제와 달리 인도체제에서는 해당 체제로 수평 및 수직적으로 부여(input)되는 역할이 거의 허락되지 않는다.

민간과 군의 분리는 매우 엄격하기 때문에 인도 외교공무원국(IFS)의 수습직원 프로그램은 군사업무를 교육하지 않는다. 심지어 그들 경력의 후반기에도 최소한 군사업무를 담당할 일부 외교공무원의 전문화를 보장해 주지 않는다. 1970년 한 관찰자는 '국제정치군사적 문제에 관한 인도의 접근은 일반적으로 정치와 심지어 윤리적 측면에 기반을 두고 접근해 왔다.'고 언급하면서 '주어진 상황에서 군사와 기술적 측면의 이해와 평가목적은 서로 분리되었다.'고 덧붙였다.[52] 냉철한 정치군사적 분석을 초월한 정치적 진부함을 선호하는 불균형은 지속적으로 이어져왔다.

인도는 미국의 합동참모본부(joint chiefs of staff)와 유사한 조직을 창설해야 한다고 군부(uniformed service)는 수년 간 요구해 왔다. 이 조직의 창설을 추천한 마지막 정부위원회는 2012년 나레시 찬드라(Naresh Chandra)가 이끈 국방 테스크포스(task force)였다.[53] 군부가 무엇을 할 것인가에 대한 질의를 받으면 군부는 그 정책을 어떻게 만들어야 하는지를 모르기 때문에 군부는 정책결정과 전략적 사고에서 제외된다고 비평가들은 주장한다. 인도의 장군들은 그들이 민간에 의해 배제되어 왔기 때문에 외교정책과 관련한 어떠한 실마리(clue)도 갖고 있지 못하다고 말했다. 민간에 의해 배제되어 근무하는 대신 군부는 그들이 당면한 문제(sphere)의 외부에서 의사를 결정하고 여전히 그 문제들에 대해서는 인지하지 못한 채 남아있다.

인도 해군은 전략적 문제와 관련하여 사전대책을 강구한(pro-active) 유일한 집단이다. 2004년경 시작하여 해군은 해양안보 분석을 준비하고, 해적을 퇴치하며 인도의 해상교통로(sea lanes of Communication, SLoCs)를 보호하는 해군 교리를 작성했다. 또한 해군은 미국과 걸프지역을 포함하여 다른 국가들과 해군 간 관계를 구축했다. 전 외교관의 말을 빌리자면 본성적으로 해군은 외향적(outward-looking)이기 때문에 '외교정책분야에서 해군은 그들의 덩치를 키웠다.' 그러나 외교정책 형성에서 인도 해군이 군대로 통합되기 위해서는 그 이상의 노력이 필요할 것 같다.

## 신흥 이해당사자들

인도국민회의가 국내 정치를 장악하고 있었을 때부터 인도 정당들의 분열과 지역 정체성에 기반을 둔 정당의 부상은 인도의 외교정책의 담론을 급격하게 변화시켜 왔다. 정당은 모든 의회민주주의에서 의제를 설정하는데 중요한 역할을 했다. 연정의 부상과 인도연방 내 각 주(state)의 사회 및 경제영역에서 권력 이양은 외교정책 부문에서 각 주가 신흥 이해당사자가 되는 결과를 낳았다.

인도는 남아시아에서 모든 주변국들과 경계가 맞닿은 유일한 국가이고 따라서 인도 이웃과 국경을 공유하는 각 주들은 이웃 국가와의 관계를 국내 문제처럼 자주 다룬다. 국내 정치의 예상 밖 변화는 이제 외교정책에 영향을 미친다는 것을 의미한다. 인도와 스리랑카와의 관계, 특히 따밀 문제는 남부 따밀나두(Tamil Nadu)주 지역정당의 입장에 영향을 받아왔다. 유사하게 인도는 방글라데시와 국경문제를 해결하는데 수 십 년이 걸렸고 2015년 6월 방글라데시와 국경협정을 체결했다.[54]

금융 권력의 주정부 이양과 구자라트, 따밀나두, 마하라슈트라와 같은 주들의 경제성장률은 연방정부보다 높은 수준을 달성했다. 이들 주들은 이웃 국가뿐만 아니라 먼 국가들과도 그들만의 관계를 구축하기 시작했다. 예를 들어 구자라트의 주 총리였을 때 나렌드라 모디는 중국과 일본을 방문했다. 인도의 29번째 주인 텔랑가나(Telangana)가 출범한 이후 안드라 프라데시(Andhra Pradesh)에 새 주도를 건설하는데 있어서 싱가포르는 주요 투자국이 되었다.[55]

새로운 기술과 통신 방법 역시 외교정책에 영향을 미쳤다. 오늘날 정부는 텔레비전, 스마트폰, 소셜미디어가 최신의 정보를 제공하고 있으므로 대사관으로부터의 전보나 공문을 더 이상 기다리지 않는다. 비평가들은 '외교는 광장과 정부기관(chancelleries)에서 동시에 실행될 수 없다.'[56]고 주장했지만 민주주의에서 외교란 국민이 가끔씩 논리가 아닌 감정에 근거하여 정부가 결정을 내리게끔 강요하는 것을 의미한다. 따라서 과거와 현대의 언론은 대중의 눈에 띌 쟁점을 만들어 내고 의제를 결정하는데 있어서 중요한 도구이다.

외교정책에서 언론과 공공여론의 참여가 증가함에 따라 2006년 외교부는 공공외교국(public diplomacy division)을 창설했다. 최근 외교부는 페이스북과 특히 트위터와 같은 소셜미디어에 점진적으로 적극적이게 되었다. 인도 총리 모디와 슈스마 스와라지(Sushma Swaraj) 외교장관은 트위터에서 매우 적극적이고, 특히 후자는 각종 문의에 즉각적으로 대응하고 전 세계의 인도 디아스포라부터 도움을 요청하기도 한다.

외부의 전문지식을 수용하기를 꺼려하는 관료제의 배타주의는 수 십 년 동안 인도에 싱크탱크와 외부 연구기관이 없었다는 것을 의미한다. 최근에서야 이러한 기관이 등장했고 여전히 민간의 지원을 받고 있다. 인도에는 몇몇 유명 대학이 있지만 외교정책에 대한 학계의 논의는 무시되어 왔다.

외부전문가를 상대적으로 쉽게 수용하는 분야는 경제 분야이다. 경제 외교정책은 정부가 천천히 진입한 분야이고 기업을 포함한 민간의 참여를 허용한다. 1950년부터 인도상공회의소(Federation of Indian Chamber of Commerce and Industry, FICCI), 인도연합상공회의소(Associated Chambers of Commerce and Industry of India, ASSOCHAM), 인도산업연합(Confederation of Indian Industry, CII)과 같은 인도의 사업가 집단들은 인도 경제 외교정책에 중요한 역할을 했고 여러 장관들은 이들과 협업을 해 왔다.

외교와 안보정책에 종사하는 외부전문가들이 직면한 주요한 도전은 기밀(classification) 문제이다. 한 전문가가 지적했듯이 모든 것들은 기밀에서 제외되지 않아서 접근할 수 없고 정부 또는 정부와 관련된 싱크탱크 소속의 전문가들은 접근 이점을 가진다. 외교부는 사푸르 하우스(Sapru House, 역주: 세계문제 연구와 논의를 위한 싱크탱크임)와 개도국을 위한 연구 및 정보위원회(Research and Information System for Developing Countries, RIS)에 세계인도인위원회(Indian Council of World Affairs, ICWA)를 산하에 두고 있다. 국방부는 국방 및 전략분석연구소(Institute for Defence and Strategic Analysis, IDSA)와 국방연구소(United Services Institute, USI)를 산하에 두고 있다.

대부분의 외부전문가들, 전현직 외교관, 공무원들이 언급했듯이 10년 전과 비교하여 외부의 자문이 많아졌거나 또는 혹자가 지적했듯이 대학, 정부, 싱크탱크 간 더 많은 교류가 발생했다. 전 외교장관이 지적했듯이 당신은 공무원, 또는 장관 또는 총리에 의존할 수 없고 어려운 정책결정을 위해 외부전문가의 투입을 필요로 한다. 또한 그는 『제인스 디펜스』(*Jane's Defence*), 『옥스포드 어낼러티카』(*Oxford Analytica*)와 같은 전문 정보지를 구독했다고 언급했다.[57]

최근 이런 변화의 이유 중 하나는 싱크탱크의 분석가들 대다수가 전직 공무원들이고, 심지어 외교관들이기 때문에 그들이 자신들의 견해를 동료들에게 확실히 전달하기가 더 쉽다는 것이다. 그러나 전문가들은 아직도 개인에 의존하고 제도화되어 있지 않다고 경고했다. 예를 들어 인디라가 전략분석연구소(Institute for Defence and Strategic Analysis, IDSA)의 국장이었던 수브라마니얌(Subrahmanyam)의 조언을 구할 수 있었던 것은 인디라의 개인적인 역

량 때문이었다. 전직 외교서기는 냉소적으로 인도의 모든 것은 사적이라고 말했다.[58]

인도는 네루의 이상주의 시절부터 먼 길을 걸어 왔지만 그것은 잘 정의된 전략적 문화를 갖춘 강대국이기보다 강대국이 되려는 국민적 열망이다.

# 참고문헌

1) K. Subrahmanyam, 'Nehru and Defence Policy,' in *Nehru Revisited*, Mumbai: Nehru Centre, 2003, pp.93-95.

2) 2012년 10월, 전 외교장관 자스완트 씽(Jaswant Singh)과 필자의 면담.

3) K. Subrahmanyam in Foreword to Jaswant Singh, *Defending India*, Bangalore: Macmillan Press, 1999, pp.x-xiv.

4) Ibid., p.20.

5) 2012년 10월, 전 고위정부관료와 필자의 면담.

6) K. Subrahmanyam, 'Nehru and Defence Policy', in *Nehru Revisited*, pp.89-90.

7) Jaswant Singh, *Defending India*, p.34.

8) K. Subrahmanyam, 'Nehru and Defence Policy', in *Nehru Revisited*, pp.89-90.

9) R. Venkataraman, 'Address to the Parliament', 22 February 1988, R. Venkataraman 대통령의 연설, New Delhi: Publications Division, Ministry of Information and Broadcasting, Government of India, 1995, pp.27-38.

10) 2009년 의회 합동회기에서 Pratibha Patil의 연설, http://pib.nic.in/newsite/erelease.aspx?relid=49043 (접속일: 2014.12.31).

11) Mohannan B. Pillai and L. Premashekhara (eds), *Foreign Policy of India: Continuity & Change*, New Delhi: New Century Publications, 2010, pp.20-23.

12) 2012년 10월, 델리에서 전 고위정보 관료와 필자의 면담.

13) 2012년 10월, 델리에서 전 외교원 및 대사와 필자의 면담.

14) 2012년 10월, 세 명의 전 외교장관과 필자의 면담.

15) Jayantanuja Bandyopadhyaya, *The Making of India's Foreign Policy: Determinants, Institutions, Processes and Personalities*, Bombay: Allied Publishers, 1970, pp.169-70.

16) Y.D. Gundevia, *Outside the Archives*, Hyderabad: Sangam Books. 1984, pp.191-92.

17) Jayantanuja Bandyopadhyaya, *The Making of India's Foreign Policy*, p.147.

18) Ibid.

19) Surjit Mansingh, *India's Search for Power: Indira Gandhi's Foreign Policy, 1966-82,* New Delhi: Sage Publications, 1984, pp.41-44.

20) 작전명은 Operation Poomalai(사전적으로 따밀산 '화관'(花冠))이고 1987년 6월 4일 실시되었다. 1987년 6월 29일, 라지브 총리와 스리랑카 R. Jayewardene 대통령은 인도-스리랑카 협정을 맺었다. 더 자세한 사항은 Kunwar Natwar Singh, *One Life is not Enough: An Autobiography*, New Delhi: Rupa Publications, 2014를 참조하라.

21) Jayantanuja Bandyopadhyaya, *The Making of India's Foreign Policy*, pp.217-20.

22) 2013년 3월, 전 외교서기와 저자의 면담.

23) 2013년 3월, 베테랑 인도 언론인과 저자의 면담

24) Kanchan Gupta, 'The truth behind Kandahar', *The Pioneer*, 24 December 2008.

25) A.S. Dulat, *Kashmir: The Vajpayee Years*, New Delhi: Harper Collins, 2015, pp.38-39.

26) Javed Ansari, ' IC 814 hijacking still haunts Jaswant Singh', *India Today*, 31 October 2013; Jaswant Singh, *India at Risk: Mistakes, Misconceptions and Misadventures of Security Policy*, New Delhi: Rupa Publications, 2013, pp.205-18..

27) Sanjaya Baru, *The Accidental Prime Minister: The Making and Unmaking of Manmohan Singh*, New Delhi: Penguin, 2014, p.74.

28) 1949년 8월 10일, 제헌의회에서 행한 H.V. Kamath의 연설, *Constituent Assembly Debates of India, Official Report*, Vol. IX (30th July to 18th September 1949), http://164.100.47.132/ LssNew/cadebatefiles/vol9.html (접속일: 2014.8.19).

29) Krishan Mathur and P.M. Kamath, *Conduct of India's Foreign Policy*, New Delhi: South Asian Publishers, 1996, pp.71-81.

30) Consultative Committee on External Affairs에 관한 더 자세한 사항은 http://www.mpa.nic.in/MPA/ccms_rpt.aspx (접속일: 2017.2.10)을 참조하라.

31) Standing Committee on External Affairs에 관한 더 자세한 사항은, http://www.prsindia.org/uploads/media/Constitution%20119/SCR-%20119th%20(A) %20Bill.pdf (접속일: 2015.1.31)을 참조하라.

32) 1948년 4월 27일, 관료 선발과 관련하여 사다르 파텔이 네루에게 쓴 서한, Durga Das (ed.), *Sardar Patel's Correspondence, 1945-50,* Vol. IV, Ahmedabad: Navjivan Publishing House, 1972, pp.324-25.

33) Ibid.

34) Y.D. Gundevia, *Outside the Archives*, pp.23, 188.

35) Ibid., pp.23-24.

36) 수치는 외교부 연례보고서(Annual Report 2014-2015 of the Ministry of External Affairs), p.209에서 인용, http://mea.gov.i-n/Uploads/PublicationDocs/25009_External_Affairs_2014-2015__English_. pdf (접속일: 2016.6.15).

37) Sudha Ramachandran, 'India's surging aid to Maldvies points to its strategic location', Asia Times, April 2015, http://www. atimes.com/article/indias-surging-aid-to-maldives-points-to-its-strategic-location/ (접속일: 2015.12.20).

38) Indrani Bagchi, 'New Developments in MEA under Modi: Indian envoys get a strategic overview of Modi government's world vision', *The Times of India*, 23 February 2015.

39) Jayantanuja Bandyopadhyaya, *The Making of India's Foreign Policy*, pp.211-212.

40) 'Indian Foreign Service', Ministry of External Affairs Website, http://www.mea.gov.in/indian-foreign-service.htm (접속일: 2015.3.30).

41) Elizabeth Roche, 'Ministry of External Affairs to hire from private sector,' *The Mint*, 18 June 2015.

42) Indrani Bagchi, 'Crisis point: Not enough diplomats in India', *The Times of India*, 30 April 2007, http://articles.timesofindia. indiatimes.com/2007-04-30/india/27878506_1_indian-diplomat-mea-foreign-policy (접속일: 2015.2.28).

43) Y.D. Gundevia, *Outside the Archives*, pp.189-90.

44) Ibid.

45) Elizabeth Roche, 'Ministry of External Affairs to hire from private sector', The Mint, 18 June 2015.

46) Ibid.

47) 2013년 3월, 전 외교 서기 바즈파이(K.S. Bajpai)와 필자의 면담.

48) Shivshankar Menon, *Choices: Inside the Making of India's Foreign Policy*, Washington DC: The Brookings Institution, 2016.

49) Sanjaya Baru, *The Accidental Prime Minister: The Making and Unmaking of Manmohan Singh*, New Delhi: Penguin, 2014, p.39.

50) 2013년 10월, 전 외교장관과 필자의 면담.

51) 2012년 10월, 델리에서 전 고위 관료와 필자의 면담.

52) Jayantanuja Bandyopadhyaya, *The Making of India's Foreign Policy*, p.177-80.

53) Text and Recommendations of the Naresh Chandra Committee, http://www.gktoday.in/naresh-chandra-committee- recommendations/ (접속일: 2015.6.30).

54) Indrani Bagchi, 'India, Bangladesh sign historic land boundary agreement, end 41-year-long misery of 50,000 stateless people', *The Times of India*, 7 June 2015.

55) Colin Cram, 'Why Singapore is building a new Indian city 10 times its own size?', *The Guardian*, 7 January 2015.

56) G.S. Bhargava, 'The Ills of the Indian Foreign Service', *Economic and Political Weekly*, Vol. 10, No. 10, October 1966, pp.407-10.

57) 전 외교장관 자스완트 씽(Jaswant Singh)과 필자의 면담.

58) 전 대사 바즈파이(K.S. Bajpai)와 필자의 면담.

# 결론

# 미래 권력에 대한 전망

# 결론: 미래 권력에 대한 전망

'인도의 부상(浮上)'은 인도와 국제사회에서 고려할만한 토론 주제이다. 인도의 규모와 중요성은 세계 주요 강대국의 위상을 차지해 왔으나 강대국으로 행동하기에는 자본과 군사력, 제도적 구조가 부족하다. 영국령 인도제국 시절 인도 공무원들은 정책입안자가 아닌 초안 기안자로 훈련되었다. 독립 후 이들 관료들은 인도가 그들 스스로의 진가를 발휘하는 상황에서 자신들의 직위를 열정적으로 수호해 왔다. 인도 정치지도자들은 세계에서 인도의 위상을 드높이고 국민통합을 추진하기 위해 역사를, 아니 역사적 이미지를 이용했다. 차나꺄가 주장한 전륜성왕(轉輪聖王)의 현대판 버전을 인도가 만들어야 하는 미래지향적 제도와 함께 이제 국가는 실용적인 전략적 정책을 필요로 한다.

독립 직후 몇 년 간 인도의 최우선과제는 영토 보존과 통합의 확신이고, 세계질서 속에서 인도의 전략적 공간을 확보하며, 외세의 영향으로부터 남아시아의 안보를 확보하는 것이었다. 인도가 세계와 관계를 맺는 바탕은 인도가 위대한 문명국이며 미래의 강대국이라는 신념이다. 식민통치의 시작부터 인도의 운명은 어떤 시점에서 외국인들에 의해 모두 결정되었기 때문에 인도는 의사결정의 자율성과 경제적 자급자족을 원했다. 인도는 지배적인 강대국들과 맞서기 위해 가끔 다소 고독한 길을 걸으려 했다.

냉전이 종식된 이후로 미국과 우호적 관계를 추구했음에도 불구하고 인도는 미국의 동맹으로 불리는 것을 거부하는 대신 '동지' 또는 '친구'로 불리기를 선호한다. 인도와 미국 양자 모두 세계 테러리즘에 대항하고 인도-태평양 지역의 공동안보를 구축하면서 남아시아와 중동의 안전과 같은 전략적 목적을 공유한다. 이제 인도는 미국과 합동군사훈련을 실시하고 미국은 빠른 속도로 인도의 방위물자를 공급하는 주요 국가가 되었다. 그러나 의사결정에서 인도의 자율성을 강조하며 여전히 인도 지도자들은 상황에 따라 공개적으로 미국에 동의를 하지 않는다. 중국의 부상(浮上)에 대처하는데 있어서 미국과의 협력이 인도가 지속적으로 비서구권 약소국의 지도자가 되는 것을 막을 수 없다.

비록 인도가 많은 국가들과 양자 관계에서 완전한 자율성을 요구하지만 다자제도에서도 적극적으로 활동했다. 인도에게 있어서 세계 기구들은 개도국과의 결속을 구축하는 장치이며 이전 식민 국가들의 본보기이기도 하다. 1950-60년대 인도는 아시아와 아프리카에 걸쳐 탈(脫)식민지화를 옹호했다. 다자제도들은 주로 서구국가가 주도하는 제도들이 변화한 세계의 현실을 반영하고 있다는 인도 지도자들의 요구에 따른 공간이다. 이는 유엔안보리상임이사국진출과 브레튼 우즈 금융제도의 재구성을 요구한 인도의 주장을 그 전제로 한다. 세계무역기구(WTO)와 같은 국제제도에서 종종 인도의 일탈적인 입장은 서구 강대국에 더 이상 지배당하지 않으려는 다국적 세계를 바라는 인도의 열망에서 기인한다.

미국과 인도에는 많은 공통점이 있다. 두 국가 모두 세계화로부터 이익을 추구하고 싶어 하지만 어떤 점에서 자기와 무관한 일에 관심이 없고, 심지어는 반(半)고립주의적 정서도 있다. 미대륙과 남아시아 등 그들 지역에서 두 국가는 외부 간섭이나 군사개입에 대해 분개한다. 미국의 경우 먼로 독트린과 인도의 경우 인디라 독트린과 같이 외부의 권력을 배제하기 위한 그들 고유의 지적 구조를 갖고 있다. 두 국가 모두 심오한 국가 정체성과 강력한 국가적 예외주의를 보유한다. 또한 두 국가 모두 그들을 과거 제국주의국가와는 다르다고 간주한다. 마지막으로 인도와 미국 모두 다른 국가와의 관계에서 양자 간 자율성을 강조하고 유엔과 같은 다자간 기구에 깊숙이 개입되어 있다.

인도의 초대 총리인 네루와 인도 독립운동에 참여한 그의 동료들은 고대와 중세 인도로부터 계승된 영감을 추구했다. 고대 철학자들은 그들에게 아대륙은 문명적 그리고 지리적인 단일체라고 가르쳤다. 또한 이들 철학자들은 이상주의자와 현실주의자 모두에게 도덕적 견해를 제공했는데, 이상주의자와 현실주의자들은 동시대 인도는 과거의 그늘 아래서만 성장할 수 있었다고 주장했다. 과거에 의해 현재가 안내되고 미래는 과거를 반영한다는 일반적 원칙은 대외관계 영역에서 강력하게 적용되어 왔다.

고대 인도 철학자들은 다른 사람들로부터 이탈하는 것을 피해야 한다는 점을 강조했고, 인도 아대륙 외부의 영토를 빼앗거나 침해하는 것을 반대한다고 조언했다. 인도 건국 엘리트들은 인도 외교관계에서 남아시아가 중심이며 인도가 세계정치에서 중요한 역할을 해야 한다는 신념을 가졌다. 이는 고대 철학자의 시각을 따른 것이며 독립 이후부터 인도 세계관의 일관적인 축이 되어 왔다.

고대 인도의 가장 유명한 정치 철학자인 차나꺄의 영향은 그의 이름을 따라서 뉴델리 외교관 거주지의 명칭으로 명명한 상징적인 것뿐만 아니라 차냐꺄의 만달라(mandala) 이론의 중심인 다른 국가의 불신과 관계된 여러 층의 관계 시스템을 추구하는 방식에도 영향을 미쳤다. 서구국가와 친밀한 관계를 맺고 있음에도 불구하고 인도가 왜 비동맹운동 출신의 개도국들과 러시아와 친밀한 관계를 유지하고 있는지, 브릭스에서 활동적인 역할을 하고 있는지를 차냐꺄는 설명한다.

인도 지도자들은 남아시아에서 그들을 지배적인 권력으로 본다. 남아시아에서 지리적, 사회문화적, 정치적 중심지는 인도이다. 뉴델리는 이웃 국가뿐만 아니라 중국, 미국과 서구 국가와 같은 외부권력도 인도의 지배력을 인정하고 지역에서 인도의 관심에 유념하기를 기대한다. 현대 인도는 이웃 국가들이 인도를 전륜성왕(轉輪聖王)으로 간주하기를 기대한다. 남아시아는 인도가 그들의 군대를 파병하거나 그들의 이익을 보호하기 위해 물리적 힘을 기꺼이 사용할 유일한 지역이다. 이 원칙은 1948년 하이데라바드(Hyderabad) 토후국(princely state)과 1961년 포르투갈령이었던 고아(Goa)를 점령했을 때, 1987년 스리랑카에 평화유지군을 파병하고 파키스탄과 네 번의 전쟁을 치를 때 적용되었다.

그러나 고대 철학자들이 언급했듯이 전륜성왕은 최고주의(primacy)를 주장했으나 절대 강제적으로 영토를 점령하지 않았다. 현대 인도 역시 다른 국가에 속한 영토를 절대 빼앗지 않았다. 방글라데시를 탄생시킨 1971년 파키스탄과의 전쟁이후 인도는 새로운 국가의 영토에서 짧은 시간 내에 철군했다.

인도는 남아시아의 지배국으로 인식되는 것과 이웃 국가들이 외부의 강대국이 아닌 인도만을 바라보는 열망과 같은 도전에 직면했다. 수년 동안의 낮은 경제 성장률은 이웃 국가가 도움을 요청할 때 도움을 줄 경제력이 인도에게는 없다는 것을 의미한다. 페이비언(Fabian) 사회주의, 혼합 경제(mixed economy), 자급자족 경제원칙은 1990년대까지 인도의 연간 성장률을 3퍼센트 수준에 머물게 했고 이웃 국가를 지원할 능력이 없는 성장률을 달성했다. 지난 20년 동안 인도의 경제 성장은 이웃 국가에 대한 영향력의 도구로서 인도가 원조를 제공할 길을 열어왔다.

중국의 일대일로(一帶一路) 전략과 경쟁하는 국면에서 매우 빈곤한 남아시아 이웃 국가들에게 원조를 하는 성과를 바탕으로 인도는 이들 국가들에게 호소한다. 중국은 중국-파키스탄 경제회랑(China Pakistan Economic Corridor)을 개시하여 향후 몇 년 간 파키스탄에 460억 달러를 투자하기로 약속했다. 중국은 네팔, 방글라데시, 스리랑카에게도 경제적 지원을 실시하고 있다. 인도 지도자들은 영향력 행사의 통제는 다른 이들이 무엇을 할 것인지를 만하는 기능뿐만 아니라 경쟁자들에게 반대할 수 있는 자원을 활용하는 것으로 인식한다.

인도의 이웃 국가들은 인도가 큰 원조 프로젝트를 약속하고 매우 느리게 이행한 역사를 불평한다. 약속과 이행의 간격은 방글라데시와 네팔에서 발견되고 심지어 현재 지역 내 인도의 최대 양자 간 원조국인 아프가니스탄에서도 발견된다. 만모한 씽 총리 정부 하, 그리고 특히 나렌드라 모디 총리가 선출된 이후, 인도는 아프가니스탄, 방글라데시, 스리랑카, 네팔을 대상으로 관세 철폐 또는 비관세장벽 제거, 양허성 차관과 대출 등 무역 혜택(trade concession)을 모색해 왔다.

총리로서 모디는 인도의 외교관계에 대해 더욱 확고한 목표를 축적해 왔다. 남아시아는 역대 정부에서도 그랬고 모디 총리 하에서도 인도의 핵심적인 주변 국가이다. 모디 총리는 그의 취임식에 남아시아 모든 정부의 수장들을 초대했으며 취임 2년도 되지 않아 부탄, 네팔, 모리셔스, 미얀마, 스리랑카, 방글라데시를 방문했다. 그는 파키스탄과 전략적 해빙기를 구축하기 위해 2015년 12월 라호르(Lahore)에 잠시 들려 파키스탄 총리인 나와즈 샤리프(Nawaz Sharif)를 만났으나 그 결과는 좋지 않았다.

1987년 이후 최초로 스리랑카를 단독 방문한 자리에서 인도 총리로서 모디는 비관세 장벽을 없애고, 경제협력을 강화하며, 스리랑카와 인도의 무역적자 문제 해소를 약속했다. 또한 인도는 3억 1,500만 달러의 차관을 들여 스리랑카의 철도 인프라를 개선하고 트링코말리(Trincomalee) 항구를 원유의 허브로 만들겠다고 약속했다. 모디는 "우리는 통합된 스리랑카의 평등, 정의, 평화, 위엄을 위해 스리랑카의 따밀 사회를 포함하여 사회의 모든 열망을 담아 미래를 창조하는 당신들의 노력을 지지한다." 라고 말하면서 따밀 문제에 대한 뉴델리의 정책을 스리랑카에게 재확인시키려고 했다.[1]

모디는 2014년 8월과 11월 등 6개월 사이 두 차례에 걸쳐 네팔을 방문했다. 2014년 8월 방문은 1998년 이래 인도 총리가 히말라야 이웃 국가를 첫 번째로 방문한 것으로서 모디 총리는 인도와 네팔 간 고대문명의 관계를 '히말라야와 갠지스강만큼 오래되었다.'라고 언급했다. 모디 총리는 '우리는 네팔 국내문제에 간섭하기 위해 온 것이 아니라 네팔의 발전을 돕고자 한다.'[2]고 말하며 스리랑카에서처럼 네팔에서 인도에 대한 분노를 가라앉히기 위해 노력했다. 2014년 11월 방문에서 인도는 네팔의 인프라와 수력발전 건설을 위해 10억 달러의 차관을 제공하기로 했다. 민간 교통수단을 통해 여행을 용이하게 하고 교역, 관광, 지역 연결을 활성화하기 위해 양 국가 간 정기적인 버스를 운행하기로 했다.[3]

스리랑카와의 관계를 개선하는 동안 네팔과의 관계에는 부침이 있었다. 2015년 후반 마데시스(Madheisis, 네팔에 수 세기 동안 거주한 인도인)와 네팔 신헌법에 대한 갈등에서 비롯된 정치적 불안은 인도-네팔 관계에 부정적 영향을 미쳤다. 이어진 불안과 폭력은 마데시스가 인도에서 네팔로 들어가는 모든 입국장소를 봉쇄하는 결과로 이어졌다. 네팔은 인도를 통한 통과무역(transit trade)에 의존하기 때문에 몇 주간 지속된 봉쇄는 내륙국인 네팔에게 피해를 입혔고 뉴델리 정부가 그 배후로 추정되었다.[4] 네팔 총리 올리(Oli)의 베이징 처녀방문은 명백히 인도의 관심을 끌기 위한 것이었고, 네팔은 중국과 연료 문제 해결안 서명을 제안했다. 중국과 연료 문제를 체결하는 대신 네팔 정부는 1950년 맺은 인도-네팔 간 상호 평화우호조약을 전체적으로 검토하고자 2014년 결성된 저명인사그룹(Eminent Persons Group) 회의를 추진했다.[5]

남아시아 국가 간 무역, 관광, 여행 등 지역적 연결(connectivity)은 남아시아로 나아가고자 하는 모디의 핵심 정책이 되어 왔다. 이는 인도 내 인프라 건설과 이웃 국가와의 연결을 필요로 한다. 끊임없는 투자와 정책 지원이 필요한 장기적인 노력이기도 하다. 또한 이 연결성(connectivity)을 현실화하기 위한 연장선으로 남아시아지역협력(SAARC) 합의도 필요하다. 그러나 여전히 갈 길은 멀다. 2014년 11월 자동차협약(Motor Vehicles Agreement)을 포함한 남아시아지역협력 연결성(SAARC connectivity) 합의문 서명은 파키스탄이 '내부 문제를 처리하지 못했다.'며 추가의 시간을 요청하자 중단되었다.[6] 7개월 뒤인 2015년 6월, 인도, 네팔, 부탄, 파키스탄은 '승객, 개인(personnel), 화물 차량 교통량 규제를 위해' 자동차협약에 서명했다.[7] 비록 파키스탄이 협력하지 않으려고 했지만 인도는 이웃 국가와의 연결성 구축을 위해 노력하고 있다. 뉴델리 정부는 이슬라마바드 정부가 협력을 하지 않는다면 곧 소외되리라 이해한 것으로 믿는다.

2015년 6월 모디의 방글라데시 첫 방문에서 두 국가는 40년 동안 협의한 영토경계협약(Land Boundary Agreement, LBA)에 서명함으로써 국경선 분쟁을 해결했다. 해양 안보협력, 인신매매 금지, 파키스탄 정보국에 의해 방글라데시에 통용되는 인도 위조화폐 검열 역시 합의문에 포함되었다. 인도는 방글라데시에 20억 달러 차관을 제공하기로 했으며 두 국가는 경제특구를 설치하기로 합의했다. 다카 정부는 또한 테러리스트들과 인도 동북부에서 발생하는 폭동에 대해 '무관용의 원칙'을 적용하겠다고 약속했다.[8]

인도와 아프가니스탄의 관계 또한 더욱 심화되었다. 2015년 12월, 모디 총리는 인도의 도움으로 카불에 건설된 새 의회 청사의 개관을 공식적으로 선언했다. 아프간 의회에서 모디 총리는 아프가니스탄과 인도의 관계는 '영원하고', '오래되었다'고 언급하며 '역사의 변천에서 우리는 하나의 국가였던 시절이 있었다. 우리가 전쟁을 목격한 시간도 있었다. 그러나 시간이 지나면서 우리는 언제나 서로를 풍요롭게 만들었다.'라고 지적했다. 전략적 관계를 강조했으나 인도-아프가니스탄 관계를 의심스럽게 보는 파키스탄을 안심시키기 위해 모디는 '경쟁이 아니라 기여를, 갈등의 불꽃을 피우는 것이 아니라 미래의 기반을 놓기 위해, 국민을 해치는 것이 아니라 삶을 재건하기 위해서 인도가 여기에 왔다는 것을 당신은 알 것이다. 우리가 그랬듯이 인도와 아프가니스탄은 서로 대립하는 것이 아니라 항상 서로의 편에 서있다는 것도 당신은 알 것이다.'라고 언급했다.[9]

남아시아는 인도가 영향력을 확대하는 유일한 지역이 아니다. 인도는 국제 기술 및 경제협력(International Technical and Economic Cooperation, ITEC) 프로그램을 통해 다른 개도국에게 기술과 경제 원조를 한다. 인도 외교부 예산 지출의 약 64퍼센트가 이 프로그램을 통한 국제 원조 금액이다.[10] 개도국에 대한 인도 원조의 다른 통로는 교육자와 교사, 의사, 기술 교육 담당자 등이다. 인도 문명의 영향력을 확대시키는 성공적인 방법은 세계 시장에서 볼리우드(Bollywood) 영화를 수출하는 것이었다.

개도국에서 인도의 지도력을 확고히 하고 가시적 영향력으로서 남아시아를 정의하는 것 외에도 인도는 항상 문명의 계승을 자랑스럽게 여겼고, 인도 세계관의 중요한 부분으로 만들었다. 이러한 자부심은 또한 인도가 독특하고 특별하고 고대 세계의 중심 중 하나였고 다시 한 번 그 위상을 찾을 것이라는 인도 예외주의를 만들어냈다. 인도의 성장은 불가피한 것으로 보이고, 그 무엇도 그 누구도 막을 수 없는 것이며 결국 그런 일이 발생할 것이라고 확신하고 대한다. 독립을 위한 국민적 투쟁동안 인도의 지도자들과 사상가들은 인도의 오래된 과거와 미래로 인해 인도의 사상이 세계의 신호등이라고 강조했다.

인도 예외주의의 반복으로 다른 개도국들은 인도로부터 배우고 인도의 경험으로부터 이익을 얻는다. 인도는 다르기 때문에 이전 식민 강대국이나 냉전시기 초강대국과 같은 지도자가 되지 않을 것이다. 인도는 인도의 독특한 역사와 문명 경험 때문에 다르다. 그런 믿음은 지도자들이 국민들을 선동하기 위한 단순한 '기분 좋은' 공언(空言)은 아니지만 평범한 일반인들은 이를 믿는다. 이러한 믿음은 세계에 있는 인도 디아스포라에게 뿌리 깊게 박혀있다. 국가의 특수성과 명백한 사명을 믿는 미국을 포함한 다른 국민들처럼 인도인들은 그들이 원칙이라 믿는 것을 준수하려는 성향이 있고 타협의 일부분으로 그 원칙들을 포기하려고 하지 않는다. 이는 서구권 국가와는 정반대로 세계무역기구(WTO)에서 독립적인 지위를 추구할 뿐만 아니라 더 이상 이념으로 진영화하지 않는 세계에서 비동맹을 고수하는 것을 의미한다.

인도의 대외관계는 고대 힌두 철학자뿐만 아니라 역사를 거치면서 다른 분야의 발달에 영향을 받아 형성된 인도만의 식견을 반영한다. 중세 무슬림 술탄들은 종교와 문화다원주의를 인도인의 삶에 더했다. 이런 유산은 무슬림 국가와 현대 인도의 서쪽, 북서쪽과 관계를 맺는데 도움이 되었다. 중세 시대의 다른 유산은 행정의 철저한 사유화이다. 무굴제국은 영국령 인도제국에게 고정불변의 제도보다 완벽하게 사유화된 권력에 초점을 둔 정치문화를 물려주었다. 인도제국(Raj)은 현대 인도에게 개인 중심의 행정이 포함된 강력한 제도를 남겼다.

인도는 110년 동안 동인도회사의 지배하에 있었으며 나머지 90년은 영국 왕실의 직접 지배를 받음으로써 거의 2세기 동안 영국의 깊은 영향을 받았다. 영국은 인도에 근대 교육, 기술, 제도를 전수했다. 그들은 인도인들이 중동국가부터 동남아까지 더욱 큰 이웃을 알도록 했고 인도인들이 현대 세계에서 발생하는 사건을 이해할 수 있도록 기여했다. 영국 왕은 인도를 왕관에 박힌 보석이고 해외 왕국의 중심으로 간주했다. 인도는 식민 군대에 많은 인력을 제공했다. 인도는 저비용 생산자였을 뿐만 아니라 영국이 제조한 제품의 전속시장이었고, 세계에서 영국의 존재감을 공고화하는 지리적으로 전략적으로 중요한 국가였다.

인도 문명의 영향력이 중동국가부터 동남아를 넘어 확산된다는 고대의 믿음은 영국령 인도제국동안 전략적 현실로 번역되었다.

영국은 인도를 페르시아 걸프부터 동남아까지 전 지역을 안보 발판으로 간주했다. 1943년 초 K.M.빠니까르(K.M. Panikkar)와 같은 인도 전략가는 인도가 거대한 지역의 안보 공급자가 되는 것을 옹호한 영국의 세계관을 주장했다. 그러나 네루 정권하 인도는 식민시기의 정책을 지속하기를 꺼려했다.

네루와 그의 후임자들은 인도양 연안지역에 거대 규모의 군대를 주둔시키지 않았다. 그러나 이상주의자로서 네루는 인도의 안보와 미래에 있어서 이 지역의 중요성을 이해할정도로 현실주의자였다. 그러므로 네루는 이집트와 터키의 동료들과 긴밀한 관계를 맺었고 아랍과 페르시아의 정치인과 지식인에 이르기까지 접촉했다. 또한 인도 지도자들은 비동맹과 유엔과 같은 집단을 통해 인도의 위상을 구축하고자 했다. 그러나 최근 중국의 부상에 수반되는 인도의 경제력과 군사력의 성장과 함께 인도의 역할이 필요해졌다.

미국과 일본, 한국, 심지어 호주까지 동아시아에서 미국의 동맹국들은 인도양에서 주요 강대국이 인도라는 발상을 가지기 시작했다. 영국이 통치하던 시기는 해상에서 영국통치 또는 군대 주둔을 의미한다. 지금까지 인도는 경제 관계를 강화하고 군사훈련을 포함한 전략적 관계를 점차 강조하고 문화관계를 구축하는 것을 선호해 왔다. 서서히 인도 해군은 인도 영해만을 방위하는 것을 초월하여 대양해군(blue-water navy)으로 등장하는 중이다.

현대 인도는 작은 목소리로 말하고 강하게 행동하라는 루즈벨트 대통령의 격언을 알고 있다. 그러나 인도의 지도자들은 조용한 행동 대신 큰 소리로 말해 왔다. 네루는 대규모 군대를 유지하는 것의 중요성을 이해했고 1948년 카슈미르와 1961년 고아에서 목격했던 것처럼 무력사용을 반대하지 않았다. 그러나 그는 인도 국방에 투자하기보다는 보험으로서 국제정치에서 인도의 위상에 더욱 집중했다. 유사하게 네루는 외교정책의 근간으로 강한 경제의 중요성을 알았지만 가부장적 성향의 국가기구를 설치했고, 시간이 지남에 따라 인디라 간디 하에서 경제성장은 더욱 압박을 받았다. 반대로 인도가 군사장비에 투자하고 세계의 높은 자리를 요구할 경제적 자본을 확보할 수 있었던 시기는 1990년 경제 자유화에 이르러서이다.

이제 인도 외교정책의 주된 목표는 인도 경제발전을 보장할 수 있는 세계 환경의 조성이다. 인도의 지도자들은 의사결정에서 지속적으로 자율성을 강조하는 동안 인도의 경제권력강화를 통해독립 후 초기보다 오늘날 영향력을 갖게 되었다. 나렌드라 모디는 당분간 실종되었던 행동주의를 인도 외교정책으로 소환했다. 그는 취임 후 31개월 동안 미국, 일본, 중국, 호주, 프랑스, 독일, 브라질, 아랍에미리트, 영국을 포함하여 45개 국가를 방문했다.

모디와 네루가 비록 서로 다른 전망을 했다고 하더라도 모디는 네루만큼 외교정책에 있어서 열정적이다. 모디는 그가 믿는 소규모의 자문단에게 도움을 받아 외교정책을 실시한다. 그는 네루가 한 것과 비슷하게 장관 지위의 우월함(ministerial superiors) 대신에 총리실과 함께 직접 문제해결을 선호한다. 그의 월간 라디오방송인 만키바트(*Mann Ki Baat*, 사전적으로 '단상'(斷想))와 같은 전통적인 언론과 소셜미디어와 같은 현대적 도구를 이용하여 인도 국민들과 직접적으로 관계를 구축해 왔다. 모디는 2,900만 명이 넘는 트위터 팔로워를 보유하고 있다.

모디의 세계관은 경제 성장과 해외에서 권력이 투영(projection)되는 현상 사이의 본질적인 관계(intrinsic link)를 통해 형성되었다. 모디는 비록 다양한 국제적 관심을 받기를 꺼려하지 않는다고 하더라도 국제 포럼에서 단지 연설만으로 인도의 위상을 추구하지 않는다. 예를 들어 모디는 요가의 인도 근원과 전반적인 인기에 자부심을 갖고 유엔에서 세계 요가의 날에 연설을 했다. 2015년 7월 중앙아시아를 방문하는 동안 모디는 '지식, 경건함, 연민, 복지 등 이슬람의 최고 이상으로 정의된' 인도의 이슬람 유산에 바탕을 둔 고대 관계에 관한 연설을 했다. 요가와 볼리우드에서 사용하는 힌디어, 불교와 수피(sufi) 음악, 종교와 문화의 관계를 강조하면서 모디는 인도와 중앙아시아는 '서로의 가슴에 특별한 입장을 가지지만 우리는 서로에게 많은 관심을 기울이지 못했다. 이것은 변할 것이다'라고 연설했다.

모디의 외교정책은 또한 인도 디아스포라와 함께한다. 독립 투쟁을 하는 동안 인도국민회의는 디아스포라의 지원을 요청했으나 독립 후 인도인 정책은 문화적으로나 문명적으로 인도인으로서 해외에 거주하는 인도인은 인도가 아닌 그들의 새로운 국가의 책임이라고 했다. 1960년대 버마는 인도인을 쫓아냈고 스리랑카는 따밀인들이 떠나기를 강요했다. 1970년대 우간다에 거주하는 인도인들은 수년 동안 떠나도록 강요받았다. 인도의 반응은 인도 출신 시민들의 편에 서는 것 대신 해당 국가와 양자 관계를 유지하는 것이었다.

그러나 지난 20년 동안 인도 정부는 디아스포라가 세계에 영향력을 행사하는데 있어서 잠재력을 가지고 있다고 인식하고 인도 디아스포라가 직면한 요구와 문제에 관심을 기울여왔다. 해외 인도인이나 프라바시 바라티야(Pravasi Bharatiya)의 요구를 해결하기 위해 2000년대 초반 연방 수준의 정부 부처를 설립했다. 매년 프라바시 바라티야 디바스(Pravasi Bharatiya Divas, 재외 인도인의 날) 행사가 개최되며 정부는 상(賞)과 인센티브로 디아스포라에게 지지를 호소한다. 수십 년 동안 해외 인도 노동자들은 델리로부터 정신적인 지지 외에는 어떤 것도 받지 못했다. 이제 모디와 외국 지도자들이 만날 때 인도 노동자들의 요구는 논의되어할 쟁점 중 하나이다. 따라서 네루 정부 하에서 다른 국가의 내정이라 간주되었던 것은 인도 국제관계의 일부분이 되었다.

모디는 그가 방문하는 모든 국가에서 특히 인도 디아스포라에게 호소하는 연설을 했다. 인도의 제조업 확대를 위해 국제 및 인도 기업들이 함께 투자하는 경협은 모디의 대외 경제정책의 목표로 선언되었다. 2014년 9월 모디의 첫 번째 미국 방문의 백미(白眉)는 뉴욕시 매디슨 스퀘어(Madison Square)에서 열정적인 인도계 미국인(Indian-American) 디아스포라를 대상으로 한 연설이었다. 모디는 해외 인도인들이 편리하게 여행을 할 수 있도록 약속을 했고, 세계에서 가장 오래된 민주국가인 미국과 세계 최대의 민주국가인 인도 사이의 관계에 대해 연설을 했다. 또한 그는 인도의 경제성장을 위해 관료주의(red tape)를 철폐하겠다고 약속하고 디아스포라의 투자를 유인하겠다고 언급했다.[11] 2015년 9월 모디의 두 번째 미국 방문에서 그는 1982년 이후 인도 총리로는 최초로 미국 서부해안지역을 방문했다. 산호세(San Jose)에서 모디는 '몇 십 년 전만 해도 상상하기 힘들었던 방식으로 인간의 삶을 변화시킬 수 있는 기회'를 제공할 디지털 인디아(Digital India) 이니셔티브에 대한 지원을 인도 디아스포라가 장악한 실리콘밸리 기술단지에 호소했다.[12]

모디는 해외 인도인들이 그들의 오래된 모국으로 가지고 올 이익을 간절히 활용하고자 한다. 인도 총리로서 34년 만에 처음으로 아랍에미리트를 기념비적으로 방문한 자리에서 모디는 아랍에미리트의 건설에 도움을 주었고 거기에 거주하고 노동하고 있는 인도 디아스포라를 포용했다. 모디는 이에 대한 보답으로 디아스포라에게 비자 발급과 여행을 쉽게 하고 투자와 관광을 모색했다. 모디는 정책과 관료주의(red tape)와 관련한 '인도의 변화'(change in India)를 연설하면서 아랍에미리트의 투자를 촉구했다.[13] 그 일환으로 아랍에미리트 정부는 걸프 지역에서 최초로 아부다비에 힌두사원을 건설하겠다고 발표함으로써 인도인들의 복지에 관심을 표명했다.

인도 총리로서 30년 만에 실시된 2014년 11월 태평양 군도 방문에서 모디는 피지와 다른 섬에 거주하는 인도인들을 위한 도착비자(Visa on Arrival) 제도와 100만 달러의 기금 조성을 발표했다. 이들 군도들과의 교역을 늘리기 위해 인도 정부는 무역사무소를 설치했고 매년 12만5천 달러에서 20만 달러까지 각 태평양 군도국가의 지역 프로젝트를 위한 기금을 조성했다.[14]

이어서 2015년 8월 22일 자이뿌르에서 개최된 제 2회 인도-태평양 군도 협력(India-Pacific Islands Cooperation, FIPIC) 포럼에서 모디는 지속가능한 해안 및 대양 연구소(Institute for Sustainable Coastal and Ocean Research)를 설립함으로써 14개의 섬과 협력을 강화하고 해양경계와 수로 조사를 위한 해군 지원뿐만 아니라 이들 군도국가에 우주기술지원센터(Space Technology Application Center)를 설립하겠다고 약속했다.[15]

중국은 인도의 주요 교역국이자 잠재적인 경쟁자이기도 하다. 2015년 5월 총리로서 중국을 처음 방문했을 때 모디는 두 국가가 공유한 '고대 정신과 문화적 연계'에 대해 연설했다. '인도와 중국의 재도약과 그 관계는 이번 세기의 과정 중에 두 국가에 중대한 영향을 미치기' 때문에 중국과 인도 관계는 가장 중요한 전략적 파트너들 중 하나라고 그는 강조했다.[16] 22명의 중국 최고경영자

(CEO)들 앞에서 모디는 '메이크 인 인디아'(Make in India)를 강조했고, 220억 달러에 달하는 21개 사업협약서를 체결했다. 인도는 완전히 변했고 이제 '더욱 투명하고 즉각 반응하며 안정적'이라고 강조하며 철도부터 고속도로, 도로, 항만건설까지 인도 인프라 계획에 대한 투자를 요청했다.[17]

세계 지도자들 사이에 모디는 일본 총리인 아베 신조와 개인적 친분을 갖고 있는데, 모디처럼 아베 총리는 자국의 경제 회복을 시도하고 국방정책의 혁신을 꾀하며 부상하는 중국과 그렇게 적극적이지 않은 미국에 의해 도전받는 세계에서 자국의 역할을 모색하는 중도우파의 민족주의 정치인이다. 2014년 9월 첫 일본 방문에서 두 국가의 관계를 특별 전략적 세계 동반자(special strategic global partnership)로 격상시킨 한편, 모디는 그가 인도의 레드 테이프(Red Tape)를 레드 카펫(Red Carpet)으로 바꾸겠다고 언급하며 일본의 투자를 요청했다. 도쿄 정부는 향후 5년간 인도에 350억 달러를 투자하겠다고 약속했고 아시아의 두 주요국가 사이에 민간 핵거래(civil nuclear deal)에 관한 대화는 진행 중에 있다.[18] 2015년 12월 아베의 인도 방문에서 뭄바이와 아메다바드(Ahmedabad)의 산업 허브를 연결하는 인도 최초의 고속 열차를 일본 회사가 건설하기로 합의했다. 만약 아베가 일본의 2차 대전 이후 군수물자 판매를 제한하는 정책을 바꿀 수 있다면 인도는 일본의 US-2 수륙양용 비행기를 구매할 수 있을 것이다.

길이 남을 모디의 경제정책은 세계 수준의 경제 건설을 위한 열망과 경제적 자급자족에 대한 열망 간 균형을 모색하는 '메이크 인 인디아'(Make in India) 계획이다. 동인도회사의 유산에 대한 두려움은 너무나 뿌리가 깊어 오늘날까지도 인도 지도자들은 인도가 어떤 국가에게도 종속되지 않기를 바란다. 그러나 인도가 세계경제 패권국(powerhouse)이 되고자 한다면 외국 기술과 막대한 외국 자본을 필요로 한다. 모디는 모든 국가의 기업과 사업체의 투자를 요청했다. 외국인 투자자들은 거대한 인도시장에 접근하기를 갈망했으나 그들이 기대했던 급진적인 변화는 아직 현실화되지 않았다.

인도 경제는 거대한 잠재력이 있고 인구학적으로 크게 나눠져 있는데, 그 인구들은 활용되기를 기다리고 있다. 모디 행정부는 인도의 경제 성장에 박차를 가하기 위해 인도와 세계 기업을 활용함으로써 경제를 구축할 일생일대의 기회를 맞았다. 그러나 이는 모디가 외교 정책에 부여한 것처럼 국내 경제에 대한 많은 관심을 필요로 할 것이다. 두 분야 모두에서 총리는 인도의 관료주의적 사고와 국내 정치의 긴급 사태를 규정하는 이미 굳어진 입장을 충족해야 한다. 인도 정치가 먼 길을 가는 동안 정부는 정치의 정체성에 호소할 필요가 있고 또한 경제개혁이 선거를 이길 수 없을 것이라고 믿는다.

외교정책 분야에서 인도는 여전히 과거의 사상과 영국시대의 구조만을 고집한다. 전 외교서기는 '제도 구축은 우리의 강점이 아니었다.'라고 말했다.[19] 그러나 수브라마니얌(Subrahmanyam)이 언급한 대로 '우리는 의례적인 사회이다. 우리는 제도를 도입하려는 의도 없이 제도를 만들었고 절차(과정)를 공식화하는데 익숙하다.'[20] K.S. 바즈파이(K.S. Bajpai)에 따르면 인도는 제도보다 개인을 신뢰한다. 이것은 무굴제국부터 영국 식민시기를 거쳐 현재까지 계승된 유산이다. 비록 표면상 제도가 발달했고 인도가 그 많은 제도들을 보유하고 있지만 '정책 결정에 관해서는 다소 임시방편적으로 결정하는 방법은 바로 사람의 손이다.' 바즈파이는 미국 이외에 '그렇게 많은 전문가들이 정책 결정에서 거의 영향력을 미치지 못하는 국가'[21]를 알지 못한다고 느꼈다.

인도의 정책 결정은 그 시대 지도자의 목표(vision)와 의지에 달려 있고 개인적 관계를 중심으로 한 네트워크를 통해 운영된다. 2014년 선거이후 나렌드라 모디는 새로운 목표를 강조했고 변화에 대한 의지를 표명했으며 변화를 가져올 네트워크를 구축했다. 그러나 공무원 조직과 군대를 포함한 영국에 의해 만들어진 통치 방식은 이미 만들어진 범위(parameter) 안에서 사고(思考)하도록 훈련되었다. 네루부터 모디까지 역대 지도자들은 인도의 명성을 회복하겠다고 약속했다.

결국 인도는 매우 중요한 국가이다. 그러나 지난 70년간의 경험은 인도 지도자들이 생각하는 위대함(greatness)이 식민지 기업을 유지하기 위해 고안된 제도들에 의해 실현될 수 있을지 의문을 자아낸다. 인도 국민들이 새로운 세계 질서의 일부로서 21세기로의 진입을 희망할 때조차도 인도 관료들은 현상유지만을 고집한다. 인도의 역사는 인도의 자산일 뿐만 아니라 거대한 짐이기도 하다. 천 년간 존재했던 국가라는 사실은 자만심과 최종적으로 인도는 지속될 것이라는 믿음을 만들어 낸다. 난관을 극복한 만큼 방대한 유산이 있음에고 불구하고 세계적인 참여와 국제적 리더십을 위한 새로운 틀(framework)의 구축을 왜 귀찮아하는가? 21세기 세계 강대국으로서 인도의 성공은 그런 사고방식을 버리는데 달려 있을 것이다.

# 참고문헌

1) 'India, Sri Lanka sign 4 pacts during Modi visit', *The Times of India*, 13 March 2015.

2) 'Narendra Modi wins hearts by speaking in Nepali', Press Trust of India, 3 August 2014.

3) 'PM Narendra Modi signs 10 agreements with Nepal, inaugurates bus service', *The Times of India*, 26 November 2014.

4) Keshav Pradhan, 'Nepal's big 3 parties unite against India', *The Times of India*, 4 October 2015.

5) Bhekh Bahadur Thapa, 'Nepal-India relations won't improve unless they're redefined in new terms', Kathmandu Post, 11 July 2016

6) 'Disappointment at SAARC as Pakistan blocks 3 key connectivity agreements,' *Press Trust of India*, 26 November 2014.

7) 'SAARC Connectivity: India inks landmark motor pact with Bhutan, Bangladesh and Nepal', *The Economic Times*, 16 June 2015.

8) 'Modi announces $2 bn credit to Bangladesh', Press Trust of India, 6 June 2015.

9) 'Excerpts from PM Modi's address to the Afghan parliament', Press Trust of India, 26 December 2015.

10) Policy Planning and Research Division, Ministry of External Affairs, 'Annual Report, 2014-15', New Delhi: Government of India, p.209, http://mea.gov.in/Uploads/PublicationDocs/25009_External_Affairs_2014-2015__English_.pdf (접속일:2016.1.30).

11) 'PM Modi speaks at Madison Square Garden: Highlights', Press Trust of India, 29 September 2015.

12) 'Full text of Narendra Modi's speech at San Jose', *The Hindu*,

September 2015.

13) Manoj C.G., 'PM Modi's UAE visit: In Dubai heat, packed stadium on its feet', *The Indian Express*, 18 August 2015.

14) G. Sudhakar Nair, 'Modi announces visa on arrival for Pacific island nations', Press Trust of India, 19 November 2014.

15) Elizabeth Roche, 'Narendra Modi pitches for stronger ties with Pacific Island nations', *The Mint*, 22 August 2015.

16) 'India's Narendra Modi Gives Speech in China', *Wall Street Journal*, 15 May 2015.

17) 'Full Text of Prime Minister Narendra Modi's Speech at the India-China Business Forum in Shanghai', Press Trust of India, 16 May 2015.

18) 'PM Narendra Modi's Japan visit: 10 key takeaways', *The Economic Times*, 2 September 2014.

19) 2012년 10월, 뉴델리에서 은퇴한 외교서기와 저자의 면담.

20) K. Subrahmanyam, 'Nehru and Defense Policy', *Nehru Revisited*, p.96.

21) 전 외교서기이자 대사인 바즈파이(K.S. Bajpai)와 저자의 면담.

# 저자 일러두기

허드슨 연구소(Hudson Institute)의 동료들, 특히 에릭 브라운(Eric Brown), 힐렐 프라드킨(Hillel Fradkin) 박사, 존 월터스(John Walters), 케네스 웨인스타인(Kenneth Weinstein) 박사, 사라 스턴(Sarah Stern) 의장의 지원이 없었더라면 이 책은 출판되지 않았을 것이다.

지난 몇 년간 나에게 조언을 아끼지 않고 지침을 마련해 준 친구들, 특히 브루스 리델(Bruce Riedel), 크리스틴 페어(C. Christine Fair) 박사, 리사 커티스(Lisa Curtis)양, 마빈 웨인바움(Marvin Weinbaum) 박사, 스테판 코헨(Stephen P. Cohen)에게 감사드린다. 이 책의 연구 중에 나는 인도에서 무수히 많은 외교관, 관료, 학자들을 만났고 이들은 많은 조언을 주었다. 모든 분들의 이름을 거명할 수 없지만 나의 감사의 마음을 표한다.

안젤리카 졸니로위츠(Angelica Zolnierowicz), 조야 라하(Joya Laha), 시마 시로히(Seema Sirohi)와 같은 가까운 친구와 나의 언니

스와티 빤데(Swati Pande)의 지원과 우정에 감사드린다. 나를 위해 항상 존재하는 파라나즈 이스파하니(Farahnaz Ispahani)에게 특별한 감사의 마음을 전한다.

데빈 차비라(Devin Chavira), 하리 크리쉬나 프라사드(Hari Krishna Prasad), 카비르 산드로리니(Kabir Sandrolini), 산자나 하리프라사드(Sanjana Hariprasad), 시드한타 메타(Siddhanta Mehta) 등은 수년이 걸린 이 책을 위해 수 많은 연구 조교들이 있었다.

또한 나는 이 책을 출판해 준 하퍼콜린스(HarperCollins) 출판사에 감사한다. 출판사는 아주 짧은 시간에 나를 위해 많은 일을 해 주었다. 앤서니 토마스(Antony Thomas), 샨타누 레이 차우드후리(Shantanu Ray Chaudhuri), 우다얀 미트라(Udayan Mitra), 아난스 파드마나반(Ananth Padmanabhan)에게 특별한 감사를 드린다.

허드슨 연구소속의 선배이자 나의 멘토인 후사인 하콰니(Husain Haqqani) 대사는 책의 질적인 측면을 절대 타협하지 말라면서 나를 독려했고, 이에 대해 나는 큰 빚을 지고 있다. 이번 작업이 모든 면에서 그를 만족시킬 것으로 믿는다.

나의 부모님, 비니타 빤데(Vinita Pande)와 카말 빤데(Kamal Pande)에게 큰 빚을 지고 있다. 그들의 사랑과 독려는 내가 이 연구를 진행하는 동안에 항상 큰 힘이 되었다.

# 저자 소개

아빠르나 빤데는 워싱턴D.C. 소재 허드슨 연구소의 인도와 남아시아 미래 계획위원회(Initiative on the Future of India and South Asia)의 소장을 맡고 있다.

인도에서 태어난 빤데는 델리대학교 스테판(스테파노) 대학(St. Stephen's College)에서 역사 전공으로 학사와 석사학위를, 자와할랄 네루대학교에서 국제관계학으로 준박사(M. Phil)를 취득했으며, 미국 보스턴 대학교에서 정치학으로 박사학위를 취득했다.

저서로는 *Explaining Pakistan's Foreign Policy: Escaping India*(Routledge, 2010)가 있고, *Contemporary Handbook on Pakistan*(Routledge, 2017)의 편집을 맡았다.

# 옮긴이 소개

**장준영(張准榮)**

한국외대에서 국제관계학박사를 취득했음. 한국외대 동남아연구소 책임연구원, 북벵골만센터 연구교수를 역임했고, 현재 한국외대 인도연구소 HK연구교수로 재직 중이다. 최근 논문으로 "국가형성이념으로서 사회주의의 토착적 적용: 인도의 네루와 미얀마의 우 누 비교"(2018), "체제변동국가의 경험과 북한의 변화: '미얀마 모델'의 적용 가능성"(2018) 등이 있으며, 저서로는 『하프와 공작새: 미얀마 현대정치 70년사』(2017), 『벵골만 정치경제의 이해』(2017, 공저) 등이 있다. 동남아와 남아시아 정치변동 및 국제관계에 관심이 있다.

## 김미수

인도 자와할랄 네루대학교에서 경제학 박사학위를 취득했음. 포스코경영연구원 책임연구원과 대외경제정책연구원 부연구위원, 한국외대 북벵골만센터 연구교수를 역임했고 현재 한국외대 인도연구소 HK연구교수로 재직 중이다. 최근 논문으로 "The Impacts of Foreign Banks' Entry on Credit Allocation in India" (2017), "Household Savings in India: Allocation of Financial Savings" (2018) 등이 있으며, 저서로는 『벵골만 투자환경 이해』(2017, 공저) 등이 있다.

# 인도 외교정책의 변화:
# 차나꺄에서 모디까지


**초판 인쇄** 2018년 8월 20일
**초판 발행** 2018년 8월 27일

**지은이** Aparna Pande
**옮긴이** 장준영, 김미수
**발행인** 김인철
**총괄 · 기획** 가정준 Director, University Knowledge Press
**편집장** 신선호 Executive Knowledge Contents Creator
**도서편집** 박현정 Contents Creator
**전자책편집** 이리나 e-Contents Creator
**재무관리** 문수진 Managing Creator
**사전 · 출판** 정준희 Contents Creator
**마케팅 파트장** 백승이 Chief Marketing Creator
**마케팅** 이현진 Marketing Creator
**발행처** 한국외국어대학교 지식출판콘텐츠원
02450 서울특별시 동대문구 이문로 107
전화 02)2173-2493~7
팩스 02)2173-3363
홈페이지 http://press.hufs.ac.kr
전자우편 press@hufs.ac.kr
출판등록 제6-6호(1969. 4. 30)
**디자인 · 편집** (주)이환디앤비 02)2254-4301
**인쇄 · 제본** 네오프린텍 02)718-3111

ISBN 979-11-5901-377-5 93340 정가 23,000원

*잘못된 책은 교환하여 드립니다.





HU:NE 은 한국외국어대학교 지식출판콘텐츠원의 어학도서, 사회과학도서, 지역학도서 Sub Brand이다. 한국외대의 영문명인 HUFS, 현명한 국제전문가 양성(International +Intelligent)의 의미를 담고 있으며, 휴인(携引)의 뜻인 '이끌다, 끌고 나가다'라는 의미처럼 출판계를 이끄는 리더로서, 혁신의 이미지를 담고 있다.